本书为教育部人文社会科学研究一般项目"面向跨学科学习发生的学习环境设计与应用研究"(项目批准号:24YJA880055)成果

跨学科学习与
学习环境设计

万昆 著

cross-disciplinary

中国社会科学出版社

图书在版编目（CIP）数据

跨学科学习与学习环境设计 / 万昆著. -- 北京：中国社会科学出版社，2025.8. -- ISBN 978-7-5227-5229-7

Ⅰ．G632.0

中国国家版本馆CIP数据核字第20255CF830号

出 版 人	季为民	
责任编辑	高　歌	
责任校对	李　琳	
责任印制	戴　宽	

出　　版	中国社会科学出版社
社　　址	北京鼓楼西大街甲158号
邮　　编	100720
网　　址	http://www.csspw.cn
发 行 部	010-84083685
门 市 部	010-84029450
经　　销	新华书店及其他书店

印　　刷	北京明恒达印务有限公司
装　　订	廊坊市广阳区广增装订厂
版　　次	2025年8月第1版
印　　次	2025年8月第1次印刷

开　　本	710×1000　1/16
印　　张	15.75
字　　数	245千字
定　　价	88.00元

凡购买中国社会科学出版社图书，如有质量问题请与本社营销中心联系调换
电话：010-84083683
版权所有　侵权必究

前　言

跨学科学习与学习环境设计既是教育技术领域研究的热点问题，也是学习科学领域关注的核心问题。推动学习方式变革，探索学生核心素养的培养，是当前深化基础教育课程改革、落实立德树人根本任务的内在要求。核心素养时代的学习方式变革既要突破学科学习的局限，又呼唤着跨学科学习。然而，当前我国基础教育阶段中存在着对跨学科学习的定义理解不到位，在跨学科学习实践中还呈现出形式化、特征不彰、内容拼盘化等问题。此外，专门针对跨学科学习的学习环境设计及实践操作的研究还很少。因此，溯源跨学科学习的内涵，寻找跨学科学习的价值取向及发生机制，构建促进跨学科学习的学习环境设计模型并开展实践应用，对推动学习方式变革，更好地落实学生核心素养的培养具有重要的理论价值和现实意义。

在此背景下，本书旨在深入探讨促进跨学科学习的学习环境设计及实践效果，具体回答三个问题：（1）跨学科学习的定义、特征与发生机制是什么？（2）如何构建促进跨学科学习的学习环境设计模型？（3）促进跨学科学习的学习环境设计模型的实践效果如何？

围绕上述研究问题，本书采用研究法、问卷调查法、准实验研究法及归纳演绎法等研究方法开展了以下研究工作：首先，溯源学科与跨学科的内涵，系统阐述了跨学科学习的定义、特征及发生机制等；其次，基于学习科学视角构建了促进跨学科学习的学习环境设计模型；最后，开展了三轮准实验验证促进跨学科学习的学习环境设计模型的有效性。

基于上述工作内容，本书的主要贡献如下：第一，厘清了跨学科学习的内涵、特征及发生机制。研究认为，跨学科学习为落实核心素养的培养提供了一种新的学习方式，是学科学习的一种有益补充，也是课程改革中学习方式变革的必然，具有一定的学理依据与实践基础。跨学科学习是以学科学习为立足点，面向具体问题，运用两个或两个以上学科知识或学科方法展开学习的一种方式；其目的是深化和拓展学习者对学科知识与学科方法的理解，以更好地发展学习者的高阶思维技能。跨学科学习具有知识从"零散"走向"整合"、能力从"习得"走向"迁移"、学习从"浅层次"走向"深层次"、学习内容组织方式的统整性、知识的转化与重构的意义关联等特征。最后，从学习系统层面和知识视角两个维度阐述了跨学科学习发生的机制。

第二，构建了促进跨学科学习的学习环境设计模型。首先，本书在促进跨学科学习的学习环境设计理论基础上，阐述了跨学科学习与学习环境设计的关系；其次，从跨学科学习的目标导向、跨学科学习发生过程、跨学科学习需要的学习环境三个维度讨论了促进跨学科学习的学习环境设计模型构建要素；再次，根据促进跨学科学习的学习环境设计模型构建原则、学习环境设计要素的特征与策略，整合上述理论，构建了促进跨学科学习的学习环境设计模型，并对其系统结构进行了分析；最后，讨论了促进跨学科学习发生的实践路径及面向跨学科学习的过程和结果的评价。

第三，本书通过基于所设计的研究范式，开展了三轮准实验研究，围绕"效果—关系—机制"的实证框架回答了促进跨学科学习的学习环境设计模型应用效果，并通过调查数据分析了跨学科学习过程中学习者的认知负荷、心流体验与高阶思维技能之间的关系。研究结果表明，促进跨学科学习的学习环境设计模型应用有效降低了学生的外在和内在认知负荷，增加了关联认知负荷，提升了学生的心流体验和高阶思维技能；而且通过结构方程模型发现，关联认知负荷与心流体验呈显著正向影响，心流体验与高阶思维技能呈显著正向影响；在跨学科学习过程中呈现出"认知负荷—心流体验—高阶思维技能"的影响机制。通过三轮教学实践，对初步的促进跨学科学习的学习环境设计模型进行了调整和完善，提出了促进跨学科学习的学习环境设计宏观、中观和微观设计策略。

目　　录

第一章　绪论 ………………………………………………（1）
　第一节　问题的提出 ………………………………………（1）
　第二节　核心概念界定 ……………………………………（6）
　第三节　研究问题与研究内容 ……………………………（7）
　第四节　研究意义 …………………………………………（9）
　第五节　研究思路与方法 …………………………………（10）

第二章　文献综述 …………………………………………（14）
　第一节　跨学科学习的研究现状 …………………………（14）
　第二节　学习环境设计的研究现状 ………………………（34）
　第三节　研究述评 …………………………………………（46）
　小　结 ………………………………………………………（49）

第三章　跨学科学习的理论溯源与实践反思 ……………（50）
　第一节　学科与跨学科 ……………………………………（50）
　第二节　跨学科学习的定义与特征 ………………………（67）
　第三节　跨学科学习的发生机制 …………………………（78）
　第四节　跨学科学习实践的基本类型与其他
　　　　　学习方式的差异 …………………………………（84）
　第五节　中国基础教育中跨学科学习实践的反思 ………（91）

小　结 …………………………………………………………… (95)

第四章　促进跨学科学习的学习环境设计模型构建 ………… (97)
第一节　理论基础 ……………………………………………… (98)
第二节　基本关系 ……………………………………………… (105)
第三节　要素分析 ……………………………………………… (106)
第四节　模型构建 ……………………………………………… (139)
第五节　促进跨学科学习发生的实践路径 …………………… (152)
第六节　面向跨学科学习过程和结果的评价 ………………… (156)
小　结 …………………………………………………………… (162)

第五章　案例研究 …………………………………………………… (164)
第一节　案例简介 ……………………………………………… (164)
第二节　研究设计 ……………………………………………… (166)
第三节　第一轮探索性应用 …………………………………… (169)
第四节　第二轮反思与改进 …………………………………… (186)
第五节　第三轮优化与完善 …………………………………… (201)
第六节　促进跨学科学习的学习环境设计模型的调整 ……… (219)
小　结 …………………………………………………………… (225)

第六章　研究总结与展望 …………………………………………… (226)
第一节　研究总结 ……………………………………………… (226)
第二节　研究创新 ……………………………………………… (229)
第三节　研究展望 ……………………………………………… (230)

附　录 ………………………………………………………………… (233)
附录1　中小学生跨学科学习现状调查 ……………………… (233)
附录2　认知负荷量表 ………………………………………… (236)

附录3　心流体验和自我效能感量表 …………………… (237)
附录4　高阶思维技能量表 …………………………………… (238)

参考文献 ………………………………………………… (240)

后　记 …………………………………………………… (244)

第一章　绪　论

第一节　问题的提出

一　推动学习方式变革成为高质量基础教育的本质追求

2019年,中共中央、国务院印发的《关于深化教育教学改革　全面提高义务教育质量的意见》从课堂教学层面提出要开展跨学科教学实践方式。[①] 联合国教科文组织发布的《一起重新构想我们的未来：为教育打造新的社会契约》报告提出课程应注重生态、跨文化和跨学科学习,以帮助学生获取和创造知识,同时培养其批判和应用知识的能力。[②] 人工智能为教育的发展带来足以改变其业态、形态的新技术、新工具,对人的发展和教育的发展提出了新的要求[③],继而引发人才培养方式的变化。当代科学发展与知识创新逐渐呈现出学科交叉、融合等趋势,知识生产方式更加强调跨学科性。与此同时,跨学科人才培养逐渐成为我国教育改革发展的重要趋势。跨学科人才培养对教与学产生了新的诉求,呼唤着跨学科学习、跨学科教学、跨学科研究等。要发展21世纪学生的4C能力,即创造创新能力、批判性思维和问题解决能力、沟通交流能力、协作能力,就需要回答"培养什么样的人"这一关键

[①] 中共中央、国务院：《关于深化教育教学改革　全面提高义务教育质量的意见》,2021年2月18日,http://www.gov.cn/zhengce/2019-07/08/content_5407361.htm。

[②] UNESCO, "Reimagining our Futures Together: A New Social Contract for Education", Nov. 28, 2021, https://en.unesco.org/futuresofeducation/.

[③] 任友群：《人工智能的教育视角初探》,《远程教育杂志》2018年第5期。

问题。可以发现，各国都在探索以培养学生核心素养为导向的教育改革，核心素养是知识、技能、态度情感的集合，核心素养的形成是个人与社会协同作用下的渐进过程[①]，因此，发展学生核心素养已成为基础教育改革的国际趋势。

要发展学生的核心素养需要构建高质量的课程改革体系，需要持续推进学科教学改革。然而，当前基础教育阶段的学科教学往往陷入了纯知识点的追求，学科学习的内容存在着碎片化、逻辑不完整性、关联性不强等内容，忽略了学科知识意义的内容。[②] 因此，通过对教学内容和方式进行整合的教学设计来推动教学改革，是当前持续推进学科教学改革的价值追求。同时，学科教师要发现和认识跨学科学习的意义，理解学科统整中的完整性，这是当下高质量教育体系建设中迫切要解决的问题。[③]

构建高质量的基础教育，对学生的学习方式提出了更高的要求。在过去的基础教育教学实践中，学习者长期处于学科知识的被动接受、机械训练中，这种学科知识的学习多属于记忆型、接受型，或者说他们属于低阶思维的学习。通常，我们看到基础教育中学生的学科知识基础扎实，但是在运用学科知识解决真实复杂的实际问题时，就表现得力不从心，这与当前面对复杂的世界形势所需要的人才培养策略背道而驰。那么，在这样的学科知识学习过程中，学生的知识运用能力就未被很好地激活，也就是说，学生知识迁移、运用能力不足，即学生的高阶思维技能表现不足。基于此，如何既要基于学科知识，又要超越学科知识，并超越知识本身，进而培养学生的高阶思维技能以适应未来社会发展需要的学习方式改革越来越迫切，如何通过对学科知识的整合、重构，推动学习方式变革成为高质量基础教育的本质追求。

---

① 辛涛、姜宇、林崇德、师保国、刘霞：《论学生发展核心素养的内涵特征及框架定位》，《中国教育学刊》2016年第6期。

② 尹后庆：《以基础教育高质量发展为目标的课程改革》，《基础教育课程》2022年第1期。

③ 尹后庆：《以基础教育高质量发展为目标的课程改革》，《基础教育课程》2022年第1期。

二 新一轮基础教育课程改革呼唤跨学科学习

新修订的义务教育课程方案和课程标准提出，各学科要积极开展跨学科学习，由此可见，跨学科学习已经成为我国落实义务教育阶段课程标准的重要学习方式。吉本斯等人提出，知识生产模式Ⅱ的显著特征是跨学科性，认为知识的生产是在一个基于应用的复杂环境中产生的，且在知识生产模式Ⅱ中，其最终解决办法的形成通常会超越任何单一的学科。[①] 由于我国学科课程文化根深蒂固，存在着"学习与应用、知识与经验、个体与社会脱节"等问题，在传统的实用主义思维和应试教育背景下，分科学习在一定程度上对我国创新人才培养有一定的影响。换句话说，在日益复杂的环境中，传统的分科学习方式无法满足智能时代的人才需求。因为我们今天的学习不再局限于学到多少学科知识，而是要学会在真实情境中解决问题，更要善于运用跨学科知识去解决真实复杂的问题。

关于跨学科学习的众多理念、范畴或实施的讨论，都是围绕着"发展学生核心素养"这一中心问题展开的。在对其进行广泛研究和讨论后，我们发现，跨学科学习是与学科学习相互依存的，是与学校教育共同体中各个成员产生着有意义的联系，从而避免导致"去学科化"，也避免跨学科学习的理念或概念悬置。因此，在这场基础教育课程改革中，亟须面对的问题是：学科学习与跨学科学习有什么关系？在已有的分科教学实践基础上，教师要如何应对跨学科教学？对于基础教育课程改革的需求，学生如何经历跨学科学习？

在课堂情境中，跨学科学习方式与学科学习紧密相关，其目的都是培养学生的核心素养，最终发展学生的高阶思维技能。也就是说，跨学科学习作为学生学习实践的一种方式，是学生在日常教与学实践中所体现出来的，同时又关注不同学科知识的整合及其背后的意义。由于跨学科学习与学科学习之间的内在联系，在学习科学的语境下，跨学科学习

---

① [英] 迈克尔·吉本斯等：《知识生产的新模式——当代社会科学与研究的动力学》，陈洪捷、沈文钦等译，北京大学出版社2011年版，第23页。

跨学科学习与学习环境设计

过程及其表现更加关注的是学生理解学科知识背后的意义，关注不同学科知识的整合，强调学科知识整合的方式，以解决真实世界中的问题，也就成为基础教育阶段所倡导的一种学习方式。

三 学习环境设计是促进跨学科学习的关键环节

学习环境是一种蕴含丰富的教学隐喻，包括多种要素。[1] 学习环境设计的目的是转变学生的"学"，使学生真正参与到真实实践中去。学习环境设计是学习发生的复杂空间，如何设计有效的学习环境是关键环节。从学习科学视角来看，教师、学习者、资源、工具、学习共同体、学习活动、技术等以多样化的形式进行联结，形成有效学习环境设计模型，以促进学习的发生。其中重要的因素就是学习环境设计，即为了跨学科学习的发生，为教师开展跨学科教学，学生进行跨学科学习提供教学与学习决策依据。与传统的教学设计不同，教师实施有效的学习环境设计，可以使学生参与真实的跨学科学习，学习环境设计能促使跨学科学习的发生，为促进学生进行深层次的跨学科学习提供更大的空间。

从学习科学视角来看，当前基础教育研究与实践存在以下现象：学校教与学模式或实践多样，但其中有多少种学习方式能真正给学生带来深层次学习则存疑，学生对知识的学习与元知识的学习缺少根本理解；课程设计对高阶能力的培养还不足，学生的学习存在着知识碎片化和较难迁移的情况，使得学习低效。面对上述困境，国际上正在构建"学习者中心的课程""追求深层理解力培养的课程"等。学习技术强调以学习科学为理论基础的技术设计，强调从课程的内容维度、活动维度和学习者维度来研究技术实现。[2] 同样，在新的技术发展背景下，课堂中的知识生产和传递方式也将发生变化，课堂的结构和样态将发生改变。因此，如何设计给养丰富的学习环境非常重要。

然而，遗憾的是，由于长期以来单科学习及其壁垒所造成的对学生

---

[1] 钟志贤：《论学习环境设计》，《电化教育研究》2005年第7期。
[2] 裴新宁：《学习科学：一个新的参照系》，《上海教育》2013年第10期。

重知识轻素养的培养，以及在当前基础教育课程中学科与学科之间界限鸿沟较大的影响，基础教育人才培养与真实生活需要相脱离，致使学生的高阶思维技能不足，在学习后解决现实生活中真实问题的能力不足。为改变这种状态，新一轮课程改革强调学习革命，从学科知识之间的联系出发，强调整合和联结不同学科知识。因此，在基础教育课程改革中寻找"跨学科学习"是个适恰点，并以此希望联通学科知识的界限，发展学生的高阶思维技能，培养学生的核心素养。

跨学科学习不仅仅是两个以上学科内容的组合以及重新安排学习，而是需要形成一种新的学习环境设计，包括对学习本质、教育目的、教育经验等的重新认识。跨学科学习是学习方式变革的关键和重心，在21世纪技能、元认知等高阶思维技能的培养是跨学科学习的关键。学生高阶思维技能的培养不仅是关键、必要、重要的素养，也是跨学科学习的目标。那么在跨学科学习过程中应如何落实高阶思维技能等的培养？其关键在于跨学科学习环境的设计。学习环境设计不仅仅是传统意义上的教学设计，也旨在转变学生的学习方式设计，它蕴含着学习者、环境、资源、共同体等多种要素。

由于人是如何学习的这个黑箱还在不断地被打开，如何让学习更有效地发生，我们需要研究符合特定理论基础、假设和实践的学习环境。裴新宁认为，我们需要共建学习者中心的教学，在技术赋能教育的时代，我们需要重新认识师生关系，重新思考课程等定义，在技术的环境中需要更加强大的支持性工具等，要加大探索技术支持的课程学习，需要发挥学习理论的指导作用，要以人的学习本质为基础。[①] 要促进跨学科学习的有效发生，需要经历学习环境"设计—实施—评价"的多个周期。在每个周期中，教师、学习者、工具、资源、学习共同体、技术等多个要素相互影响，共同促进跨学科学习的发生。因此，只有教师在深刻理解跨学科学习的内涵、特征的基础上，才能对其进行有效的学习环境设计，以支持跨学科学习的发生。因此，学习环境设计是促进跨学科学习的关键环节。

---

① 裴新宁：《共建学习者中心的教学》，《中国教师报》2020年3月11日第12版。

我们深切地感受到，要落实好义务教育阶段新课程标准，实现新时代基础教育课程改革的目标，培养学生的21世纪技能和发展学生的核心素养，关键是要克服当前存在的"浅层学习""浅层教学""知识与实践割裂的教学"等局限性，通过以大概念的形式、学科知识的整合、更加强调情境、真实问题的解决，通过跨学科学习引导学生实现深层次学习和解决真实问题，实现高阶思维技能的发展和新知识的生产。基于此，实施跨学科学习，开展促进跨学科学习的学习环境设计，将对有效落实基础教育课程改革的需要和推动基础教育阶段学习方式变革具有重要的意义。在复杂的课堂学习情境中，跨学科学习的内涵与特征、跨学科学习与学科学习的关系、跨学科学习发生的条件与环境是什么？这急需在课堂教学情境中不断地进行实践，构建促进跨学科学习的学习环境设计模型，促进跨学科学习的发生。对这一问题的探索，将从深层推动指向核心素养的课堂教学变革。

由此便引发了本书所要关注的主要问题："如何构建促进跨学科学习的学习环境设计？"也就是说，跨学科学习的发生是目的，学习环境设计是路径，通过学习环境设计促进跨学科学习的发生。本书解决这一问题的基本思路为：首先，阐述跨学科学习的内涵、特征及其发生机制；其次，构建促进跨学科学习的学习环境设计模型；最后，通过实验验证其模型的有效性，并最终形成促进跨学科学习发生的学习环境设计策略，以为基础教育阶段的教师实施跨学科学习提供参考。

第二节 核心概念界定

一 跨学科学习

本书将跨学科学习这一核心概念界定为，跨学科学习是以学科学习为立足点，面向具体问题，运用两个或两个以上学科知识或学科方法展开学习的一种方式；其目的是深化和拓展学习者对学科知识与学科方法的理解，以更好地发展学习者的高阶思维技能。

二 学习环境设计

Sawyer 认为，将学习科学引入课堂的关键是课堂学习环境的创设，他认为，课堂学习环境包括教师、学生、计算机、物理环境、社会文化环境等。[1] 正如学习科学家所说，学习环境设计是一个复杂的过程，需要不断地迭代、改进，并在真实的课堂环境中实施。随着学习科学理论的发展，人们对学习环境设计的认识更加多元，越来越多的研究者将学习环境视为一个多维的概念。

本书将学习环境设计这一核心概念界定为，基于学习科学视角，希望突破传统的"教师—学生"二元论，走向学习环境设计中的多元论，更加关注学生的学，以培养学生的核心素养和发展学生的高阶思维技能为目标，将学习环境的维度界定为包括物理环境、心智环境、技术环境、社会关系环境、课程环境五个维度。将学习环境设计的要素归纳为问题、资源、支架、工具、学习共同体、学习活动、评价等。

第三节 研究问题与研究内容

根据问题提出部分的论述，当前基础教育阶段对跨学科学习认识及实践还存在着一定的误区，然后基础教育阶段要实施好跨学科学习，学习环境设计是关键环节。因此，本书从学习科学视角出发，围绕促进跨学科学习的学习环境设计模型构建与应用效果这一核心问题，提出了研究问题和研究内容。

一 研究问题

学习环境设计的目的在于转变教师的"教"和学生的"学"，使学生真正参与到真实实践中去，并在不同复杂程度的学习中加深理解，以

---

[1] K. Sawyer, "A Call to Action: The Challenges of Creative Teaching and Learning", *Teachers College Record*, Vol. 117, No. 10, 2015, pp. 1-34.

实现学习者深层次学习和高阶思维技能的发展。本书旨在通过学习环境设计来促进跨学科学习的发生，并探索在跨学科学习过程中学习者心理认知表现之间的相互作用。为了达到上述目标，本书首先需要厘清跨学科学习的内涵、特征及发生机制。在此基础上，阐述跨学科学习与学习环境设计的基本关系，详细解析促进跨学科学习的学习环境设计模型构建要素；结合促进跨学科学习的学习环境设计模型构建原则、跨学科学习发生的过程及需要的学习环境设计维度等，整合上述理论构建初步的促进跨学科学习的学习环境设计模型；通过实证研究分析在跨学科学习过程中学习者的心理认知表现之间的相互作用，是否达到跨学科学习发生的目标，并通过三轮教学实践；对促进跨学科学习的学习环境设计模型进行调整。

根据上述分析，本书提出基本的假设，即促进跨学科学习的学习环境设计模型应用能够实现学习者的跨学科学习发生。换句话说，此项研究的目的旨在构建促进跨学科学习的学习环境设计模型，通过学习者参与学习环境设计的系列活动，促进跨学科学习的发生。那么，要实现上述研究目的，本书提出如下研究问题。

问题一：跨学科学习定义、特征及发生机制是什么？
问题二：如何构建促进跨学科学习的学习环境设计模型？
问题三：促进跨学科学习的学习环境设计模型应用的效果如何？

二 研究内容

根据上述所提出的研究问题，本书拟从理论探索、模型构建、实证研究三个视角，阐述三个层层递进、相互支撑的研究内容（如图1-1所示）。

研究内容一，跨学科学习作为一种学习方式，它的内涵与特征是什么？本书旨在促进跨学科学习的发生，因此有必要厘清跨学科学习的定义、特征与价值取向，探索跨学科学习的发生机制，分析跨学科学习实践的基本类型，并讨论我国基础教育中跨学科学习实践的反思。

研究内容二，构建促进跨学科学习的学习环境设计模型。本书基于建构主义学习理论、认知负荷理论等，首先，分析跨学科学习与学习环境设计的基本关系；其次，分析促进跨学科学习的学习环境设计模型构建要素；再次，讨论基于促进跨学科学习的学习环境设计模型构建原则、学习环境设计要素与特征，整合上述理论构建促进跨学科学习的学习环境设计模型；最后，阐述促进跨学科学习发生的实践路径及面向跨学科学习过程和结果的评价。

研究内容三，"促进跨学科学习的学习环境设计模型"的"有效性"实证研究。本书遵循基于设计的研究范式，运用准实验研究法，通过三个案例研究不断丰富和优化促进跨学科学习的学习环境设计模型。三个案例研究之间的关系是在第一轮探索性实验基础上得到研究发现与实践反思，然后不断优化第二轮实验，第三轮实验是基于第一轮和第二轮实验的相关发现，对相关模型和策略进行优化和完善。

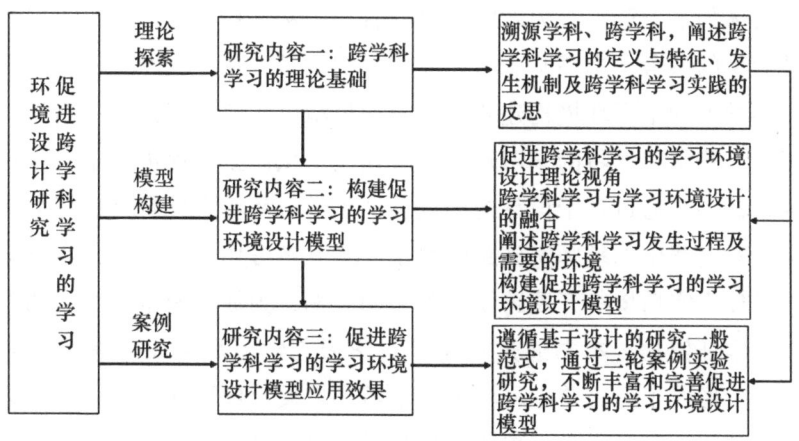

图 1-1　研究内容框架

第四节　研究意义

一　理论意义

第一，本书丰富了对跨学科学习的本质认识。本书从"学科""跨学科"出发，厘清了跨学科学习的定义、特征与发生机制，可以丰富和完善跨学科学习的理论体系；剖析了我国当前基础教育阶段对跨学科学习的认识及跨学科学习实践的现状，可为研究者提供一个认知跨学科学习的基本理论框架。第二，本书提供了"促进跨学科学习的学习环境设计模型"，对促进跨学科学习的发生具有一定的理论借鉴意义。将跨学科学习的发生置于学习环境设计模型中进行考察，有利于具体化跨学科学习的发生过程，以便能更好地实现跨学科学习发生的目标，最终发展学习者的高阶思维技能。

二　实践意义

"促进跨学科学习的学习环境设计理论模型"除了具有一定的理论意义外，对开展跨学科学习的实践研究也有相应的借鉴和参考价值，为义务教育阶段教师开展跨学科学习教学活动提供理论、策略等方面的参考。具体如下。第一，为教师和设计者实施跨学科学习提供了学习环境设计模型的参考。本书基于跨学科学习的定义、特征、发生机制、促进跨学科学习的学习环境构建要素、学习环境设计要素特征与策略等，构建了促进跨学科学习的学习环境设计模型。该模型以促进跨学科学习发生为目标，并通过基于设计的研究验证了学习环境设计具有良好的实践效果，对实践中的教师实施跨学科学习具有参考作用。第二，本书提供了在学校真实情境中开展跨学科学习的案例，为促进跨学科学习的发生提供了实证依据。本书通过将跨学科学习与学习环境设计有机结合起来，最后形成了促进跨学科学习的学习环境设计模型和设计策略，为中小学教师实施跨学科学习提供方法指导，以促进跨学科学习的发生，促进学生的高阶思维技能的发展，培养学生的核心素养，为落实义务教育阶段课程标准中的跨学科学习要求提供了参考案例。

第五节　研究思路与方法

一　研究思路

本书首先将遵循"文献综述—理论探索—模型构建—案例研究—完

善总结"的思路。本书首先紧紧围绕基础教育阶段的跨学科学习，结合比较研究、理论分析与实验研究，深入全面地剖析跨学科学习的内涵、特征及发生路径，采用问卷调查、数据分析等方法解析高阶思维技能作为跨学科学习发生的目标导向；其次基于跨学科学习的过程、学习环境设计的要素构建促进跨学科学习的学习环境设计模型，并遵循基于设计研究的一般范式，开展了三轮的准实验研究，不断完善和修正促进跨学科学习的学习环境设计模型，以期为基础教育阶段有效实施跨学科学习提供指导和参考。具体思路如图1-2所示。

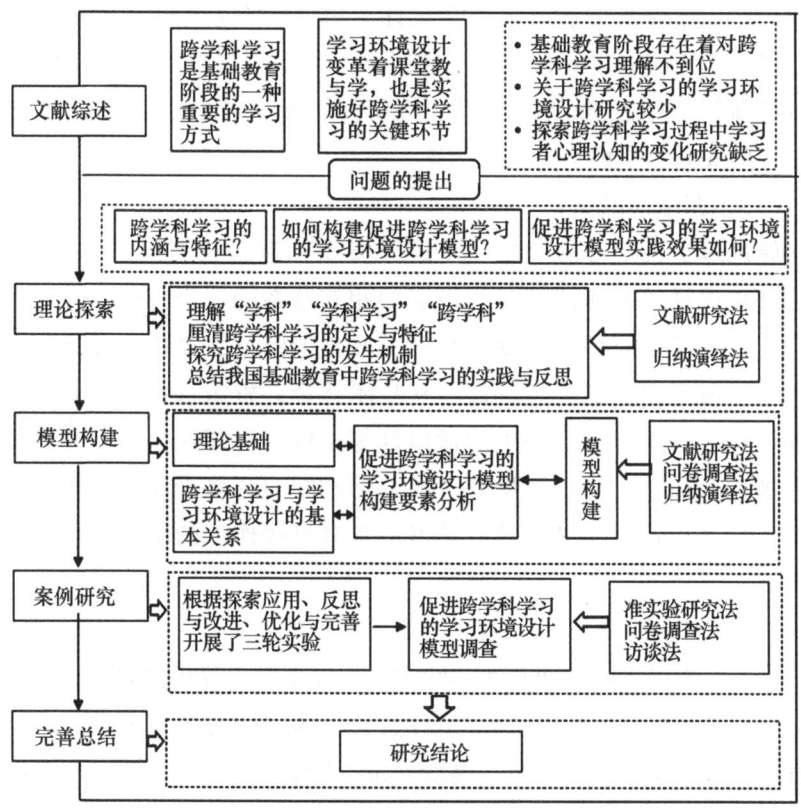

图1-2 研究思路

二 研究方法

（一）文献研究法

本书主要运用文献研究的定性、定量及比较分析，以促进本书系统地了解学科、跨学科、跨学科学习的演变、趋势和本质；梳理学习环境设计的历史、本质和发展规律，从而更好地设计学习环境模型，为本书的理论构建及实证研究提供支持。

（二）准实验研究法

本书运用准实验研究方法分别考察实验组和控制组跨学科学习发生的过程。数据分析方法有描述性统计、单因素方差分析、最小偏二乘法。考察三轮实验中实验组和控制组学生的心流体验、高阶思维技能、认知负荷等并对之进行对比分析，在每一轮实验中运用实验组的数据分析三者的关系，从而得出实验结论。

（三）归纳演绎法

促进跨学科学习的学习环境设计模型构建是由跨学科学习过程、学习环境设计等要素或子系统组成的相互联系的一个整体。学习环境设计实质上具有整体性、动态性、关联性的特征，要构建促进跨学科学习的学习环境设计模型，需要从技术选择、资源选择、学习活动组织和设计、效果评价、师生的适应性等角度进行深入分析。归纳演绎法也被称为归纳推理，根据跨学科学习和学习环境设计的本质与逻辑关系，构建出针对促进跨学科学习的具有可操作性的学习环境设计模型框架。

（四）问卷调查法

本书首先采用问卷调查法和结构方程模型数据分析法解析作为跨学科学习发生目标导向的高阶思维技能；并在跨学科学习实施阶段，向学生发放心流体验、认知负荷、高阶思维技能等测量工具，以收集学生跨学科学习发生过程中的相关数据。

本书遵循基于设计的研究一般范式。基于设计的研究是使用设计与观测循环迭代，以建立新的学习技术的方法，架起了理论研究和实践问题之间的桥梁。① 跨学科学习作为学习环境中真实存在的研究问题，需要在具体真实的教学情境中反复不断地实践从而获取可靠有效的设计——促进跨学科学习的学习环境设计模型，本书将采取这种研究范式在中小学进行研究和实践。

---

① 张文兰、刘俊生：《基于设计的研究——教育技术学研究的一种新范式》，《电化教育研究》2007年第10期。

第二章 文献综述

回溯跨学科学习的概念内涵，从中把握研究主要观点的立场、趋势与共识，由此为后续厘清跨学科的基本内涵奠定基础。跨学科学习实践的实质是回应落实学科核心素养和知识生产方式变化的诉求。因此，本章试图对国内外关于跨学科学习与学习环境设计的相关文献进行梳理，共分为三部分。第一部分主要通过梳理跨学科学习内涵与实践的研究现状，对相近概念进行辨析，为本书厘清跨学科学习的特征与内涵提供概念基础。第二部分通过梳理学习科学视角下的学习环境设计研究内容，厘清学习环境设计的基本要素。第三部分主要是对当前国内外研究现状进行述评。

第一节 跨学科学习的研究现状

一 跨学科学习是学习实践变革的时代走向

面对百年未有之大变局，人们将面临各种不确定性、模糊性、变化性的问题，需要综合各种知识去解决，更需要具有面向未来的素养去应对各种挑战，而这些素养能让我们正视未来的复杂性和不确定性。当前STEAM教育、人工智能教育、信息科技教育等正在蓬勃兴起，当要解决生活中的真实情境问题时，就需要学生具备跨学科素养。2017年，教育部发布了《普通高中课程方案》，规定了各学科课程的标准，提出以培养学生核心素养为目标的课程改革，课程内容由知识点向学科大概念转变，以项目化学习方式为主要载体，其中所倡导的基本学习方式是

第二章 文献综述

跨学科学习，目的是培养学生的核心素养。

在当今的现实社会中，对于真实世界的问题，单靠某一个学科知识是很难解决的，而且在政策制定等方面，如果仅从单一学科角度加以考虑，很可能会导致错误的结论。因此，要解决现实世界中复杂多样的问题需要跨学科知识。[①] 我们可以看到跨学科在知识生产模式变革和解决真实情境问题中的重要性，这也就意味着我们需要跨学科素养。而跨学科素养培养的重要载体是跨学科学习。那么，面向智能时代的教育就需要我们回答为什么需要跨学科学习？

跨学科的目标是关注当今世界的所有复杂性，而不是只关注其中的一部分，是一种新的学习和解决问题的方式，包括社会不同部门之间的合作，也包括学术界，以应对社会的复杂挑战。[②] 从国际教育领域来看，当前各国都在探索和培养具有21世纪核心素养和跨学科能力的公民。面对不确定的未来，知识生产方式的转变和知识的无限增长，采用跨学科学习或许能解决课程内容的有限性和21世纪技能培养之间的矛盾。

从学习实践的历史变迁来看，原始社会关注模仿学习，农业社会注重阅读和背诵，到19世纪中后期，以课堂为中心开展的讲授式、注重记忆、知识传授和练习成为工业时期学习的重要方式。随着人工智能时代的到来，学习理念的转变，学习科学研究实践表明，人们越来越需要学会在现实中解决真实问题的方法。因此，学习方式也需要发生转变。然而我们认为，学习方式的变革总是与学校教育的发展、技术的变革息息相关的。随着技术的发展、知识生产方式的变化，学生的学习方式也正在转向以学生为中心。过去"人是如何学习的"这个问题一直困扰着我们，不同领域的学者从多种角度解读了人是如何学习的。从建构主义来看，学习是建构的；从文化视角来看，学习是在特定文化中产生的；从技术视角来看，学习是通过技术来建构的。因此，面对新时代的教育要求，我们更希望能从跨学科学习的角度来回答"人是如何学习

---

① [英] 迈克尔·吉本斯等：《知识生产的新模式——当代社会科学与研究的动力学》，陈洪捷、沈文钦等译，北京大学出版社2011年版，第30—31页。

② A. Nègre, "A Transdisciplinary Approach to Science and Astrology", *Accessed May*, Vol. 19, 1999, p. 2004.

的"这个时代问题。

从知识的发展史来看,知识的发展经历着"分化—整合—分化"的过程,学科交叉融合发展是知识发展的内在规律。从时代需求来看,为迎接智能时代,培养具有创造力的人才,美国、英国、德国等国家都将STEM教育上升到国家教育战略层面,各国出台了一系列STEM教育政策。这些政策的发布意味着STEM教育对培养学生创造性思维、问题解决能力等素养具有重要价值。因此,从上述可以看出跨学科学习将成为学习方式变革的时代走向,同时,这也是我国新一轮义务教育阶段课程标准倡导的一种重要学习方式,更是智能时代学习者学习的基本取向。

二 跨学科学习的概念内涵

跨学科(interdisciplinary)最早于1926年由伍德沃斯提出,指的是超越两个学科的实践活动。之后,人们对跨学科研究、跨学科组织、跨学科人才培养、跨学科实践活动等开展了一系列的讨论,更多的是把跨学科作为一种方法来讨论。本书讨论的主要是基础教育阶段的跨学科学习,关于高等教育中的跨学科研究、作为一种方法的跨学科等不在本书讨论之列。为了更加聚焦研究的核心,我们仅讨论跨学科学习的研究现状。通过对文献的收集和整理,笔者发现关于跨学科学习特别是基础教育阶段跨学科学习的研究较少。为深入了解跨学科学习发展的"全貌",本书试图对关于跨学科学习的既有文献进行梳理与归纳,以为后续研究提供借鉴与参考。接下来,本书将从国外和国内两个维度对跨学科学习的内涵进行详细阐述。

(一) 跨学科学习的国外理解

Stentoft 认为,跨学科学习是以建构主义范式为基础的,是将不同的学科认识论综合为一个新的整体来建构新的知识。在跨学科学习中,单独的学科被认为是碎片化或不完整的,需要学习者使用和构建知识的能力。[1] 在芬兰,跨学科学习以基于现象的学习 (phenomenon-based learn-

---

[1] D. Stentoft, "From Saying to Doing Interdisciplinary Learning: Is Problem-Based Learning the Answer?" *Active Learning in Higher Education*, Vol. 18, No. 1, 2017, pp. 51-61.

第二章 文献综述

ing）为本质，基于现象的学习必须是跨学科的。很多教师并没有真正理解什么是跨学科学习，而跨学科学习最关键的是要提高课程内容与生活世界的相关度。① Wayne 等人认为，跨学科学习是让学生在混合学科团队中工作，学科之间有了更大的协作，学生才会有更多的机会接触到不同学科的方法和实践，鼓励学生超越他们自己的学科，合作创造新的方法、实践和框架。学生在新的、跨学科的空间中工作，成为新空间中知识的创造者。跨学科的学习和实践不仅仅是将已知的方法转移到不同学科之间，还涉及创造新的方法和实践。同时提出了一种跨学科的新型技术学位，包括计算思维、系统思维、复杂思维、数据处理能力、系统推理能力等。② Mangkhang 认为，跨学科学习的一种学习方式是社会行动学习模式，它包括六个步骤：理解社会现象、定义学习目标、创造性地设计学习、加强互动、知识的转移和应用、总结经验；跨学科学习技能包括：（1）思维能力，如知识的获取、理解、应用、分析、综合、评价、辩证思维、元认知等。（2）社会技能，如承担责任、尊重他人、合作、解决冲突、群体决策、采用多种群体角色。（3）沟通技能。（4）自我管理技能，如运动、空间意识、组织、时间管理、健康生活方式、行为规范和知情选择。（5）研究技能，包括提出问题、观察、计划收集、组织和解释数据以及展示研究结果。③ Boix 等人认为，与跨学科学习相关的是批判性思维技能，是对更加复杂概念的认识、学习和探究，是学习者更强的动机和更大的投入④。Klein 将跨学科学习定位为两门或两门以上核心学科的综合，是建立新的话语层次和知识整合。跨学科学习必须整合知识，以创造一种新的理解问题的方式。特别是在科学领域，随着知识的生产和进步，跨学科学习要接受并尊重不同

---

① 方兆玉：《为何创新总发生在学科的边缘?》，《上海教育》2020 年第 32 期。

② W. Brookes, "Transdisciplinary Learning in Technology Degrees", *International Conference on Information Technology Based Higher Education & Training*, IEEE, 2017.

③ C. Mangkhang, "Design of Community-Based Transdisciplinary Learning for Social Studies Teachers in the Diverse School Contexts", *Northern of Thailand*, 2021, pp. 17-26.

④ V. Boix Mansilla, M. Lamont, K. Sato, "Shared Cognitive‐Emotional‐Interactional Platforms: Markers and Conditions for Successful Interdisciplinary Collaborations", *Science, Technology, & Human Values*, 2016, pp. 3-29.

学科的知识，以帮助解决现代日常生活中所面临的复杂问题。[1] 跨学科学习将学科知识连接起来，实现了情境学习和有意义的学习，促进本地和全球共同参与学习，课程结构也使社区更容易参与。然而，有些学者认为，纯粹的跨学科课程设计（没有明确的学科）是不可取的，它将减少学科知识的价值。因此，有人提出要将学科知识和跨学科主题相结合，以一个特定学科的核心概念，将不同的元素连接成一个代表该学科的连贯整体。

作为一种方法的跨学科学习。跨学科学习既指在跨学科环境下的学习条件，也指关于跨学科性的学习，包括研究人员在进行跨学科研究时采取的方法和假设；并且认为在高等教育中可以利用跨学科学习来连接不同的学习领域，使其成为促进一般学习的有价值方法，而不是专注于发展跨学科特定技能。[2] 跨学科合作生产是一种以解决现实生活中的问题为目标的研究方法。通过将科学观点与其他类型的相关观点和现实世界实践（包括决策、行政、商业和社区生活）的经验相结合，共同产生知识，因此跨学科研究通常被认为是一种知识生产模式，能够有效地应对和解决当前世界面对的复杂问题，因为这种问题是基于实践/情境的知识，和现实生活中的问题密切相关。[3]

跨学科学习的价值。跨学科学习可以发展学生更高层次的技能，如问题解决、批判性思维和多角度思考的能力。如何理解跨学科会促进学习？从学习和认知理论出发，行为主义视角强调技能的发展，认知主义视角强调概念理解和问题解决与推理的策略，情境理论视角强调参与探索和社区意义构建的实践。跨学科的学习过程还包括学生的先前知识和经验，即跨学科将新知识和现有知识联系起来，这一过程可能发生在教师和学生需要学科知识来解决复杂、跨越边界的问题时，也可能发生在他们获得相关的记忆和经验来促进对新概念和思想的理解时。教师在跨

---

[1] J. T. Klein, *Crossing Boundaries: Knowledge, Disciplinarities, and Interdisciplinarities*, University of Virginia Press, 1996.

[2] B. B. Pearce, C. Adler, L. Senn, et al., *Transdisciplinary Theory, Practice and Education*, Cham: Springer, 2018, pp. 167-183.

[3] M. Polk, "Transdisciplinary Co-Production: Designing and Testing a Transdisciplinary Research Framework for Societal Problem Solving", *Futures*, Vol. 65, No. 6, 2015, pp. 110-122.

第二章 文献综述

学科教学过程中的实践可能包括：与学生先前的知识和经验建立联系；帮助学生在特定学科领域发展复杂理解；促进知识和学习的复杂观点的发展；影响思维技能；培养学生认识、评估和使用多种观点的能力；激发学生学习兴趣。①

然而，对于实践者来说，使隐性知识可见是跨学科学习成功的关键。② Borrego 等人确定并讨论了跨学科研究生教育的五类学习成果，包括学科基础、整合、团队合作、沟通、批判性意识，认为人文社会科学和工程科学都重视学科基础、交流和建立共同体，以及学科观点的整合。③ Berasategi 等人研究发现，大学的跨学科学习会促使跨学科相关的学习技能的变化，如协作工作、参与、动机和跨学科思维等。④

跨学科学习有多种形式，尽管在不同的学科中，它有许多不同的表述。例如，教育者谈到的基于问题的学习，基于项目的学习，或综合学习，所有这些似乎都有跨学科性的特征。每一门学科都采用了某种形式的跨学科，它们都采用了一种适合特定世界观的方法。当跨学科课程建立时，学科之间就架起了桥梁，同时满足了学生对内容知识的需求。当每个学生发现完成任务所需要的东西时，学习就变得更有意义，学生必须应用实际的推理。在跨学科学习的环境中，学生通常会发现，如果教师能够将学习与他们生活的各个方面联系起来，内容就会变得更加令人兴奋。那么，让学习变得更有意义，促进学习的发生，让学习者发现跨学科的联系就更加重要。

与其他进行科学或理论实践的形式相比，跨学科性的主要价值是不

---

① L. R. Lattuca, L. J. Voigt, K. Q. Fath, "Does Interdisciplinarity Promote Learning? Theoretical Support and Researchable Questions", *Review of Higher Education*, Vol. 28, No. 1, 2004, pp. 23-48.

② S. J. Rich, *Interdisciplinary Learning: A Stimulant for Reflective Practice*, Springer Berlin Heidelberg, 2009.

③ M. Borrego, L. K. Newswander, "Definitions of Interdisciplinary Research: Toward Graduate-Level Interdisciplinary Learning Outcomes", *Review of Higher Education*, Vol. 34, No. 1, 2010, pp. 61-84.

④ N. Berasategi, Igone Aróstegui, J. Jaureguizar, et al., "Interdisciplinary Learning at University: Assessment of an Interdisciplinary Experience Based on the Case Study Methodology", *Sustainability*, Vol. 12, No. 18, 2020, p. 7732.

同形式的认识论（即认识方式）的整合关系。虽然学科擅长以理论的形式解释特定的方面，但跨学科主要是将不同类型的知识以综合的方式合并和联系起来。跨学科过程中的知识整合主要包括五种类型。第一，知识整合是指思维模式/认识论，与知识的结构密切相关，主要是指知识获取。第二，知识整合模式与跨学科相关，跨学科性可以被看作来自不同科学的概念和方法的融合与整合。第三，通过不同的文化来审视知识的框架。第四，不同的人类系统，如个人、团体、组织、国家等有不同的观点、价值观和偏好，跨学科过程的挑战是要在不同的个体之间进行协调。第五，跨学科过程要求我们以一种综合的、整体的方式来看待整个系统。[1]

　　跨学科学习将产生什么样的学习结果？跨学科学习通过激励学生进行深层次学习来促进高阶认知加工。当学生采用深层次学习方法时，他们会寻求意义，反思所学内容，并通过创造个人理解来内化知识。深层次学习通常与浅层次学习（如对事实的记忆）形成对比，并由智力发展中重要而长期的变化来描述。批判性思维是跨学科学习的另一个成果。除了高阶认知处理和批判性思维外，跨学科课程还有助于学生元认知技能的发展。认知策略是指一个人在建立知识的过程中取得进步，而元认知策略则使一个人监控和改进他自己的进步，评估理解，并将知识应用到新的情境中。因此，元认知对认知的有效性至关重要。学业成就表现较好的学生，其元认知技能较高。认识论发展是跨学科学习的另一个学习成果。认识论信念被定义为关于知识和学习本质的内隐信念。这些信念会通常包括对知识获取的困难、学习者对学习的控制、知识权威的性质、相对主义、不确定性和主观性的观点。这些信念会影响学生在学习过程中参与水平、学术坚持、阅读理解和处理不良结构问题的能力。[2]

　　根据比格斯的学习结构模型，研究者设计了跨学科学习过程，包括

---

[1] R. W. Scholz, G. Steiner, "The Real Type and Ideal Type of Transdisciplinary Processes: Part I—Theoretical Foundations", *Sustainability Science*, Vol. 10, No. 4, 2015, pp. 527-544.

[2] L. Ivanitskaya, D. Clark, G. Montgomery, et al., "Interdisciplinary Learning: Process and Outcomes", *Innovative Higher Education*, Vol. 27, No. 2, 2002, pp. 95-111.

四个层次,对应四个学习结果(如表 2-1 所示)。①

表 2-1　　　　　　　　　　跨学科学习结构模型

结构层级	跨学科学习过程	学习结果
单一结构 (单一学科)	学习者专注相关学科	一个学科中的陈述性和程序性知识
多结构 (多学科)	学习者获得了多个学科的知识,但没有将它们整合起来	与中心主题相关的若干学科的陈述性和程序性知识;多学科思维
相关 (跨学科,局限于一个中心主题或问题)	学习者要围绕一个中心主题整合多个学科的知识,当学习者意识到每个学科所提供观点的优势或局限时,批判性思维技能也得到了发展	跨学科内容思维(陈述性和程序性知识);批判性思维技能;一些元认知技能;先进的认识论信念
扩展抽象层次 (跨学科,扩展到其他主题或问题)	学习者获得的知识结构集成了来自多个学科的解释工具(方法、理论、范式、概念等)。学习者使用元认知技能来监控或评估他自己的思维过程。学习者将跨学科的知识结构应用于新的跨学科问题或主题上	完善的跨学科知识结构,跨学科的内容思考;批判性思维技能;元认知技能;高度先进的认识论信念;跨学科知识转移

跨学科学习者可能通过比较和对比不同学科所提供的解释工具来整合与中心主题相关的知识。当面对跨学科问题时,关系型思想者可能比跨学科学习者更容易吸收来自多个学科的事实、原则或理论。相对于将知识视为某种静态商品,跨学科学习者可能将知识视为一种逐渐获得的认知参与过程,这一过程被学习者的分析和经验增长以及对日益复杂的信息的最终同化所改变。

在扩展抽象层次上,学习者发展了一个跨学科的知识结构,促进了对课程中心主题的探索,并代表了每个学科所贡献的解释工具之间的相互关系。这种复杂的知识结构是由批判性思维和元认知技能衍生而来的,这些技能可能适用于其他复杂的问题,无论是类似一个学术项目的

---

① L. Ivanitskaya, D. Clark, G. Montgomery, et al., "Interdisciplinary Learning: Process and Outcomes", *Innovative Higher Education*, Vol. 27, No. 2, 2002, pp. 95-111.

中心主题（近迁移）还是不相关的主题（远迁移）。这种知识结构的特点是整合视角的内化。扩展抽象层次的学习者能够真正地掌握跨学科思维，包括高度发达的知识结构和潜在的认识论信念，批判性思维和元认知技能，以及将跨学科知识转移到其他适当环境里的能力。总之，该模型定义了跨学科学习者的知识结构层次，即通过在每个学科中构建陈述性知识和程序性知识，围绕课程的主要焦点整合学科，形成一个复杂的知识结构，并将所要求的知识结构归纳为其他跨学科问题、主题。该模型还揭示了跨学科学习如何影响特定的学习结果，包括跨学科内容思维、推理技能、认识论和元认知。跨学科研究的预期学习成果包括元认知技能、批判性思维和个人认识论的发展。[1]

（二）跨学科学习的国内理解

什么是跨学科学习？国内学者从不同的视角进行了概念界定，主要包括方式说、过程说、工具说、思维说等。（1）方式说。李克东等人认为，跨学科学习是以提升学生的科学精神和创新能力为教育目标，以项目式学习方式来实现，以在真实情境中解决问题，并实现学科知识的整合。[2] 赵慧臣等人认为，跨学科学习要求学生学习不同的科学知识，面向问题开展合作与交流，形成跨学科的创新方案；并分析了跨学科学习共同体的构成要素：跨学科学习的主体是以异质学生为主，多学科教师为辅；跨学科学习的客体是跨学科课程；跨学科学习规则是促进不同学科知识的整合与创新；跨学科学习工具要适应创新性组合后的群体性应用；跨学科学习分工是以项目式学习的协作式分工；跨学科学习的环境要求开放共享的混合式学习环境。[3] 李学书认为，跨学科学习有助于学生核心素养发展，学科教学也可以采取跨学科学习的方式来实施，以一种融综合性与探究性为一体的深度学习方式，提高学生解决真实问题

---

[1] L. Ivanitskaya, D. Clark, G. Montgomery, et al., "Interdisciplinary Learning: Process and Outcomes", *Innovative Higher Education*, Vol. 27, No. 2, 2002, pp. 95-111.

[2] 李克东、李颖：《STEM教育跨学科学习活动5EX设计模型》，《电化教育研究》2019年第4期。

[3] 赵慧臣、张娜钰、马佳雯：《STEM教育跨学科学习共同体：促进学习方式变革》，《开放教育研究》2020年第3期。

第二章 文献综述

的能力,促进学生将学习知识应用于社会生活。①(2)过程说。董艳等人认为,跨学科学习是指强调综合多种学科的内容构建新的体系或方法,以解决某一特定问题的过程。②张良等认为,跨学科学习不是多门学科的内容拼盘,也并非对多学科知识的了解和知晓,而是要以学科专家思维建立起知识之间的深度联系,以协同的方式解决实际问题③。(3)工具说。曹培杰认为,高质量的教育需要一场结构性的学习革命,需要强调融通的跨学科学习。他认为,跨学科学习是根据生活中的问题而设置的,围绕同一个主题将不同学科联系起来,构建相互衔接贯通的课程体系。④(4)思维说。跨学科整合是根据学生学习的需要,以统一的主题、问题、概念、基本学习内容连接不同的学科,建立起系统的思维方式。⑤

跨学科学习发生的策略。董艳等人认为,促进跨学科学习需要学校领导教育变革意识的提升,在职教师的跨学科素养培训,职前教师跨学科学习的定制准备,包括重构课程逻辑体系、跨学科学习实践、跨学科学位授予、多学科教师的协作设计等;⑥并提出要因地制宜地开展跨学科课程;尝试组建跨学科学习共同体;技术赋能学习,增强跨学科学习体验等跨学科学习实施途径。⑦跨学科学习范式的生成策略包括强调"范式"活动中学习主体的中心地位、建构以师生互动为核心的多要素共同体、创设学习场域与境脉交织的情境、注重外促与内生合力下的内

---

① 李学书:《STEAM跨学科课程:整合理念、模式构建及问题反思》,《全球教育展望》2019年第10期。
② 董艳、孙巍、徐唱:《信息技术融合下的跨学科学习研究》,《电化教育研究》2019年第11期。
③ 张良、安桂清:《构建适应更高水平人才培养体系的知识学习形态》,《教育发展研究》2021年第8期。
④ 曹培杰:《高质量教育需要一场结构性学习变革》,《人民教育》2020年第23期。
⑤ 窦桂梅、柳海民:《从主题教学到课程整合——清华附小"1+X课程"体系的建构与实施》,《东北师大学报》(哲学社会科学版)2014年第4期。
⑥ 董艳、孙巍、徐唱:《信息技术融合下的跨学科学习研究》,《电化教育研究》2019年第11期。
⑦ 董艳、孙巍:《促进跨学科学习的产生式学习(DoPBL)模式研究——基于问题式PBL和项目式PBL的整合视角》,《远程教育杂志》2019年第2期。

化生成。①

跨学科学习可以促进新知识的产生和高阶思维技能的发展。新知识存在于学科之间、学科的跨越和学科之外，代表不同领域的知识之间更高水平的互动和整合。跨学科关注的知识研究更为复杂化、研究对象更为广泛、研究主体更为多元。② 首新等人认为，要设计 STEM 跨学科课程促进学生高阶思维的发展，应以跨学科内容为出发点，关注学生思维的高层级发展；注重内容之间的联结和转移能激发学生高层次认知过程，增强内容的进阶性和思维的层次性等。③ 跨学科学习的特点是将多个学科的知识整合在一个中心项目的主题上，学习者通过接触跨学科思想，可以发展学习者的高阶思维、批判性思维和元认知技能，并能理解来自不同学科的观点之间的关系。④ 跨学科学习强调高阶思维和学生参与复杂和非结构化的知识领域。跨学科学习更加关注我们如何学习，给学习的过程增加了复杂性。跨学科学习强调以解决现实问题为基础，致力于跨学科的问题解决，不再局限于学科边界。

梳理国内外关于跨学科学习内涵、跨学科学习的价值、跨学科学习过程和结果的相关研究发现，关于跨学科学习的内涵大致可以理解为三个方面。一是认为跨学科学习需要整合两个或两个以上学科知识；二是阐述了跨学科学习发生的条件；三是阐述了跨学科学习可以促进新知识的产生和高阶思维技能的发展。从这三个方面阐述的跨学科学习内涵，对本书梳理跨学科学习的内涵及构建促进跨学科学习的学习环境设计模型具有一定的指导与参考价值。

综上所述，近年来，跨学科学习逐渐受到了重视，国内外学者对跨学科学习的内涵与特征进行了分析，取得了一定的研究成果。但是，上述对跨学科学习内涵与特征的分析还缺乏从溯源"学科"的

---

① 史威：《跨学科学习范式及其生成策略》，《教学与管理》2021 年第 9 期。
② 姜华、刘苗苗：《"超学科与学术大众化"理念下科研评价改革的反思》，《上海教育评估研究》2021 年第 5 期。
③ 首新、黄秀莉、李健、胡卫平：《基于 STEM 学习目标的高阶思维评价》，《现代教育技术》2021 年第 3 期。
④ L. Ivanitskaya, D. Clark, G. Montgomery, et al., "Interdisciplinary Learning: Process and Outcomes", *Innovative Higher Education*, Vol. 27, No. 2, 2002, pp. 95-111.

视角分析基础教育阶段跨学科学习的认识论、价值论、发生论等，因此，本书将系统厘清跨学科学习的内涵、特征与发生机制等基础性问题。

（三）跨学科学习与多学科学习、超学科学习的差异

根据上述对学科、跨学科、跨学科学习的理解，我们有必要区分跨学科学习与多学科学习、超学科学习的区别。通常，跨学科学习被描述为学生为了创造产品、解释现象或解决问题而整合来自两个或两个以上领域的信息、方法、工具、观点、可能性、想法、概念和理论的过程。在跨学科的教学过程中，问题解决方案最合适的方法是应用，实现结果的认可以及问题解决的过程，来发展学生的高阶思维技能。对于跨学科学习理解的发展取决于这样一个学习过程，将不同领域的观点和思维方式整合起来，促进对特定领域主题的理解，其区别如表2-2所示[1]，在这里我们可以看到多学科、跨学科、超学科不同的视角。

表2-2　　多学科学习、跨学科学习、超学科学习的区别

维度	多学科学习	跨学科学习	超学科学习
共性	1. 包括一个以上的学科 2. 比单独学习每门课程更有效 3. 建立一个整体系统 4. 学生是积极的学习者		
集成的基础	主题	两个学科共有的技能和概念	现实生活中的社会/经济/文化/生态问题
关系	主题与每个学科之间都相互联系	一个学科的过程和概念有助于发展对另一个学科的理解	所有学科在生活中都有其特殊的意义
焦点	具体学科知识和技能 主题性教育	学生技能的培养 以学生为中心	解决复杂的问题，满足社会的价值观和实际需要

---

[1] P. Stock, R. Burton, "Defining Terms for Integrated (Multi-Inter-Trans-Disciplinary) Sustainability Research", *Sustainability*, Vol. 3, No. 8, 2011, pp. 1090-1113.

续表

维度	多学科学习	跨学科学习	超学科学习
目的	更容易获得新知识	使用和发展特殊的一般技能	运用内容知识和技能解决问题
结果	从不同学科的角度理解主题 学科纪律严明互不影响常规学科知识	一个学科的概念和技能会改变其他学科的方法，自适应跨学科专业知识	通过开发不同学科的内容和工具来创新解决问题的方法
学习效果	不同学科的知识和技能	更深层次的概念连贯，多样化的推理和元认知策略	生活技能和学习意识的理解
出发点	一个主题的概念和过程与主题的关系	反映学生拥有和缺乏的技能和能力	提出问题，反映学生的生活经验和世界现状
决策	必须学习什么内容？特定时期的共同话题	什么概念和技能对我来说是必要的，符合我的需求、兴趣和能力	哪些技能和内容可以帮助解决问题
反馈	我对内容的了解程度如何	我的哪些技能得到了发展	我的学习是如何帮助解决这个问题的
合作	学生—教师 学生—学生	学生—教师 学生—学生 教师—教师	学生—教师 学生—学生 全体教师的相互合作 学校—社区
批评人士	结构化封闭的知识集	个人主义，对复杂内容和活动实际知识缺乏兴趣	

在跨学科整合方法中，教师围绕跨学科的共同学习来组织课程。他们将嵌入学科的共同学习整合在一起，以强调跨学科技能和概念。学科是可识别的，但它们的重要性低于多学科方法。除了学术内容外，这些学生还学习与合作、研究、设计等相关的通用技能。也有学者梳理出了跨学科课程的异同（如表2-3所示）。[①]

---

① 陈文俊：《跨学科学习中的表现性评价》，《上海教育》2021年第Z1期。

表 2-3　　　　　　　　多学科、跨学科、超学科课程的异同

维度	多学科课程	跨学科课程	超学科课程
组织中心	各科目围绕同一个主题的学业标准	内嵌于各科目学业标准中的跨学科技能和概念	真实生活情境 学生生发的问题
知识观	最佳的学习是通过分科来实现的 唯一的正确答案 一个事实	共同的概念和技能将科目联系在一起 知识是一种社会建构 多个正确答案	所有的知识都是相互连接、相互依存的 多个正确的答案 知识是不确定的、模糊的
科目的角色	科目特有的程序、方法是最重要的 教授科目特定的技能和概念	强调跨学科技能和概念	如果愿意，科目贡献也可厘定，但更重视真实生活情境
教师的角色	支持者 学科专家	支持者 学科专家/通识教练	课程设计伙伴 学习伙伴 学科专家/通识教练
课程设计的起点	各科目特点的学业标准与技能、方法	各科目贯通之处 Know-to-be	学生的问题和关切 真实生活情境
统整程度	一般	中等/高度	范式转变
评估	基于科目	强调跨学科技能和概念	强调跨学科技能和概念
知道了什么	超越科目的概念和本质理解	超越科目的概念和本质理解	超越科目的概念和本质理解
能做什么	将科目特有的技能作为聚焦点，也包括跨学科技能	将跨学科技能作为聚焦点，也包括学科技能	科目特定的和跨学科技能在真实生活情境下得到应用
成为什么样的人	民主价值、品格教育、思维习惯、生活技能（如团队合作、为自己负责）		
教学设计过程	逆向设计、基于学业标准、学业标准、教学和评估一致		
教学	建构主义、探究、经验学习、与学生相关、学生的选择、差异化教学		
评估	传统评估和表现性评估的平衡 整合所学内容的终期汇报项目/活动		

跨学科学习与多学科学习的区别在于跨学科学习所关注的是学科之间的整合与互动。因此，学生致力于整合来自多个学科的知识，对一个特定的问题或场景建构新的视角。在这个过程中，学科被普遍认可，并且整合可能导致的新的学科见解。跨学科学习是将不同学科的认识论综

合成一个新的整体的新知识的建构。在跨学科学习中，单一学科学习被认为是不完整的。而学习者对学科的探索是建立新的综合的关键。换句话说，学习者使用和建构知识的能力决定了跨学科学习过程的边界和结果。知识的横向建构通过综合、批判和可持续性得以实现。跨学科学习和超学科学习之间的区别是模糊的，跨学科和超学科的术语在文献中经常被不加区别地使用，以表明学科的整合和超越学科边界的知识综合。①

实际上，当我们区分多学科学习、跨学科学习与超学科学习时，只是根据不同的学科内容和学科方法整合程度去审视同一种学习实践，但这种学习实践的目的本身是一致的，都是为了突破学科界限，更好地解决单一学科学习所无法解决的问题。

三 跨学科课程与跨学科学习实践

毋庸置疑，落实跨学科学习的关键在于课程与学习环境的设计，当前分科学习的传统课程体系是线性的、单一学科的，实现跨学科学习需要遵循"数字土著"学习者的特征，为学习者构建连接真实世界的跨学科课程体系，让学习环境设计与课程设计真正关联起来，以培养学习者的21世纪技能。

（一）学科课程的整合、设计与实施

《未来素养和未来课程：课程变革的全球参考框架》指出，未来素养的全球参考框架包括终身学习、自主意识、与多样性的工具和资源进行互动、与他人进行互动、与整个世界进行互动、跨学科能力、多重读写能力。② 联合国教科文组织发布的《21世纪课程的重新定义：全球范式的转变》提出，以未来素养为本的课程将呈现出七个方面的特征：基于情境的分析、以学习者为中心、强调素养使用的证据、强调素养产生的影响、

---

① D. Stentoft, "From Saying to Doing Interdisciplinary Learning: Is Problem-Based Learning the Answer?", *Active Learning in Higher Education*, Vol. 18, No. 1, 2017, pp. 51-61.

② IBE-UNESCO, "Future Competences and the Future of Curriculum: A Global Reference for Curriculum Transformation", (December 30, 2019—February 2, 2020), http://www.ibe.unesco.org/en/news/future-competences-and-future-curriculum-global-reference-curriculum-transformation; 冯翠典：《联合国教科文组织指向未来的课程、素养及其实现的"三部曲"》，《全球教育展望》2021年第4期。

强调跨学科（课程必须考虑跨学科的设计，使教育者在掌握某一学科知识的同时又能具备足够的其他学科知识）、考虑课程的结构和序列、更好地掌握学科内容。① 在传统的单一学科学习中，学习者的批判性思维等高阶思维技能较难有效形成和发展，它们需要在跨学科学习或真实情境中学习并运用相关的知识和技能才能得以形成和发展。跨学科课程整合是指打破原来的学科边界，围绕共有的基础知识或同一主题，形成一个新的教学单元过程。②

跨学科课程的设计研究。跨学科课程设计的两条关键原则是统整和探究，跨学科课程设计需要提炼出共通的核心大概念，然后用大概念去统整学科概念；探究是必须以探究性的问题吸引学生完成相关任务，以发展学生的高阶思维。探究主要包括两个方面：一是选择驱动性、有挑战性的问题；二是设计问题链或者表现性任务串。③ 田良臣等人设计了基于大概念的综合实践活动课程，其目的是打破学科壁垒，同时进一步联通学科知识和真实实践，设计主要包括凝练课程目标、重构课程框架、匹配知识情境、设计迁移任务、解决真实问题、优化评估模式六个步骤。④

跨学科课程实施的研究。如清华附小"1+X"课程实施与课程整合，它包括三条课程整合途径：学科内整合、跨学科整合、课内外整合。⑤ 董泽华等人认为，基于项目学习的STEM整合课程实施路径包括有效的STEM项目活动设计、指向学生参与的STEM教学实践、为了学生STEM跨学科学习的评价。⑥ 还有以项目任务或实践步骤为导向实施

---

① IBE-UNESCO, "Future Competences and the Future of Curriculum: A Global Reference for Curriculum Transformation", (December 30, 2019—February 2, 2020), http://www.ibe.unesco.org/en/news/future-competences-and-future-curriculum-global-reference-curriculum-transformation.

② 刘登珲：《课程统整的概念谱系与行动框架》，《全球教育展望》2020年第1期；[加]德雷克、[美]伯恩斯：《综合课程的开发》，廖珊等译，中国轻工业出版社2007年版。

③ 方兆玉：《跨学科学习：Why, What, How》，《上海教育》2020年第32期。

④ 田良臣、巩言：《基于大概念的综合实践活动课程设计》，《当代教育科学》2022年第1期。

⑤ 窦桂梅、柳海民：《从主题教学到课程整合——清华附小"1+X课程"体系的建构与实施》，《东北师大学报》（哲学社会科学版）2014年第4期。

⑥ 董泽华、卓泽林：《基于项目学习的STEM整合课程内涵与实施路径研究》，《中国电化教育》2019年第8期。

跨学科学习课程。①

然而，当前学校层面课程整合存在着迷失现象：形式化的课程整合和儿童的客体化；功利化的课程整合和儿童的工具化，特别是课程整合变为水果拼盘式的跨学科整合和雷同的主题设计。② 指向核心素养的课程整合也可能存在三个缺陷：忽视智力和道德能力、自我意识、自由、感性等的发展；淡化了传播学科知识的任务；没有看到教育力或学科知识在人类力量和人类繁荣发展中的潜力。③ 实际上，我们可以发现，"语文""信息科技""综合实践活动""劳动"等课程只是中小学的一个科目（Subject），而没有严格对应的学科"Discipline"。但是，通常在这些课程的研究和教学实践中，往往还是把它们当作一门学科课程。因此，要实现学生的跨学科学习，则需要系统考虑，对跨学科学习环境进行重新设计，包括学校层面、课程层面、学习空间层面等方面。

综上所述，关于跨学科学习的理解等同于综合实践活动课程，或主题类学习活动，抑或将不同学科知识整合在一起，而对于为何跨、怎么跨、跨什么等价值问题则缺少关注。缺乏对为何跨学科的关注，就容易产生对课程目标或培养学生素养需要的迷失，陷入为跨而跨的形式主义；缺乏对怎么跨的关注，也就是对跨学科学习如何实施的追问，以传统教学方式来实施跨学科学习，容易产生对跨学科学习方式的"新瓶装旧酒"的误区；缺乏对跨什么的关注，也就是对哪些内容可以跨的追问，是要明确什么样的学科课程知识内容更适合跨。因此，要超越工具主义的跨学科学习，需要实现从关注内容本身转向关注学习方式的转变。

(二) 跨学科学习实践的样态

当前关于跨学科学习实践研究主要有两种视角：第一，以 STEM 教育的方式来实现跨学科学习；第二，基础教育阶段不同方式的跨学科学

---

① 寿延、亓玉田：《跨学科课程的设计与实施》，《基础教育课程》2018 年第 22 期；周波：《跨学科学习领域课程的建设》，《基础教育课程》2018 年第 22 期。
② 王丽华：《让儿童成"人"：学校层面课程整合迷失和回归的原点》，《全球教育展望》2016 年第 4 期。
③ 郭洪瑞、李昶洁、廖丹妮：《百川归海：多元视角共话课程整合——第十七届上海国际课程论坛述评》，《全球教育展望》2020 年第 3 期。

习实践。

第一，以 STEM 教育的方式来实现学习的"跨学科性"。余胜泉等人认为，STEM 教育跨学科是以整合的教学方式使学生运用技能解决真实世界中的问题，其中一种基本的取向是学科知识整合取向（包括基于问题的学习模式、5E 教学法、研究性学习等）；提出了 STEM 跨学科项目设计模式。① 张屹等人提出了基于设计的跨学科 STEM 理论框架（如图 2-1 所示）。② 也有学者从 STEM 跨学科视角分析了项目设计，对全国小学 STEM 展示课进行了分析，其主要流程是导入新课、完成项目、交流评价、总结提高。③ 詹泽慧等人提出了 STEAM 教育本土化的一种重要途径是文化本位的跨学科学习，其融合方式分为文科内融合、理科内融合、文理交叉融合，并提出了呈现文化本位的跨学科学习项目的设计方法，确定了学科下位的具体内容；设计项目活动的详细方案，如活动任务、活动方式、活动规则、活动评价等。④ Kuo 等人研究认为，STEM 跨学科 PBL 课程是当前工程教育的前沿实践领域，也是提高大学生学习动机、自我效能感和创造力的有效途径，而且工程与设计专业学生之间的跨学科合作有利于人机交互系统的发展。⑤ 黄璐等人提出了"三步走"的跨学科 STEM 教育实践路径，基于学科基础知识，达到领域内容标准；通过真实性问题项目，探索学科之间不确定的相关性；借助思维工具，确立相关知识间的逻辑关系模型。⑥

第二，基础教育阶段不同方式的跨学科学习的实践。张泽远等人以

---

① 余胜泉、胡翔：《STEM 教育理念与跨学科整合模式》，《开放教育研究》2015 年第 4 期。

② 张屹、李幸、黄静、张岩、付郯华、王珏、梅林：《基于设计的跨学科 STEM 教学对小学生跨学科学习态度的影响研究》，《中国电化教育》2018 年第 7 期。

③ 邹绮雯、梁斌：《STEM 跨学科视域下的项目设计分析——以小学 STEM 课堂〈轮子〉为例》，《中国教育信息化》2019 年第 14 期。

④ 詹泽慧、李彦刚、高瑞翔：《文化本位的跨学科学习：STEAM 教育本土化的一种重要途径》，《中国电化教育》2022 年第 1 期。

⑤ H. C. Kuo, Y. C. Tseng, Y. T. C. Yang, "Promoting College Student's Learning Motivation and Creativity through a STEM Interdisciplinary PBL Human-Computer Interaction System Design and Development Course", *Thinking Skills and Creativity*, Vol. 31, 2019, pp. 1-10.

⑥ 黄璐、裴新宁：《科学理性主义视野下的 STEM 教育思考：知识融通》，《比较教育研究》2018 年第 6 期。

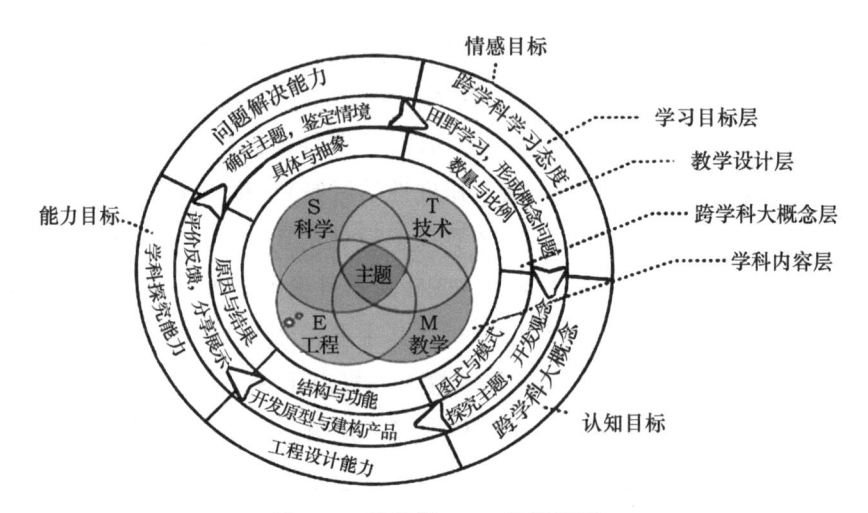

图 2-1 跨学科 STEM 理论框架

"探秘电池"为例,设计了物理和化学融合的跨学科课程设计思路,并重视教学环境的设计,将实验室环境设计纳入教学活动中。① 也有研究者以"大豆'旅行安家'的启示"一课为例,探索了基于核心概念和问题导向的跨学科教学。② 跨学科融合主题单元设计与实施流程,包括找到教材单元之间的关联、学情分析、确定单元总目标(设计各学科相关学习任务,权衡学科比重)、教学实施、评价反思、策略优化。③ 刘艳萍等探索了整校都以学科大概念统领来推进单元整体教学。④ 黄翔等研究认为,将跨学科思维用于数学教学需要更新学科观念,增强学科交叉融通意识,要加强知识之间的联系,还要探索有效开展跨学科教学

---

① 张泽远、杨国强、余瑾:《高中物理和化学跨学科课程的开发与实施——以"伏打电池"为例》,《上海课程教学研究》2020 年第 12 期。
② 葛燕琳:《基于核心概念和问题导向的跨学科教学初探——以"大豆'旅行安家'的启示"一课为例》,《地理教学》2021 年第 24 期。
③ 汤慧慧:《跨学科融合式单元主题教学实践研究——以小学英语学科为例》,《教育参考》2019 年第 2 期。
④ 刘艳萍、章巍:《学科大概念统领下的单元整体教学之整校探索》,《中小学管理》2021 年第 7 期。

方式，要提升跨学科思维下的教师专业素养。① 钟柏昌等提出了面向跨学科创新能力培养的 4C 教学模型（见图 2-2）。②

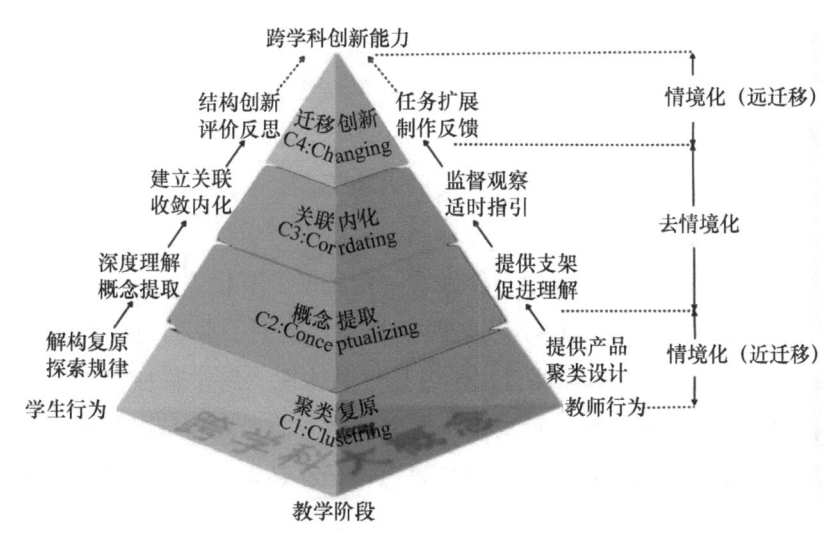

图 2-2　面向跨学科创新能力培养的 4C 教学模型

跨学科学习实践的流程。指向学生发展核心素养的跨学科主题课程实施策略包括实践准备、实践探究、整理归纳、分享提升。③ 基于真实问题的跨学科学习实施流程主要包括：将核心问题解构为分学科子问题，构建分学科子问题系统，用不同学科知识表征子问题，搜索和整理相关信息和资源，解决子问题，超越学科界限综合解决核心问题；最后通过开展基于真实问题的跨学科学习的设计和实践，建构跨学科学习中的师生共同体。④ 对教师而言，教师要深入理解跨学科是知识生产和学

---

① 黄翔、童莉、史宁中：《谈数学课程与教学中的跨学科思维》，《课程·教材·教法》2021 年第 7 期。
② 钟柏昌、刘晓凡：《跨学科创新能力培养的学理机制与模式重构》，《中国远程教育》2021 年第 10 期。
③ 王换荣、陈进前：《指向学生发展核心素养的高中跨学科主题课程的实施》，《中小学教材教学》2021 年第 7 期。
④ 张燕、李玫、孙艳：《基于真实问题的跨学科学习设计与实践——以"新疆棉花为什么这样'红'"为例》，《中国教师》2022 年第 2 期。

跨学科学习与学习环境设计

生发展核心素养培育的新途径,是对传统学科的有益补充和扬弃,在课程与教学实施中促进学生把知识、技能和态度予以协调整合,聚焦于真实情境的整体学习任务,形成解决实际工作问题的跨学科素养。[①] 也有研究发现,要实现卓有成效的跨学科学习,学生需要制定和改变学科特定的角色,成功的跨学科学习经历了从单一建构到共同建构、再建构的发展轨迹。[②] 而且跨学科学习与积极的学生学习成果有关,如创造性思维、问题解决能力、知识获得和发展兴趣等。[③]

综上所述,我们发现,当前基础教育阶段跨学科学习研究取得了一定的成果,但有些跨学科学习实践在一定程度上窄化了跨学科学习的内涵,甚至有很多是多学科学习实践的样态。同时,我们可以看出,以STEM教育为主的学习和项目化学习是目前体现"跨学科性"的一种较为普遍的学习方式,但是面对新一轮义务教育阶段课程标准提出的所有学科都需要跨学科学习时,我们需要思考什么是真正的跨学科学习?不同的学科如何进行跨学科学习?

第二节 学习环境设计的研究现状

一 学习环境设计的定义

在学习环境设计之初,需要考虑学习的本质和过程以及学习发生的环境,具体研究问题包括:学生应该获取哪些知识和技能?如何帮助学生建构知识、内化脚本(internalize scripts)或获取实践技能?怎样确定学生在学习过程中理解了学习内容的价值并保持着学习热情?以何种方

[①] J. J. G. Van Merriënboer, L. Kester, "Whole-Task Models in Education", *Handbook of Research on Educational Communications and Technology*, Vol. 3, 2008, pp. 441-456.

[②] S. Jiang, J. Shen, B. E. Smith, "Designing Discipline-Specific Roles for Interdisciplinary Learning: Two Comparative Cases in an Afterschool STEM + L Programme", *International Journal of Science Education*, 2019, pp. 1-24.

[③] D. M. Bressler, M. Shane Tutwiler, A. M. Bodzin, "Promoting Student Flow and Interest in a Science Learning Game: A Design-Based Research Study of School Scene Investigators", *Educational Technology Research and Development*, Vol. 69, No. 5, 2021, pp. 2789-2811.

式可以确定学生将他们的知识和技能应用到了适合的场景之中。学习的"获得隐喻"认为,在传统的学校教育当中,学习场域与其应用场域是分离的。学徒制学习是基于学习的"参与隐喻",学习的建构是通过跟随师傅在应用场域进行实践参与实现的。科学领域的学习环境设计需要将以上两种"隐喻"所提到的路径整合起来,即同时考虑学校场景中的学习和应用场域中的学习。① 如果"从教育目标的变化"来理解学习环境设计的意义,那么,也就是新的教育目标需要重新考虑"教师教什么""教师怎么教""教师怎么评价学生的学习"这一系列的主题,最终形成一种"教学"的新隐喻——学习环境的设计。②

王美、任友群认为,学习环境是指学习发生于其中的物理的、社会的、心理的、教育教学的情境,学习环境既包括课堂、学习等正式学习环境,也包括家庭、科技馆、博物馆等校外的非正式学习环境。学习环境是人为设计的产物,实际上是为了促进学生的学习,支持他们的协作、问题解决和创造力的培养。③

Sawer 认为,学习环境包括多个要素,如环境中的教师、学生、计算机等,也包括物理环境与社会文化环境等。④ 学习环境的定义有很多种,学习科学领域使用这一基本框架来描绘支持个人意义建构的设计方法。学习科学研究者认为,学习环境的特点是能够促进学习者的知识建构、协作互动、概念转变等。学习科学研究者关注学习环境设计的两个原因,一是学习环境如何促进学生的认知投入和激发学生的学习动机;二是关注教师如何教,学生如何学,特别是在技术时代,技术赋能的学习环境如何解决教育过程中所面临的问题,比如,如何促进学生的学习投入、协作能力、问题解决能力等。学习科学的未来发展将包括从学习环境的改善到未来学校的变革。未来学校变革的关键是技术赋能的学习

---

① Frank Fischer, Cindy E. Hmelo-Silver, et al., *International Handbook of the Learning Sciences*, New York: Library of Congress Cataloging-in-Publication Data, 2018.
② [美]戴维·H.乔纳森、苏珊·M.兰德主编:《学习环境的理论基础》(第二版),徐世猛等译,华东师范大学出版社 2015 年版。
③ 王美、任友群:《从教学设计走向学习环境设计:学习科学视角下的教学变革》,《上海教育》2013 年第 16 期。
④ R. K. Sawyer, "Introduction: The New Science of Learning", 2014, pp.1-20.

环境设计,以促进教师专业发展等。[1] 也就是说,学习环境设计既关注学生的学,也关注教师的教,在于促进教与学方式的转变。

综上所述,关于学习环境的定义有很多,不同的学者都从不同的学科视角进行了定义。但可以看出学习环境设计的隐喻是教学设计,多从探讨教师如何教和学生如何学出发。学习科学领域讨论的学习环境设计多是从知识设计、学习活动设计、学习共同体设计、学习评价设计等方面进行学习生态系统设计。

二 学习环境设计要素

学习环境设计是一个复杂的过程,它是对不同的学习情境、学习支持与教学方法的表现。学习情境既包括正式的学习,也包括非正式的学习,如场馆学习等。学习环境设计既可以是教师设计的,也可以是师生一起设计的,或者是以学生为中心设计的。综观国内外相关研究,不同的研究者从不同的角度提出了学习环境设计的要素(如表2-4所示)。

表2-4　　　　　　　　　　学习环境设计要素

研究者	学习环境设计要素
乔纳森[2]	问题、相关案例、信息资源、认知工具、会话与协作、社会/背景支持
Seng, Hung[3]	信息库、符号簿、建构工具、任务情境、任务管理
Oliver, Hannafin[4]	学习情境、资源、工具、支架
Collins 等[5]	认知学徒制学习环境设计四要素内容、方法、序列、社会性

---

[1] 徐晓东、杨刚:《学习的新科学研究进展与展望》,《全球教育展望》2010年第7期。

[2] [美]戴维·H.乔纳森:《重温活动理论:作为设计学生为中心的学习环境的框架》,郑太年、任友群译,华东师范大学出版社2002年版,第21—42页。

[3] C. T. Seng, D. Hung, "Beyond Information Pumping: Creating a Constructivist E-Learning Environment", *Educational Technology*, Vol 42, 2002, pp. 48-54.

[4] K. Oliver, M. Hannafin, "Developing and Refining Mental Models in Open-Ended Learning Environments: A Case Study", *Educational Technology Research & Development*, Vol. 49, No. 4, 2001, pp. 5-32.

[5] A. Collins, J. S. Brown, S. E. Newman, *The Cambridge Handbook of the Learning Sciences*, New York: Cambridge University Press, 2006, pp. 47-60.

续表

研究者	学习环境设计要素
Brown①	课程、技术、评价、课堂精神特质、师生角色
Cobb & Mcclain②	课堂学习环境设计四要素：教学任务、学生使用的工具、课堂组织活动、课堂话语
Edelson & Reiser③	逼真实践学习环境设计三要素：活动、工具与资源、社会结构
Sandoval④	具身学习环境的三要素：任务结构、工具和材料、参与结构
Keith⑤	CSCL设计三要素：课程、资源与工具、参与结构、环境空间设计
钟志贤⑥	活动、情境、资源、工具、支架、学习共同体、评价
曹俏俏等⑦	参与式学习环境设计框架：学习共同体、真实性学习活动、资源、工具、学习者
黄荣怀等⑧	智慧学习环境包括资源、工具、学习社群、教学社群、学习方式、教学方式
张立新等⑨	虚拟学习环境是以学习者为主体的，由物理环境、社会环境、规范环境组合

① A. Brown, "Design Experiments: Theoretical and Methodological Challenges in Creating Complex Interventions in Classroom Settings", *The Journal of the Learning Sciences*, Vol. 2, No. 2, April 1992, pp. 141-178.

② P. Cobb, K. Mcclain, *The Cambridge Handbook of the Learning Sciences*, New York: Cambridge University Press, 2006, pp. 171-186.

③ D. C. Edelson, B. J. Reiser, "Making Authentic Practices Accessible to Learners: Design Challenges and Strategies", In R. K. Sawyer, eds., *Cambridge Handbook of the Learning Sciences*, New York: Cambridge University Press, 2006, pp. 335-354.

④ W. A. Sandoval, "Developing Learning Theory by Refining Conjectures Embodied in Educational Designs", *Educational Psychologist*, Vol. 39, No. 4, 2004, pp. 213-223.

⑤ S. R. Keith, *The Cambridge Handbook of The Learning Sciences*, New York: Cambridge University Press, 2006.

⑥ 钟志贤：《论学习环境设计》，《电化教育研究》2005年第7期。

⑦ 曹俏俏、张宝辉、梁乐明：《参与式学习环境设计研究——以N大学"学习科学导论"研究生课程为例》，《开放教育研究》2014年第4期。

⑧ 黄荣怀、杨俊锋、胡永斌：《从数字学习环境到智慧学习环境——学习环境的变革与趋势》，《开放教育研究》2012年第1期。

⑨ 张立新、李世改：《生态化虚拟学习环境及其设计》，《中国电化教育》2008年第6期。

续表

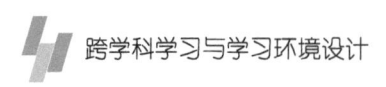

研究者	学习环境设计要素
武法提等①	网络学习平台、学习活动、学习资源、学习支持服务、学习共同体、环境中活动的主体为教师和学生
尹睿②	创建学习共同体、学习交互活动的网络文化学习环境
习海旭等③	智慧学习环境包括学习活动、教学活动、学习管理活动、物理环境、技术环境五大要素
张帅等④	学习环境设计要以学习者、学习活动、学习评价三个要素为核心
鲍贤清⑤	从物理环境、展品、学习活动三个层面研究了场馆中的学习环境设计
李志河等⑥	具身认知学习环境构成要素包括：教师、学习者、学习共同体；工具、技术、资源；学习氛围、人际关系等；具身认知学习环境境脉，主要包括物理环境、社会文化环境、情感心理环境、资源支持环境

黄荣怀等从技术促进学习的视角分析了智慧学习环境的特征，提出了智慧学习环境模型（如图2-3所示）。⑦ 田阳等认为，学习环境设计的核心问题是通过设计使得技术、学习情境、教与学的理论、各类空间、物化环境、人等要素有机融合起来，促进形成富有成效的学习环境。⑧ 张晓英等认为，问题解决与数据驱动的学习环境设计需要更加有意义的交互工具，要借助人工智能等技术对学生问题解决过程进行分

---

① 武法提、李彤彤：《网络学习环境生态化设计研究》，《中国电化教育》2013年第7期。
② 尹睿：《网络学习环境研究的困境与转向》，《中国电化教育》2009年第6期。
③ 习海旭、廖宏建、黄纯国：《智慧学习环境的架构设计与实施策略》，《电化教育研究》2017年第8期。
④ 张帅、朱静、杨成：《对学习环境设计研究的元分析——以我国优秀硕士学位论文为例》，《现代远程教育研究》2010年第6期。
⑤ 鲍贤清：《场馆中的学习环境设计》，《远程教育杂志》2011年第2期。
⑥ 李志河、李鹏媛、周娜娜、刘芷秀：《具身认知学习环境设计：特征、要素、应用及发展趋势》，《远程教育杂志》2018年第5期。
⑦ 黄荣怀、杨俊锋、胡永斌：《从数字学习环境到智慧学习环境——学习环境的变革与趋势》，《开放教育研究》2012年第1期。
⑧ 田阳、万青青、陈鹏、黄荣怀：《多空间融合视域下学习环境及学习情境探究》，《中国电化教育》2020年第3期。

析，问题设计是构建问题解决环境设计的关键。[1] 高媛等人认为，影响智慧学习环境中认知负荷的因素包括知识、技术、策略和学习者。知识是指学生在学习过程中需要加工处理并且在长时记忆里存储的所有信息；技术主要是指用来支持教与学过程开展的媒体技术手段；策略是指教学过程中所使用的方法和手段，包括教学过程的设计、教学方式的选择等。学习者是学习的主体，教学的核心。[2]

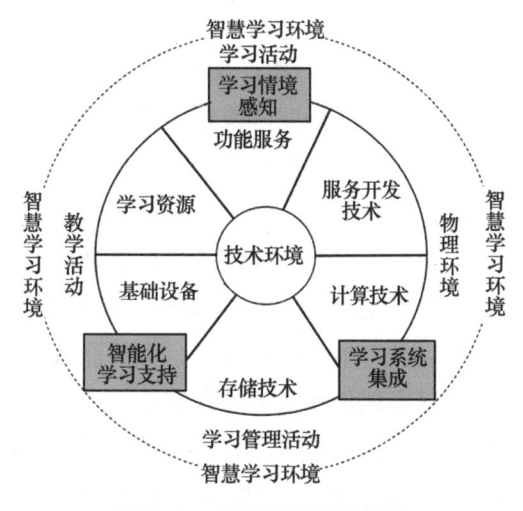

图 2-3 智慧学习环境模型

综上所述，不同的学者对学习环境设计要素的内容认识不一样，从学习科学角度来看，他们都对学习环境设计要素进行了讨论，根据实际教学需要，他们的学习环境设计包含着不同的要素，但大致都围绕着问题、资源、工具、学习共同体、活动、技术等展开。学习环境设计的维度还包括物理环境、社会文化环境、心智环境等。

---

[1] 张晓英、杨开城、黄荣怀：《问题解决与数据驱动的学习环境设计》，《中国电化教育》2009 年第 9 期。

[2] 高媛、黄真真、李冀红、黄荣怀：《智慧学习环境中的认知负荷问题》，《开放教育研究》2017 年第 1 期。

三　学习环境设计的构建

学习环境的设计需要回到从如何教转向如何学这个本质的问题。尚俊杰等人认为，未来学习科学领域要加强智慧学习环境设计研究，如基于平板电脑的常态教学应用对学生的影响，基于平板电脑的教学和学习环境设计研究，融合物理环境和虚拟环境的学习空间设计研究等。① Linn 提出促进知识整合的学习环境设计的四条原则：使科学可触及，使思维可视化，促进协作学习，促进自主学习。②

学习环境应该包括情境、协作、交流和意义建构。杨现民等人认为，当前关于泛在学习环境的研究多聚焦于技术环境和系统的设计与构建，缺乏系统层面的环境设计，他从生态学视角设计了泛在学习环境模型（如图 2-4 所示）。③

田阳等人认为，学习环境的设计要将新兴信息技术和教与学理论联系起来，并要充分考虑多空间融合，将技术元素纳入教与学的环节里，要突出以学为中心和以人为本的设计理念，应关注教育本质和规律，提供丰富的认知工具，以实现任务情境的真实性。在有效的学习环境设计中最基本的参与结构是协作学习。而使协作学习发生的关键在于学习者与同伴能共同面对问题的解决，在协作学习发生的过程中有知识的利用、脚手架的提供、知识的外化与可视化、反思与元认知等。④ 学习环境有"软"和"硬"，在技术发达的今天，硬环境越来越不是问题，我们更多的是要关注"软"环境；学习环境还有"内"和"外"的问题，学生是学习的主体，主体以外的一切因素都可以是教学环境，所有的外部环境最终都是要促进学习者内在学习动力的调动。徐晓东从组织层

---

① 尚俊杰、王钰茹、何奕霖：《探索学习的奥秘：我国近五年学习科学实证研究》，《华东师范大学学报》（教育科学版）2020 年第 9 期。

② K. Scalise, "Science Learning and Instruction: Taking Advantage of Technology to Promote Knowledge Integration", *Science Education*, Vol. 22, No. 6, 2013, pp. 2035-2039.

③ 杨现民、余胜泉：《生态学视角下的泛在学习环境设计》，《教育研究》2013 年第 3 期。

④ 田阳、万青青、陈鹏、黄荣怀：《多空间融合视域下学习环境及学习情境探究》，《中国电化教育》2020 年第 3 期。

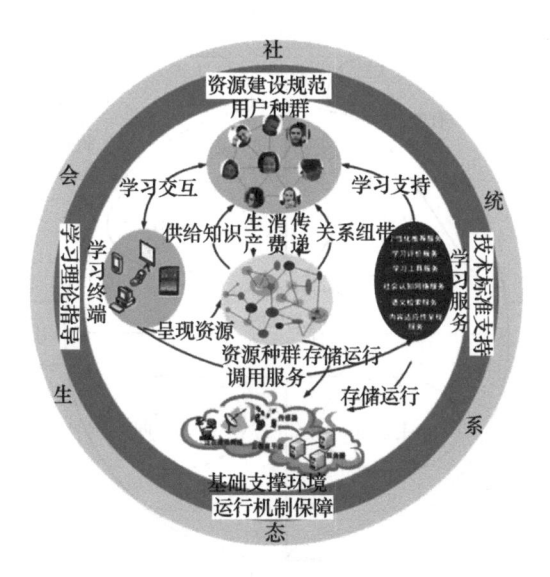

图 2-4　泛在学习环境模型

面、活动层面和工具层面设计了网络校际协作的学习环境。①

杨进中等人构建了虚实融合的研究性学习环境设计框架，该学习环境设计的主要特征是以促进有意义的社会性互动为核心；支持学习者自主探究；提供认知过程支架；形成学习共同体；提供个人学习空间等②（如图 2-5 所示）。柳瑞雪等人构建了面向空间推理技能发展的沉浸式学习环境设计模型（如图 2-6 所示）。③

四　学习环境设计的应用

《人是如何学习的：大脑、心理、经验及学校》一书提出了学习环境设计的原则，重视并运用学生的先前理解；重视事实性知识和概念性

---

① 徐晓东：《网络校际协作学习环境设计》，《电化教育研究》2014 年第 12 期。
② 杨进中、张剑平：《虚实融合的研究性学习环境设计》，《电化教育研究》2014 年第 12 期。
③ 柳瑞雪、万昆、王美：《面向空间推理技能发展的沉浸式学习环境设计及实证研究》，《中国电化教育》2021 年第 12 期。

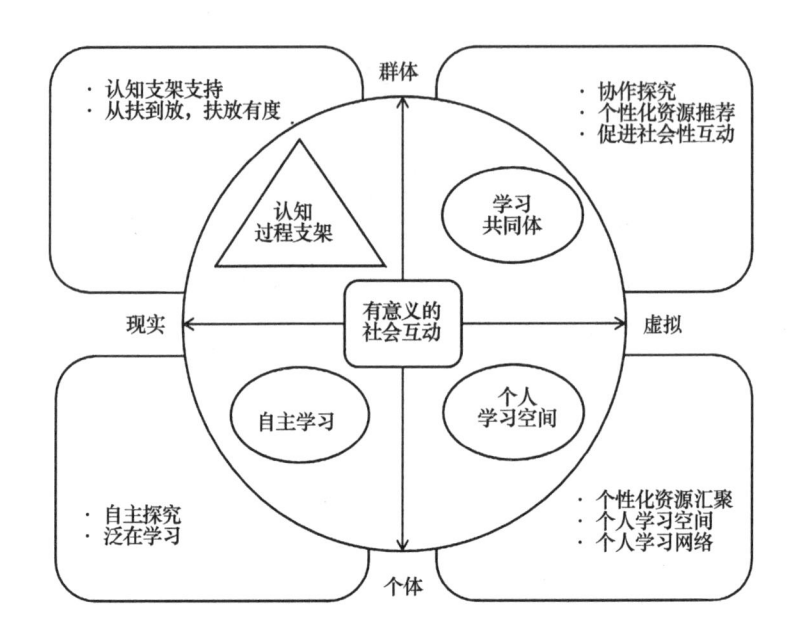

图 2-5 虚实融合的研究性学习环境设计框架

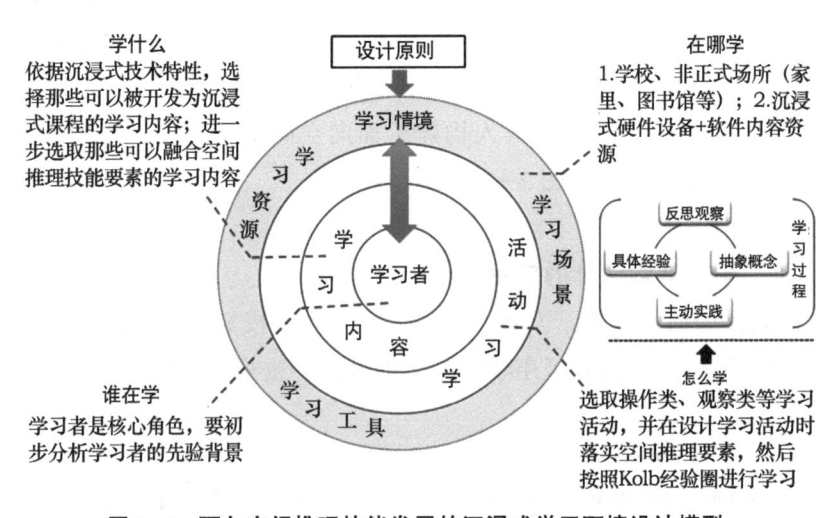

图 2-6 面向空间推理技能发展的沉浸式学习环境设计模型

框架在理解中的核心作用；重视自我监控和元认知的重要性。① OECD认为，首先创新学习环境的原则是：承认学习者是核心参与者，在设计学习环境时，要以学习者为中心；其次要发展学习者的能动性，要善于发现学习者的内在潜能。同时，OECD指出，教育创新不仅仅是将更多的技术投入教室里，而是要改变教学方法。②

Eyal等人认为，未来学习空间是一个动态且技术丰富的学习环境，可使用创新的教学方法进行教学。③ 但是，无论在K12阶段还是在高等教育中，将创新技术引入任何教学环境都是一项挑战。有学者提出了未来学习空间的四个设计模式。这些模式涉及混合性，包括正式和非正式的、物理和数字技术的组合。Fu, Hwang研究发现，首先，学习效果的提升应归于移动设备对学习的支持，可以通过移动设备和技术支持，构建一个跨越时空的真实教学场景。移动设备具有便携性、社会交互性、连通性和个性化，它可以推动移动协作学习活动从传统课堂向现实生活场景转变。其次，探索移动协作学习的自我效能感、认知负荷、学习焦虑和高阶思维技能的研究较少。也有研究者提出要将学习内容与现实生活联系起来，从而为学习者构建知识、发展高阶思维技能，加强对高阶思维、学习表现、自我效能感等问题的研究。④

Strobel等人研究真实性在学习环境、工程教育设计中的作用，真实的问题来源应该是一种需要、一种实践、一项任务、一种追求和一种渴望，存在于学校和教育目的之外的环境中。真实性问题体现在内容的真实性、任务的真实性、影响的真实性、价值的真实性等上。⑤ 也有研究者

---

① [美]约翰·D. 布兰思特等编著：《人是如何学习的：大脑、心理、经验及学校》，程可拉等译，华东师范大学出版社2013年版，第28页。

② 陈伦菊、金琦钦、盛群力：《设计创新性学习环境——OECD"7+3"学习环境框架及启示》，《开放教育研究》2018年第5期。

③ L. Eyal, E. Gil , "Design Patterns for Teaching in Academic Settings in Future Learning Spaces", *British Journal of Educational Technology*, Vol. 51, No. 4, June 2020, pp. 1061-1077.

④ Q. K. Fu, G. J. Hwang, "Trends in Mobile Technology-supported Collaborative Learning: A Systematic Review of Journal Publications from 2007 to 2016", *Computers & Education*, Vol. 1, No. 4, 2018, pp. 129-143.

⑤ J. Strobel, J. Wang, N. R. Weber, et al., "The Role of Authenticity in Design-Based Learning Environments: The Case of Engineering Education", *Computers & Education*, Vol. 64, No. 5, 2013, pp. 143-152.

研究了多媒体学习环境中的认知负荷，从认知负荷类型、多媒体学习原理、认知负荷的策略、认知过程、多媒体学习环境的类型等维度分析认知负荷与多媒体学习相关的内容。目前多媒体学习环境中关于认知负荷的大多数研究是在 STEM 科目中展开的，但是关于认知负荷的类型、多媒体学习环境等对学习者认知负荷的研究相对缺乏。[1] Kok 指出，技术增强的学习环境应提供支持性的可视化和交互多媒体、自我评估工具、关于学习环境设计的目的和如何操作的指导。[2] 也有学者研究了在技术增强的学习环境中如何提供脚手架，以及在不同环境下提供脚手架的类型，提供脚手架主要考虑的因素是使认知过程更加明确，应使用适当的表示法。Lee 等研究认为，培养学生的高阶思维需要实施教学设计干预，使学习者参与复杂的认知活动，研究通过技术支架来促进学习者的高阶思维活动，从态度、学习策略等维度研究对高阶思维技能的影响，态度包括对知识和学习的态度、对使用技术的态度；学习策略包括浅层学习和深度学习，并通过问卷调查和结构方程模型分析，发现学习者的高阶思维受到深度学习策略的直接影响，而不受对知识和学习的态度以及对技术使用态度的影响。相反，这两个因素会通过学习者深度学习的方法而间接影响学习者的高阶思维。[3]

Mueller 等人研究了虚拟学习环境设计的特点，主要包括系统相关的，如反馈、灵活、媒体同步性等，感知易用性、感知有用性、屏幕设计等。[4] Weidlich 等人关注在线学习环境的社交性，并采用了一种设计社交学习环境和培养社会情感的新方法，在 MOODLE 插件技术上实现社交功能，在丰富学习环境之后，通过一个月的在线课程学习，其学习环境明显比控制条件下更具社交性，学生的社会情感变量（如社交能

---

[1] D. Mutlu-Bayraktar, V. Cosgun, T. Altan, "Cognitive Load in Multimedia Learning Environments: A Systematic Review", *Computers & Education*, Vol. 141, 2019, p. 103618.

[2] A. Kok, "Understanding the Technology Enhanced Learning Environments", *International Education Studies*, Vol. 2, No. 4, October 2009, pp. 3-9.

[3] J. Lee, H. Choi, "What Affects Learner's Higher-Order Thinking in Technology-Enhanced Learning Environments? The Effects of Learner Factors", *Computers & Education*, Vol. 115, No. 12, 2017, pp. 143-152.

[4] D. Mueller, S. Strohmeier, "Design Characteristics of Virtual Learning Environments: State of Research", *Computers & Education*, Vol. 57, No. 4, 2011, pp. 2505-2516.

力、社会互动、社会存在、社会空间）都受到了影响，学生对在线学习也更加满意。① Bravo 等人从以学习者为中心的角度展开探讨，认为在一些教学设计领域缺乏教学工具，而且当这些领域比较复杂时，学生在学习过程中就要对所需要解决的问题进行分组设计。他们研究开发了一个设计模型和协作学习方法，利用这个虚拟框架，建立了一个以问题解决为手段的学习领域设计的协作环境，并强调在任务分配、讨论、共享设计等方面进行同步协作。② Xu 等人研究了技术支持的具身沉浸式学习环境，提出了具身沉浸的概念框架，包括身体沉浸、感觉沉浸和认知沉浸三个主要维度，这三个主要维度由身体的、运动的数量、观点、媒介效果、触觉效果、操作一致性、学习一致性和个性化八个因素组成，以此提出了技术支持的具身互动学习框架。③

Norbet 等构建了以心智模型理论为中心的学习环境，心智模型是对思维的高级建构，因为他们预想了知识将会被逐步整合到世界模型之中的过程。以模型为中心的学习一般遵循两种方法。一是强调学生在学习过程中所获得的概念模型的内化；二是发现式学习策略的运用。以模型为中心的学习环境的教学设计包括以认知知识为目标设计，以知识的启发式结构为目标的基于设计的建模。④

Janet 等人研究了基于案例的推理促进深度的科学学习，运用的是一个基于项目的科学教育的探究方法，被称为"通过设计的学习"，遵循以自然迭代的形式展开。"通过设计的学习"的特征包括迭代、公开演示、使课堂活动流程化、设计日记和脚手架软件、为通过设计的学习

---

① J. Weidlich, T. J. Bastiaens, "Designing Sociable Online Learning Environments and Enhancing Social Presence: An Affordance Enrichment Approach", *Computers & Education*, Vol. 142, 2019, p. 103622.

② C. Bravo, Miguel. á. Redondo, M. Ortega, et al., "Collaborative Environments for the Learning of Design: A Model and a Case Study in Domotics", *Computers & Education*, Vol. 46, No. 2, 2006, pp. 152-173.

③ X. Xu, J. Kang, L. Yan, "Understanding Embodied Immersion in Technology-Enabled Embodied Learning Environments", *Journal of Computer Assisted Learning*, Vol. 38, No. 1, 2022, pp. 103-119.

④ ［德］诺伯特·M. 西尔、［荷］山尼·戴克斯特拉主编：《教学设计中课程、规划和进程的国际观》，任友群等译，教育科学出版社 2009 年版，第 56—77 页。

做准备。①

综上所述，在学习环境设计与应用方面已经取得了较多的研究成果，关于学习环境设计的各要素和不同领域的应用已经达成了一定的研究共识，但是也呈现出不同的研究差异。因为学习环境设计是一个复杂的系统，要紧紧围绕学习的发生进行改进，正因为学习环境设计是一个复杂的过程，所以需要在实践中不断改进和迭代学习环境设计。回归本书的初衷，通过对上述研究的分析，我们发现，关于学习环境设计对真实学习过程发生的关注度不够，在应用层面对促进跨学科学习的学习环境设计的研究较少。

第三节 研究述评

本章的前两节分别概述了跨学科学习和学习环境设计的相关研究内容，为本书提供了必要基础和有益参考，从中可以获得以下几点总结。

一 国内外文献综述总结

（一）跨学科学习在推动学习方式变革，发展学生核心素养上起着重要作用

无论是学科学习还是跨学科学习，在推动基础教育阶段学生核心素养的培养方面都起着重要作用。目前，我国在新一轮义务教育阶段课程标准修订中明确提出了所有学科都要有10%的课时开展跨学科学习。大量研究也表明，跨学科学习对学生的高阶思维技能的培养，推动学生核心素养、跨学科素养的培养具有重要作用。因此，为了培养适应智能时代和面对复杂的社会生活环境，通过开展跨学科学习推动学习方式变革，更好地培养学生的核心素养非常重要。

---

① 转引自［德］诺伯特·M. 西尔、［荷］山尼·戴克斯特拉主编《教学设计中课程、规划和进程的国际观》，任友群等译，教育科学出版社2009年版，第103—129页。

（二）学习环境设计越来越受到关注，为促进跨学科学习的发生提供了重要支持

学习环境设计对课堂教学变革具有重要的意义，即颠覆传统课堂的教学设计，更加关注学生的学习，学习环境的维度也更加多样。从这个意义上说，学习环境设计已经成为当前中小学教育教学改革的内在动因，也是对如何促进学习真实发生的真切追问。而中小学要促进跨学科学习的发生，实现新的知识生产和学生高阶思维技能的发展，其核心在于学生学习方式的改变，要摒弃"惰性知识"的产生，不再是灌输知识。换言之，我们需要一种促进学习有效发生的多种条件综合应用和多种环境的给养，也就是学习环境设计。

（三）已有的学习环境设计模型研究取得了不少成效，为深化促进跨学科学习的学习环境设计提供了基础

综上所述国内外相关研究，首先，学习科学领域研究者的持续探索，不断丰富着学习环境设计的理论基础，包括心理学、教育学、技术、文化和实用主义等视角。其次，构建了较多技术与学习环境设计融合的模型，探索了面向不同场景的学习环境设计模型，如基于沉浸式技术的、智慧教室的学习环境设计模型，还有面向批判性思维导向、面向问题的学习环境设计模型。最后，这些学习环境设计模型的理论研究都为本书深化促进跨学科学习的学习环境设计提供了有益参考。

二 已有研究中尚存的不足和问题

（一）对跨学科学习的内涵与特征理解不到位

尽管跨学科学习是新一轮义务教育阶段课程标准提出的一种重要的学习方式，它的重要性毋庸置疑，但是，当前跨学科学习与人们的预期存在着明显的实践落差，这可以从三个方面加以理解。一是跨学科学习内容的拼盘化、综合化。目前的跨学科学习内容多数是由中小学教师自主设计或者由教育产品公司提供的，其跨学科学习课程内容"五花八门"。人们普遍认为社团课程、创客课程等就是跨学科学习课程，这在一定程度上说明对跨学科学习理解不到位。跨学科学习不是简单的学科A和学科B相加组成的拼盘式知识内容。二是跨学科学习形式化。部分

教师与学生为了跨学科而进行跨学科学习。跨学科学习仅停留在学科之间形式的糅合上，由于学科思维的固化，还有部分教师对跨学科学习理解不到位。三是教师和学生对跨学科学习比较茫然。我们通过田野调查发现，部分教师对跨学科学习存在理解盲区，如认为跨学科学习可以替代分科学习，夸大跨学科学习的价值；将跨学科学习等同于主题式学习、综合实践活动学习等；认为跨学科学习不需要学科知识等。因此，厘清跨学科学习的认识论、价值论、发生论是非常有价值的。

（二）关于促进跨学科学习发生的学习环境设计的研究较少

聚焦已有研究成果可以发现，虽然在学习科学领域，研究者关于学习环境设计基本达成了共识，且有大量的学习环境设计研究。然而，这些学习环境设计模型多是聚焦于技术视域下融合技术的学习环境设计，但事实上目前技术与学习环境设计融合还存在一定的脱嵌等矛盾。更重要的是，这些学习环境的设计较少聚焦到某一种学习方式上，针对跨学科学习发生的则更少。大多数学习环境设计还是关于理论探讨的，对于指导中小学教师开展学习环境设计的指导力不足，这在一定程度上不利于指导跨学科学习的实践应用。因此，构建促进跨学科学习发生的学习环境设计模型非常有必要。

（三）关于学习环境设计模型的实证研究较少，针对跨学科学习过程中学生心理认知变化的研究较少

大量研究对学习环境设计模型进行了探索。但是，这些学习环境设计模型多是理论探索，对于学习环境设计模型的迭代实证研究较少，转化为实践行动力不足。此外，现有的研究都在强调学习环境设计的重要性，是推动学习方式变革的关键环节，但对学习环境设计如何落实到课堂教学层面，包括设计的要素、设计的步骤、设计的原则关注较少，并且现有的学习环境设计模型、学习环境设计原则无法满足当前课程改革所提出的跨学科学习、大概念观等的要求。而且，在学习环境设计模型的实际应用中，关于最终的学习效果较多，针对学习者在跨学科学习发生过程中的心理认知变化及相互作用关系的研究较少。因此，开展促进跨学科学习的学习环境设计模型的实证研究，探索学习者跨学科学习过程中心理认知变化及相互作用关系尤为重要。

小 结

　　已有研究对跨学科学习的内涵、跨学科学习的过程和结果、跨学科学习的实施、跨学科课程设计的实践都进行了探讨。但通过深描基础教育中跨学科学习的实践还存在着较多问题，具体表现在对于跨学科学习理解不够、跨学科课程设计混乱、跨学科学习实践形式化等方面的理解仍不到位。

　　通过梳理学习环境设计与应用的研究发现，一方面，关于学习环境设计较多地仅仅停留在技术层面，对其学理依据关注不够；另一方面，关于学习环境设计的可操作性不强，且关于促进跨学科学习的学习环境设计研究更是鲜有。关于学习环境设计模型的应用研究，一方面是对模型构建的学理关注不够，对模型构建在不同学习方式中的应用缺乏；另一方面是关于学习环境设计模型的实证研究，尤其是面向基础教育阶段的模型应用与验证较少。

　　通过对已有研究进展的梳理，进一步论证了本书开展促进跨学科学习的学习环境设计的研究意义，同样也明确了后续研究的重点与方向。溯源和解读跨学科学习的内涵，探索构建促进跨学科学习的学习环境设计模型，在丰富相关理论的同时，开展基于设计的研究和准实验研究，为基础教育阶段开展跨学科学习提供理论与实践指导。

第三章 跨学科学习的理论溯源与实践反思

本章的目的是要理解什么是跨学科学习,那么我们就需要先了解学科是什么?从哲学语境和教育学语境来看学科之间有什么区别?跨学科的内涵和类型有哪些?它们之间又有着怎样的联系和区别?在此基础上,厘清跨学科学习的内涵、特征、价值取向、发生条件、实践路径等,接着辨析跨学科学习与多学科学习、超学科学习的区别,讨论跨学科学习实践的基本类型,并分析其与项目化学习与主题式学习的差异。这既是促进跨学科学习的学习环境设计研究的基本概念,也是贯穿本书的内在线索和认识前提。

第一节 学科与跨学科

一 哲学语境中的学科

众多学者对学科进行了研究,但他们对其内涵界定都不一样。由于各个学科之间的差异很大,因此从不同学科视角出发,会生成不同的内涵界定。从科学哲学的角度我们发现,"学科"这个词所包含的东西有很多,需要从词源学角度来理解。学科"discipline"一词源于拉丁语中的"discipilus",意思是指学生,"disciplina"的意思是指教学(名词)。当"学科"作为一个动词时,它指的是"纪律",意味着训练某人遵循一套严格的指令,但也意味着惩罚和强制服从,而且还包括军事纪律，学科（academic discipline）可以被看作一种具体而严格的科学训练。①

(一) 学科是关于知识的分类

从哲学语境来看，学科问题本身就是知识组织的问题，以及知识与现实的关系问题。自柏拉图以来，哲学家都相信世界的统一性可以与世界知识的统一性相匹配。学科也只是知识的特定分支，它们共同构成了知识的整体。亚里士多德是第一个将知识划分为理论和实践研究的人，从而平衡了"纯思维"（修辞学、逻辑学、数学、伦理学）和对自然的观察（物理学、天文学）。这种对知识的首次划分，为将知识进一步划分为更多的科学领域做好了准备，知识的统一性逐渐丧失。② 到中世纪大学时期，出现了新的学科，如神学、法学、医学等，但是这个时期的学科分化还没有到一定的程度，整个人类的知识并不是成体系的，仍然处于前学科状态。随着人类生产方式的进步与知识的增长，到19世纪，现代意义上的学科才出现，其中重要的变革是科学学会的成立，标志着知识划分史上的突破。③

20世纪初，"逻辑实证主义学派"认为，科学是在理性主义或在逻辑推理的指导下，由经验观察驱动，并提倡知识和理论的可验证性的思想。所有的学科都具有同样的普遍科学理性。从逻辑实证主义的角度来看，人们可能因此期望学科内容和数量保持相对稳定，就像最初划分的知识一样。而卡尔—波普尔则反对逻辑实证主义者的可验证性思想和归纳方法，他更倾向于自然主义。然而，托马斯·库恩在他的著作《科学革命的结构》中提出，科学并不像逻辑实证主义者和波普尔所说的那样是一个累积的过程，而是由一系列的科学革命从根本上重组的科学

---

① Armin Krishnan, "What are Academic Disciplines? Some Observations on the Disciplinarity vs. Interdisciplinarity Debate, ESRC National Centre for Research Methods NCRM Working Paper Series." (August 2021), http：//eprints.ncrm.ac.uk/783/1/What_are_Academic_Disciplines.pdf.

② Armin Krishnan, "What are Academic Disciplines? Some Observations on the Disciplinarity vs. Interdisciplinarity Debate, ESRC National Centre for Research Methods NCRM Working Paper Series." (August 2021), http：//eprints.ncrm.ac.uk/783/1/What_are_Academic_Disciplines.pdf.

③ [美] 华勒斯坦等：《学科·知识·权力》，刘健芝等编译，生活·读书·新知三联书店1999年版，第3页。

领域或学科。库恩用"范式"来表达这样的观点,他认为,学科是围绕着某些思维方式或更大的理论框架组织起来的,可以解释该学科或领域的经验现象。① 更有争议的是,后现代主义者称所有的知识都是社会建构的。例如,J. F. Lyotard 等认为,一个学科可以被理解为一种特定的实践,其规则决定了在特定的话语中哪种陈述被认为是正确的或错误的②,同样,他们也认为知识生产是一种社会过程。换句话说,学科就是知识发展到一定程度的产物,也是关于知识的分类,但并不是所有的知识体系都能发展成为学科,因为学科的形成还要依赖一系列的制度。

(二) 学科作为一种规训的方式

19 世纪初,研讨班和文字学、实验室和科学、课室和经济学三种教育实践形式,牢固地树立起了新的学科规训制度。因此,学科在制度层面开始逐渐分化,知识的学科化和专业化得以实现,一种生产新知识的学科制度结构也就建立起来了。③ 当然,学科的发展也与知识生产方式变化有关,但不是所有的知识生产形式都有学科规训制度。福柯认为,学科规训有助于整体社会执行纪律。④ 19 世纪,学科/规训不单只是指知识的划分,还包含学习在个体中产生的习性。《学科·知识·权力》一书从微观层次讨论知识及其生产方式,认为学科知识生产不仅是来自知识层面的知识属性和方法,从制度层面上说,也是一种社会实践方式。⑤ 这也恰恰反映出了学科不仅仅是一套知识的分类体系,同时也是具有约束力和引导力的社会建制的双重特点。⑥

正如福柯所注意到的,学科(discipline)作为学科和规训的方式,

---

① T. S. Kuhn, *The Structure of Scientific Revolutions*, Sage School of Philosophy of Cornell University, 1996.
② J. F. Lyotard, G. Bennington, B. Massumi, "The Postmodern Condition: A Report on Knowledge", *Poetics Today*, Vol. 5, No. 4, 1984, p. 886.
③ [美] 华勒斯坦等:《学科·知识·权力》,刘健芝等编译,生活·读书·新知三联书店 1999 年版,第 19 页。
④ [法] 米歇尔·福柯:《规训与惩罚》,刘北成、杨远婴译,生活·读书·新知三联书店 2003 年版,第 5—8 页。
⑤ [美] 华勒斯坦等:《学科·知识·权力》,刘健芝等编译,生活·读书·新知三联书店 1999 年版,第 12—42 页。
⑥ 唐磊、刘霓、高媛:《跨学科研究的理论与实践:基于研究文献的考察》,中国社会科学出版社 2016 年版,第 4—9 页。

当其作为"规训"方式的意义才被人们所知,其社会属性才开始展现出来,并不断影响着人们对学科的认识。① 能称为一个学科,并非只是依赖教条而立,其权威性并非源自一人或一派,而是基于普遍接受的方法和真理。教条(discipline)指寺院的规矩,后来指军队或学校的训练方法。既是因受规训而最终具备纪律,也是指能够拥有自主自持的素质。如德国的黑克豪森认为,学科是指对同类问题所进行的专门的科学研究,从而实现知识的新旧更替。法国的布瓦索认为,一门学科就是一个结构,由客体、现象、定律组成。② 阿波斯特认为,一门学科可被定义为以建立模式为目的的(基础科学)或以改变客体为目的的(应用科学)活动。③

而要形成一个学科,还应该具有以下明显的特征:学科具有特定的研究对象;各学科都有针对研究对象所积累的专业知识,这些知识是特定于各学科而非与其他学科共享的;学科具有能够有效组织所积累的专业知识的理论和概念;学科使用特定的术语或根据其研究对象调整的特定的技术语言;各学科根据其具体的研究要求,形成了具体的研究方法。④

然而,关于学科性和学科话语的哲学观点是整个跨学科性争论的一个方面,而学科性或跨学科性的认识论维度和含义很少被加以考虑。⑤ 很少有哲学家会认为,当前学科的科学组织及其目前的边界是科学进步的必然结果。学科边界之所以存在,是因为它们在理论、概念和方法方面具有一定的一致性,允许根据商定的规则测试和验证一个假设,然而,这些规则在不同的学科之间是不同的。正因如此,学科与学科之间各自的研究对象、学科知识、研究方法等不同,使得学科之间存在着"隔行如隔山"的感觉。同样,学科专业机构不同、学科共同体不同、

---

① 刘亚敏:《被"规训"的学科规训理论:误读与重释》,《江苏高教》2012年第4期。
② 刘仲林主编:《跨学科学导论》,浙江教育出版社1990年版,第18页。
③ 刘仲林主编:《跨学科学导论》,浙江教育出版社1990年版,第19页。
④ 吴刚:《学科想象与理论生长——兼论计算教育学的错觉》,《教育研究》2021年第3期。
⑤ J. T. Klein, "Interdisciplinarity: History, Theory, and Practice", *Poetics Today*, Vol. 13, No. 3, June 1991, pp. 1681-1682.

学科的独立性和自然封闭性导致学科之间存在着壁垒。因此，从哲学语境我们认为，一个学科区别其他学科的不同之处主要在于学科知识和学科方法论。

二 教育学语境中的学科

《辞海》对学科的解释主要包括两类：一是指学术的分类，指一门科学领域或一门科学的分支，如物理学、化学等；二是指教学的科目，如普通中小学的政治、语文、数学、物理、化学、生物、体育等①，可以看出，前者指的是科学知识分支，后者指的是分科的知识体系。也有研究者认为，基础教育阶段中的学科，如语文、数学、物理、化学等，都是按照核心概念、原理及方法的结构化体系建立的，它们代表了有关社会或自然某个层面的探究领域，提供了一种观察世界的视角、一套解释或诠释各种现象的特殊技巧或过程，从而在学科知识中形成一种具有共识的范式。② 毫无疑问，教育学语境下的学科指的是知识体系，反映的是适应学校教育规律和学校教学内容的基本单位。因此，理解教育学语境中学科的逻辑起点也是知识。

亚里士多德将人类知识分为三类：理论知识、实践知识和技术知识；③ 古德森将学校学科发展分为学术性、实用性、陶冶性。学术性学科是指偏重理论、抽象的知识；实用性学科是指直接与社会、日常生活相关的技能性知识；陶冶性学科是指培养儿童积极主动、探索未知发展性能力的学科。④ 学科的层次性是指按学科研究的范围大小和抽象程度高低分为不同的层次，如子学科、学科、超学科。如将物理学作为学科时，光学、激光光学就是其子学科，哲学、科学就是超学科。学科的发展是指学科从孕育、发生、成长到成熟有着一定的过程和阶段。

事实上，教育学语境中的"学科"与哲学语境中的"学科"并不

---

① 夏征农、陈至立：《辞海》，上海辞书出版社2020年版，第6—12页。
② 吴刚：《奔走在迷津中的课程改革》，《北京大学教育评论》2013年第4期。
③ 亚里士多德：《尼各马可伦理学》，商务印书馆2003年版，第2—52页。
④ [美]约翰·杜威：《学校与社会·明日之学校》，赵祥麟等译，人民教育出版社2008年版，第109—129页。

是一一对应的,但是它们的思维方式是同构的。哲学语境下的"学科"是科学知识体系的构成单元,指科学知识的类分划界,是知识体系意义上的"学科";而教育学语境下的"学科"是指学校开设的课程、学生学习的科目,是教学科目定义上的"学科"。如某门学科课程可以是一个科学的"学科",如"数学""物理"课程,也可以是覆盖多个科学的"学科",如"人、自然、社会"课程。① 学科课程之间存在着概念和范畴的贯通、转换,形成学科课程间知识的连贯性、联系性和可转换性。教育学语境下的"学科"主要是以间接经验性质的知识为主,它的编制需要考虑学习者的认知规律和年龄阶段,以及满足社会生产生活需要的原则,对科学知识进行"教育性加工改造"②。

我们通常将中小学教育中的学科多理解为教学科目(Subject)。事实上,学校科目的形成是为了塑造、引导将要成为未来公民的儿童的主体性,在一定程度上与数学、物理等学科所固有的语法和表达风格不一样。③ 在哲学层面,赫斯特将学科科目认为是来源于一定知识的形式和领域,目标就是发展学生的心智。在社会学层面,伯恩斯坦从社会学角度提出公共教育的知识是指一个社会如何选择、区分、分配、传授和评估,秉承着知识的社会建构论。古德森基于上述两个层面将学校课程知识具化为学校科目。④ 或者说,我们通常都认定中小学学科所承载的是概念、定理、公式、信息等,这些概念、定理、公式等经过了长时间的实践和无数次检验形成了学科事实,并进入了中小学教科书中,但是,这些概念、定理看似是稳定的、客观的、标准的和普遍使用的学科知识,但又与哲学语境中学科所承载的有一定的差异,因为中小学教科书上存在的概念、定理往往脱离了具体的情境。实际上,如果我们仅仅把

---

① 孙振东、田娟:《关于学科课程的若干认识误区及其澄清》,《教育学报》2020年第4期。

② 孙振东、田娟:《关于学科课程的若干认识误区及其澄清》,《教育学报》2020年第4期。

③ Thomas S. Popkewitz、胡美馨、韩春燕、吴宗杰:《理性之理性:世界主义及其对学校的治理》,《全球教育展望》2010年第3期。

④ 陈华:《学校科目社会史:古德森的课程史研究路径》,《教育学术月刊》2013年第6期。

中小学教育中的学科理解为教学科目，理解为课程知识，那么我们就窄化了学科的概念。因此，我们发现，2017年修订的普通高中国家课程标准对各学科都提出了它们自己的学科核心素养，可以认为这就是中小学每个学科立足的根基。如以物理学科为例。物理是自然科学领域的一门基础学科，研究自然界物质的基本结构、相互作用和运动规律，物理学不仅具有系统的研究方法，还有系统的理论体系。在中小学教育教学中是按照学科进行的，2017年国家课程标准提出了各学科核心素养，学科核心素养是核心素养的重要组成部分，但是，对学生核心素养的培养却不是所有学科核心素养的简单叠加和综合，而是在内涵和外延上都有超学科的东西，因为学科与学科之间还存在着边界。

然而，哲学语境中的"学科"与教育学语境中的"学科"的区分方法是一样的，都是基于学科内容和学科方法论来区分的，但是区分出来的学科却是不一样的，这是由于知识体系的"颗粒度"决定的。哲学语境中的"学科"区分出来的学科知识的颗粒度是很细的，如教育部2018年修订的《学位授予和人才培养学科目录》包括13个学科门类，111个一级学科。[1] 而教育学语境中的"学科"包括的科目却不多，如2017年高中课程标准中的学科有语文、数学、外语、思想政治、历史、地理、物理、化学、生物学、技术、艺术、体育与健康和综合实践活动等。有研究者认为，学科的终极不只是建构一套原理知识，而是将这些知识运用于实践，并在实践中使其变为现实。[2] 所以，我们再回头过来看，2017年修订的国家课程标准中存在上述学科的理由是什么？如果是因为每个学科都需要有独特的内容和方法论，那么这个学科独特的内容和方法论又是什么？那就是基于学科本质凝练的本学科的核心素养，而且学科内容重视以学科大概念为核心，使课程内容结构化，以主题为引领，使课程内容情境化，这也就是各学科存在的合理之处。

通过以上从哲学语境和教育学语境对学科概念的梳理，有助于为本

---

[1] 国务院学位委员会：《学位授予和人才培养学科目录》，2021年3月18日，http://www.moe.gov.cn/jyb_sjzl/ziliao/A22/201804/t20180419_333655.html。

[2] 崔允漷、张紫红、郭洪瑞：《溯源与解读：学科实践即学习方式变革的新方向》，《教育研究》2021年第12期。

书阐述跨学科学习提供支撑。从哲学语境来看，作为知识论的学科，是随着科学知识的不断增长，为满足人们的认知需要而按照知识内容体系进行的划分，并且这些学科有着它们自己独特的内容和方法论。从教育学语境来看，每个学科都是有其自己独特的内容和方法论的，也就是今天所讨论的每个学科都有其独特的学科核心素养。

学科是便捷的知识组织方式，而要发展学科核心素养，理解并学习深层次、可迁移的大概念，则需要跨学科的方式。[1] 本书所讨论的跨学科中的"学科"是基于教育学语境中的学科，关注两个维度，即学科知识和学科方法论。因此，我们从教育学语境中的学科出发，目标是发展学生的学科核心素养，这也将作为我们理解跨学科学习内涵的逻辑起点。

三 学科学习

20 世纪 70 年代，信息加工成为人类大脑内部运行机制的解释理论，学习科学也随之发生变化，认知科学提出了人类思考的计算模型。自此，"人类认知是领域一般还是领域特殊的"成为人类认知研究学者关注的核心问题之一。随着 1962 年维果茨基的著作被译成英文，学者开始关注人类学习的社会、文化和话语维度，上述理论方法侧重于情境认知以及文化工具的生成、生产和适应过程及其在人类思维和学习上的调节作用。学习科学领域的专家学者已经明确了特定领域的认知技能，在过去几十年里并没有把知识视为需要记忆的事实，而是致力于让学生体验反映学科实践的知识创造和评价过程。

当被应用于小学、中学和大学正式教育环境里的小规模实践时，学科学习通常是指对某一学科的学习以获得知识与技能，以发展学生的核心素养，然而，当前学科学习存在着传统的接受性学习、浅表化学习等问题[2]，学科学习就会有诸多局限。例如，把科学作为一门学科，掩盖了物理、化学、地质学和天文学在实践和规范上的巨大差异。物理和化

---

[1] 玛雅·比亚利克、查尔斯·菲德尔、金琦钦、盛群力：《人工智能时代的知识：核心概念与基本内容》，《开放教育研究》2018 年第 3 期。

[2] 康淑敏：《基于学科素养培育的深度学习研究》，《教育研究》2016 年第 7 期。

学的实验方法通常被视为所有科学实践的原型,但是,地质学和宇宙学所使用的解释和历史方法及其认识论假设和规范与实验科学有着本质的区别。此外,还有一个问题是,因为学校通常用特定的时间段来组织一天的上课,而这些时间段都是专门用于解决单一的学科领域所产生的问题的。学生通过学校的学科、与学科对应的物质等实现着进步成长。尽管学校和老师可能会通过"跨学科"的努力来整合内容,但通常"跨学科性"只体现在主题下的综合课程中,而不是以认识论为导向的交叉概念和工具中,这些概念和工具可以将不同学科背景中的知识创造和证明建立起有意义的联系。总之,为充分理解学科学习,我们必须认识到,学科实践和概念与它们出现的不同情境之间有着千丝万缕的联系,并会被不同的情境所改变。①

学校教育的一个重要目标是让学生掌握所学学科的思维方式,学科学习包括参与学科实践的过程,学习者要在学科特定的活动和任务境脉中运用知识。然而,当前学校课程出现浅表学习的一个直接原因是对学习过程或学习经历的忽略,因此,学会如何学习也是重要的教学内容。②

另一个问题是,一个学科的内部人员会参与到学术知识生产和专业工作的实践中,而该学科的外部人员则在日常生活中使用该学科的知识或实践,这就造成了差异。然而,在正规的教育环境中,在日常生活决策和困境中使用学科知识的教学时间很少。因此,学科学习也就有了一定的局限性。

而要解决多样化的学习环境的趋势促使学习科学界对"边界工作"和"混合性"的兴趣日益增长,这就需要打破学科的限制。尽管不少学术组织鼓励跨学科合作,但缺乏相应的机制来支持学者开展跨学科研究,学习科学未来将继续开发和整合学科内部和跨学科的工具,为实践

---

① Frank Fischer, Cindy E. Hmelo-Silver, et al., *International Handbook of the Learning Sciences*, New York: Library of Congress Cataloging-in-Publication Data, 2018.
② 裴新宁:《提质增效的关键在于改变学习方式》,《人民教育》2022年第1期。

者提供学习机会，并试图回答"人是如何学习的"①。

四 跨学科

跨学科（interdisciplinary）是在学科、训练（discipline）的形容词基础上加前缀 inter（在……间，在……中，跨介）构成的。"inter"一词用来构成形容词前缀，《剑桥词典》中认为"inter"意为"在所提到的人、物或地方之间"，在拉丁语中是"介于之间"的意思，而"discipline"来自拉丁语，其意思是教学或知识。跨学科这个词是指结合或涉及两种或两种以上的学术学科或研究领域，或者是结合或涉及两种或两种以上的专业、技术、部门或类似的东西。跨学科是指跨学科涵盖了不只一个研究领域。

（一）跨学科的内涵与形式

1. 跨学科的内涵

1926 年，哥伦比亚大学著名心理学家伍德沃最早提出"跨学科"一词。② 随后，跨学科被学术界广泛讨论，不同的学者从多个角度对跨学科作出了定义。Klein 提出跨学科性（interdisciplinarity）包括一系列活动：学科间互借互换；合作解决问题；保持独立分隔的学科之间的沟通桥梁；发展在不同学科之间运作的综合理论；在分隔的各学科之间运作的综合理论。③ 詹奇等学者从社会、科学、教育整体协调的角度对学科和跨学科进行了分析，使用系统设计方法，他们认为，在相邻的高层次或亚层次上，一组相关的学科的共同定理得到了定义，从而引进了目的意义，通过高层与低层的相互作用，形成层次之间的跨学科。④

1970 年，经济合作与发展组织发布了一份报告《跨学科：大学中的教育和研究问题》，对跨学科进行了系统阐述，认为跨学科是指两个或多个学科的相互作用和互动，这种互动包括从学科思想的交流到概

---

① Frank Fischer, Cindy E. Hmelo-Silver, et al., *International Handbook of the Learning Sciences*, New York: Library of Congress Cataloging-in-Publication Data, 2018.
② 参见刘仲林《交叉科学时代的交叉研究》，《科学学研究》1993 年第 2 期。
③ J. T. Klein, "Interdisciplinarity: History, Theory, and Practice", *Poetics Today*, Vol. 13, No. 3, June 1991, pp. 1681–1682.
④ 参见刘仲林主编《跨学科学导论》，浙江教育出版社 1990 年版，第 32 页。

念、方法、流程、认识论、数据、研究与教育机构的相互融合，指来自不同学科的研究者为了共同的问题而努力。① 1985年7月1—5日，联合国教科文组织在罗马尼亚召开的"普通教育中的跨学科国际研讨会"界定了跨学科的概念。与会专家认为，跨学科指的是四个方面：第一，相近学科的跨学科，指的是两个紧密联系的学科领域，有一部分学科内容呈现出互相交叉的状态。在这一交叉领域，两个相近学科的方法与定义也呈现出交叉或共享的状态。第二，问题的跨学科，指的是针对涉及多维度的、某一单一学科无法解决的问题群，采用多学科合作的方式来解决。第三，方法的跨学科，指的是某一特定学科的专业方法可以被应用于其他学科的研究领域。第四，概念的跨学科，指的是某一特定学科的专有概念可以被应用于其他学科，作为补充或者替代这一学科现存的概念。② 吉鲁等人认为，跨学科强调知识的、历史的、社会建构的本质、权力和意识形态的相关性（如表3-1所示），同时，他还认为跨学科作为一种方法，强调知识的历史关联和知识的社会形成。③

表3-1　　　　　　　　　　跨学科认识论

认识客体	各种学科知识、科学方法相互渗透、相互作用的科学，高度整体化、综合化、跨学科化是其重要特征
认识主体	可以分为个体和集体，个体是主体的基础
认识工具	指仪器设备和理论思维方法，前者为硬件，后者为方法
认识过程和认识结构	认识过程是科学的动态反映，认识结果是科学的静态反映

不同学者对跨学科的定义如下。Klein认为，跨学科是一种运用两个或多个以上学科解决问题的方式。④ Jacobs认为，跨学科是利用多个

---

① Centre for Educational Research and Innovation, *Interdisciplinarity: Problems of Teaching and Research in Universities*, Organisation for Economic Co-operation and Development, 1972.
② 刘仲林主编：《跨学科学导论》，浙江教育出版社1990年版，第21页。
③ 参见周险峰、黄晓彬《学科、跨学科与高等教育的社会正义追求——批判教育学的视角及其修正》，《湖南师范大学教育科学学报》2019年第1期。
④ J. T. Klein, "Interdisciplinarity: History, Theory, and Practice", *Poetics Today*, Vol. 13, No. 3, June 1991, pp. 1681-1682.

学科处理问题的方法。① Brewer 将跨学科定义为将来自不同专业的知识适当地结合起来，作为一种对实际问题解决的手段。② Mansilla 提出跨学科的三个特性，即研究的意图性、学科性和整合性，提出跨学科研究要以学科知识为基础，目的是拓展对某个问题的认识而不是终结它，同时还要整合多学科视角。③ Repko 等在整合前人研究的基础上提出了跨学科研究是要解决某一个单一学科无法解决的问题，借鉴多学科视角，以形成对问题的全面认识。④

在我国，刘仲林认为，跨学科的跨表示介于传统学科之间或跨出传统学科之外，换句话说，凡是超越一个已知学科的边界而进行的涉及两个或两个以上学科的实践活动都可以被称为跨学科。金吾伦认为，跨学科研究包括以下特征：很强的实践性；研究对象的复杂性。他认为，多学科研究协同效应产生的是新知识突变，而不是知识的线性加和；研究主体的变革，使研究主体从个人发展到群体主体。⑤ 郑石明认为，跨学科可以被理解为运用两个以上的学科知识来解决一个特定的问题。⑥ 徐岚等认为，跨学科是合作群组的成员依赖原来的学科认知，通过整合不同范式来建构新的研究领域或概念框架。⑦ 可见，学者关于跨学科的内涵有众多看法，但是，我们不难看出，问题的解决、整合多个学科的知识和方法是跨学科的重要特征。

2. 跨学科的形式

国外著名的跨学科思想主要有德国的黑客豪森、法国的布瓦索、奥

---

① H. H. Jacobs, *Interdisciplinary Curriculum: Design and Implementation*, Association for Supervision and Curriculum, 1989.

② G. D. Brewer, "The Challenges of Interdisciplinarity", *Policy Sciences*, Vol. 32, No. 4, 1999, pp. 2789-2811.

③ V. B. Mansilla, "Interdisciplinary Word at the Frontier: An Empirical Examination of Expert Interdisciplinary Epistemologies", *Issues in Interdisciplinary Studies*, 2016, pp. 1-31.

④ A. F. Repko, R. Szostak, M. Buch Berger, *Introduction to Interdisciplinary Studies*, Sage, 2013.

⑤ 金吾伦主编：《跨学科研究引论》，中央编译出版社1997年版，第119—121页。

⑥ 郑石明：《世界一流大学跨学科人才培养模式比较及其启示》，《教育研究》2019年第5期。

⑦ 徐岚、陶涛：《跨学科研究生教育培养模式创新——以能力和身份认同为核心》，《厦门大学学报》（哲学社会科学版）2018年第2期。

跨学科学习与学习环境设计

地利的詹奇的跨学科思想，黑客豪森将跨学科的形式分为六种：任意跨学科、伪跨学科、辅助型跨学科、综合型跨学科、增补型跨学科、合一型跨学科。① 法国的布瓦索从形式和结构的角度对学科进行了分析，使用结构分析法将跨学科分为三种类型。他认为，一门学科就是一个结构，学科的定律构成了学科的基本框架，分为线性跨学科、结构性跨学科（在两门或两门以上学科的相互作用下一批新定律产生，这些新定律构成一门全新学科的基本结构）、约束性跨学科。②

跨学科的四种形式，一是广博式跨学科（informed disciplinarity），教师主要把教学重点放在单一学科上，但要求阐明其他学科的课程内容。二是综合跨学科（synthetic interdisciplinarity），例如，在一门由认知心理学家和文化人类学家共同教授的课程中，每一位教师都带来了不同的学习视角。在综合跨学科中，教师结合不同学科的理论、概念甚至研究方法，但他教授的学科仍然是清晰可识别的，只是揭示了相对有限的内容领域和可能独特的研究方法。三是超学科（trans-disciplinarity），它削弱了理论和方法的学科来源，使它们被超学科地应用，从而使它们不再与单一的学科或领域相关联。超学科的概念、理论和方法在一个学科中进行检验，然后又在另外一个学科中进行检验。四是概念性的跨学科（conceptual interdisciplinarity），尽管它包含了学科视角，但没有引人注目的学科焦点，概念性的跨学科也适应了后结构、后现代和女性主义形式的探究，这些形式明确批判了学科，并主张所有的问题都需要跨学科的答案。③

Repko 将跨学科形式分为三种。一是工具性的跨学科（instrumental interdisciplinarity），其指的是用学科方法解决社会外部需求所产生的实际问题，例如综合应用社会学、心理学、教育学等理论和方法解决留守儿童的心理问题，这就是一个典型的将学科作为工具或方法来解决社会问题的事例。二是概念性的跨学科（conceptual interdisciplinarity），它强

---

① 刘仲林主编：《跨学科学导论》，浙江教育出版社1990年版，第16—20页。
② 刘仲林主编：《跨学科学导论》，浙江教育出版社1990年版，第21—24页。
③ L. R. Lattuca, *Creating Interdisciplinarity: Interdisciplinary Research and Teaching Among College and University Faculty*, Vanderbilt University Press, 2001.

调的是知识的整合和运用，重视超出学科视野的新问题。三是批判性的跨学科（critical interdisciplinarity），它考察现有的知识结构，追寻问题的价值和意义。①

上述跨学科的内涵与形式虽然有差别，但方向是一致的，关注的是学科知识的整合方式及程度，而实际的跨学科实践的目的都是为了超越学科界限，解决某一个单一学科无法解决的问题，以产生新的知识过程。

（二）跨学科与多学科、超学科

要理解跨学科学习，除了把握跨学科的定义外，我们还有必要了解与跨学科相关的概念，如多学科和超学科。Choi & Pak认为，多学科、跨学科和超学科虽然本质上是同义词，但还是存在着明显差异的。多学科（multidisciplinary）指从不同学科中获得知识，但研究问题和方法仍然在各个学科不同的边界内。多学科研究采用了一种附加的方法，不同学科的成员相互协商，然后独立地、同时地或顺序地对共同感兴趣的主题研究贡献他们特定的观点。跨学科（interdisciplinary）是指分析、综合和协调"学科之间的联系，使之成为一个协调一致的整体"。跨学科研究涉及一种综合性和互动性的方法，实现了不同学科视角的综合，从而提高了对一个主题甚至一个新学科的思考和研究水平。两个或多个学科的成员在概念—理论—经验结构的指导下相互进行研究，该结构反映了在整合每一个相关学科的概念—理论—经验观点时学科边界模糊。"超学科"（transdisciplinary）指的是"人文背景下的自然、社会和健康科学的整合，这样做超越了它们各自的传统界限"。超学科研究是一种整体方法，它超越了不同的学科视角，为研究创造了一个共同的概念—理论—实证结构。许多学科的成员共同进行研究，以解决整体现象。有研究者指出，这三种类型的多学科研究可以看作一个连续统一体，从完全分离（多学科）到模糊（跨学科）再到联合或无（跨学科）学科边界。同样，Med确定三种类型的多学科研究的目标可以被视为从基础知

---

① 唐磊：《理解跨学科研究：从概念到进路》，《国外社会科学》2011年第3期。

识构建研究到应用这些知识作为实践证据的连续统一体。①

如果把单一学科比作一种水果（草莓），那么，多学科就是由多种水果形成的水果沙拉（苹果、草莓、香蕉等），而跨学科是不同种类的水果相互融合加工成为冰沙，超学科就是把多种学科融合得更加彻底，形成了水果味冰激淋。②

多学科的特征是整合度最低的综合研究，同样，它也是最可能实现的。多学科本质上是指以主题为基础的多目标调查的几个学科，研究人员旨在分享知识和比较研究结果，但没有试图跨越边界或产生新的综合知识，每个成员都可以在某个问题上提供专业的观点。因此，这种方法的优势在于，虽然研究方法是学科的，但对问题的不同观点可以被综合。一般来说，多学科被认为是主题组织而不是问题导向的。一些人认为，研究通常会集中在一个共同体的问题上。因此，可以推测多学科由于缺乏一个迭代的研究过程，即在一个学科中形成某个问题，并将其传递给另一个学科以解决问题，故而可能产生新的问题，多学科研究不像跨学科或跨学科研究那样关注问题。

跨学科可以被看作多学科的高一级，跨学科研究侧重于解决具体的现实世界问题，因此，研究过程迫使参与者（来自各种不相关学科）跨越边界，创造新的知识。从本质上讲，它与多学科的主要区别在于不同学科整合与合作的水平，因此这些项目寻求连接学科观点，并可能从相邻学科角度检查现有知识的积累。与多学科研究相比，跨学科研究需要更多的合作方式来制定问题和方法。

"大"的跨学科以"自然科学""人文科学"之间的联系为典型，"小"的跨学科是孤立的子学科，如自然科学之间工具和知识的交换。研究者认识到，并不是所有的跨学科研究都是从跨学科整合到同一水平上的，就解决现实世界的问题而言，是否应用大的或小的跨学科研究方

---

① C. I. Med, "Multidisciplinarity, Interdisciplinarity and Transdisciplinarity in Health Research, Services, Education and Policy: Definitions, Objectives, and Evidence of Effectiveness", *Clinical and Investigative Medicine*, Vol. 29, No. 6, 2006, pp. 351-364.

② 步一、陈洪侃、许家伟、王延飞：《跨学科研究的范式解析：理解情报学术中的"范式"》，《情报理论与实践》2022年第3期。

法应该视问题是否需要应用大的跨学科功能而定。

超学科可能是最理想的但又难以获得的综合研究形式。事实上，一些研究人员对能否实现这一目标持怀疑态度。超学科是综合项目的最高形式，它不仅涉及多个学科，还涉及多个非学术参与者以一种跨学科参与式方法相结合的方法。[1]

将多学科与跨学科、超学科区别开来。（1）多学科缺乏迭代研究、未能跨越学科边界、在研究过程中缺乏整合，以及未能将非学术利益相关者作为研究的参与者。此外，多学科可能关注调查的主题，而不是以问题为导向。（2）跨学科与超学科有相似性，事实上，跨学科与超学科两者之间唯一的关键差异是，超学科研究旨在合成新的学科和理论（而这并不是一个客观的跨学科性），超学科强调整体的方法论，因此，跨学科与超学科项目之间的边界是分散的，更多地依赖于对整体水平的主观判断，而不是存在明确的边界标记。（3）超学科强调发展一种全面的方法来解决问题，让利益相关者参与一个联合的项目，以综合新的知识体系解决复杂的系统问题。[2]

跨学科有三种形态，一是学科合作（Interdisciplinary），指相邻两个学科之间紧密的合作关系、相互交流以保持平衡；二是多学科融合（Pluridisciplinarité），指多学科不同水平的合作，并且学科之间的联系与沟通减弱；三是多学科组合（multidisciplinary），为解决一个问题而组合起来，寻找各个学科之间的共性。[3] 在跨学科概念上，李佩宁认为，跨学科概念包括四种理解：一是要以现实问题解决为依托；二是既要以学科为依托，又要超越单一学科的视野，要关注复杂问题的解决；三是要有明确的、整合的研究方法和思维模式；四是鼓励创新和创造，推动新知识的产生。[4] Comer 等人根据知识整合程度，区分了单学科、

---

[1] P. Stock, R. Burton, "Defining Terms for Integrated (Multi-Inter-Trans-Disciplinary) Sustainability Research", *Sustainability*, Vol. 3, No. 8, 2011, pp. 1090-1113.

[2] P. Stock, R. Burton, "Defining Terms for Integrated (Multi-Inter-Trans-Disciplinary) Sustainability Research", *Sustainability*, Vol. 3, No. 8, 2011, pp. 1090-1113.

[3] 王涛、张薇主编：《多元视角下的课程整合》，华东师范大学出版社 2020 年版。

[4] 李佩宁：《什么是真正的跨学科整合——从几个案例说起》，《人民教育》2017 年第 11 期。

多学科、跨学科、超学科（如表 3-2 所示）。①

表 3-2　　　　　　　　　跨学科整合程度

类型	方式	知识整合程度
单学科	学生分别在单一学科中学习独立的概念和技能	低
多学科	学生分别在单一学科中学习共同主题的相关概念和技能	中
跨学科	学生在两门或两门以上紧密关联的学科中更加深入地学习相关概念和技能	高
超学科	学生通过基于真实情境的问题或项目学习，应用多学科的知识和技能以促进学习经验的塑造	非常高

事实上，跨学科的研究就是重构学科知识单元，是一个知识整合的操作性过程。纽厄尔提出跨学科的操作进路，主要包括确定研究主题、相关学科、相关学科的理论和方法、从每个学科视角提炼问题等几个维度。②

总的来看，跨学科的一般进路主要包括研究主题的复杂性和综合性，对相关学科知识掌握的深度和广度，寻找学科之间的联系和逻辑，实现知识的整合。上述对跨学科超越学科边界、实现知识整合的操作仅仅停留在认知活动层面，毕竟，如果我们从学科与跨学科的内涵和发展来看，其社会因素在学科、跨学科过程中也起着重要作用。影响跨学科发展的因素非常多，还包括跨学科组织、跨学科制度、人员、学科知识等等。

相比之下，在跨学科活动、跨学科研究发展的近百年历史中，它曾被理解为一个概念、一种方法或者具体操作，有时还被理解为一种哲学

---

① D. Webb, "STEM Lesson Essentials, Grades 3-8: Integrating Science, Technology, Engineering, and Mathematics", *Teacher Education and Practice*, Vol. 26, No. 2, January 2013, pp. 358-364.

② 唐磊、刘霓、高媛：《跨学科研究的理论与实践：基于研究文献的考察》，中国社会科学出版社 2016 年版，第 16—23 页。

或自反的观念体系。① 换句话说，它被认为是为了解决单一学科而无法解决的问题而形成的一种方法。通过对跨学科、多学科、超学科等概念的梳理我们发现，这些概念的背后都包括突破学科界限，期望能实现知识的整合，但无论如何它们都需要基于学科立场，实际上都是在努力探索超越学科界限，只是解决问题的方法路径不一样而已。简而言之，我们可以理解，多学科就是用多个学科的知识和方法独立地理解某一个问题，跨学科是指综合多个学科的知识和方法共同解决某一个问题，超学科是指超越不同的学科知识和方法，形成一个新的整体方法去解决某一个问题。总之，在本书中我们不是把跨学科作为一个名词（disciplinarity）去讨论，而是作为形容词（disciplinary）去讨论。

最后，在理解跨学科的内涵时，我们强调跨学科主要包括三个维度：一是目标维度，跨学科并不是一门学科，而是为了解决单一学科无法解决的问题而形成的一种进路；② 二是方法维度，是指主动地运用和整合两个或两个以上学科的方法，打破学科壁垒去解决一个真实情境中的问题或项目，而这些学科的方法应该具有一定的逻辑关系；三是内容维度，是指学科知识在其他学科知识或活动中得到拓展或改变，学科间建立起了联系。从这三点上我们可以看出，跨学科与学科并不是二元对立的，而是以学科为基础的，换句话说，跨学科是对单一学科的有益补充。

第二节 跨学科学习的定义与特征

虽然以上对学科、跨学科进行了梳理，为理解跨学科学习的内涵提供了必要的理论支持。但是，我们必须澄清一个常识，即跨学科学习本身就隐含着以不同学科学习为大前提，如果没有具体学科学习在先，那

---

① R. Bryan, "Crossing Boundaries: Knowledge, Disciplinarity's, and Interdisciplinarities by Julie Thompson Klein", *History of Education Quarterly*, Vol. 38, No. 2, 1998, pp. 225-227.
② 唐磊、刘霓、高媛：《跨学科研究的理论与实践：基于研究文献的考察》，中国社会科学出版社2016年版，第21页。

跨学科学习与学习环境设计

么跨学科学习就是无稽之谈。将跨学科与学习合二为一，作为义务教育阶段课程标准中提出的一种重要的学习方式，它既延续了我国课程改革中所强调的学科核心素养的学科学习与实践取向，同时又是学科核心素养落实、知识生产方式变化和社会发展需要的一种学习方式，具有重要的实践价值。本书基于理解跨学科学习过程这一根基，首先要回答跨学科学习的定义是什么？

一 跨学科学习的定义

何为跨学科学习？根据国内外文献综述、学科、跨学科的讨论，我们进行归纳演绎，研究认为从跨学科学习的理念来看，跨学科以更好地落实学生的核心素养，培养学生的高阶思维为目的。从跨学科学习过程来看，跨学科学习是指学生在这一过程中不断地运用两个或两个以上学科知识或方法，以解决真实情境中的问题。从跨学科学习结果来看，它表现为学生通过对两个或两个以上学科知识进行迁移和理解，创造出新的知识，并有效提升学生的高阶思维技能。因此，我们将跨学科学习界定为：跨学科学习是以学科学习为立足点，面向具体问题，运用两个或两个以上学科知识或学科方法展开学习的一种方式；其目的是深化和拓展学习者对学科知识与学科方法的理解，以更好地发展学习者的高阶思维技能。

根据这个定义，我们有必要对跨学科学习的界定进行进一步阐释。这些关键内容将直接影响促进跨学科学习的学习环境设计。

第一，跨学科是以学科学习为立足点的一种学习实践。

回答跨学科学习是什么这一问题，就要站在马克思主义实践哲学的立场上诠释跨学科学习的实践。在哲学史上主要存在唯理论和经验论两大派别。唯理论主要追求普遍必然的可靠知识，而蔑视实践活动的不确定性；经验论强调认识来源于经验材料，但忽视了科学抽象的意义。换句话说，跨学科学习并不是传统的唯理论和经验论下的一种学习方式，而是要超越二元论，既要基于学科知识的立场，又要强调学习是不断实践的过程。在这个实践过程中强调的是整合多个学科知识进行新知识生产，以更好地理解学科中那些抽象、难以理解、综合性、主题性的知识，并创造出新的知识。而解决这些知识或问题需要运用、整合多学科的知识，并结合真实情境，不断实践、认识、再实践，呈现出螺旋式上升的过程，并在这个过程中形成学科核心素养和跨学科核心素养。

第二，跨学科学习面向的是具体的问题。

在知识生产方式的变化下，技术的发展和跨学科学习形成了知识再生产的可能性"场域"。只有当"知识"在具体的情境境脉中才有意义，当知识的边界被跨越和连接起来时，才能有助于跨学科学习的发生。不仅仅是单纯的学科知识，而是在具体的情境境脉中，不同学科知识的融合和跨越边界，这才是跨学科学习的根本出发点。并不是所有的知识都适合跨学科学习，跨学科学习的展开既要基于学科核心素养立场，又要突破学科知识，关注与其他学科的关联，既可以是综合性、主题性、真实性的问题，也可以是学科与学科之间的理论问题，还可以用本学科知识去解决其他学科的方法问题。

跨学科学习面向的具体问题不仅仅是一个小问题，也可以是一个项目，还可以是一个真实世界中的问题。因此，跨学科学习所指的问题可以从两个层面来说：一是学科知识或方法的问题，这种问题产生于某个学科领域，指向学科中的关键知识或方法，主要是通过跨学科学习促进学生对学科知识或方法的理解，并将课程中的材料转化为多个学科知识或方法的综合问题，具有一定的挑战性。二是真实生活世界的问题。这种类型的问题是综合性的，但是要解决这种问题，必须基于学科知识或方法的运用，运用两个或两个以上学科的知识或方法，并给学生提供真实体验。

第三，跨学科学习指向学科核心素养和高阶思维技能的发展。

所谓跨学科学习的目的，主要是指向学科核心素养和高阶思维技能的发展。

当前的单科学习存在着"高分低能""有成绩无素养"等现象，而要破解单科学习的不足及当前学科学习存在的边界，关键是要发展高阶思维技能，促进学生核心素养的形成。从 SOLO 分类理论来理解跨学科学习，学习者的认知反应水平如何从前结构到拓展抽象结构的发展，也是实现跨学科学习中学习者高阶思维发生的过程。那么，在跨学科学习过程中，学习者是如何经历认知结构和思维结构转变的？从 SOLO 分类理论可以看出，整合、关联、迁移是跨学科学习发生的特征。从知识的整合、知识的内部关联到知识的迁移，需要突破知识体系结构的限制，需要打破学科界限，形成新的知识结构体系，不同学科知识之间形成紧密联系，不同学科知识之间共同解决真实情境中的复杂问题。[①]

然而，跨学科学习并不等于不需要学科核心素养，相反，学生必须不断地转向学科，为学科概念提供论证，并通过揭示相似学术概念所表达的意义的不同归因，整合现有学科中才能找到的知识、理论和方法，产生新的观点，突破现有的知识论边界。然而，尽管学科在跨学科学习中发挥了作用，但它们只能作为学习脚手架的一部分，因此，一些关键的教学意图要嵌入跨学科学习中，更多地需要个人知识建构、强调应对困难任务和寻找多种解决方案，关注思想之间不断发展的联系，以及在不同语境下对知识的解释和应用，充分支持学生跨学科学习以实现这些意图，这也对课程的设计、实施和教学实践提出了较大挑战。[②] 因此，跨学科学习的内容一定是基于学科知识与学科方法的，以更好地服务学科核心素养发展。

第四，跨学科学习是学科学习方式的有益补充。

跨学科学习学的是什么？一方面是学科知识和学科方法；另一方面是不同学科知识与方法之间存在联结的东西。要挖掘学科知识中存在的其他关联学科知识，如将数学教材中的"测量"与科学教材中的"测量"进行联系，但是更关键的是要呈现跨学科学习问题设计。然而，还有一种跨学科综合的问题，这就需要学习者运用多学科的知识与方法去共同解决。知道了跨学科学习的定义，那么，它与学科学习有什么关系？跨学科学习和学科学习都是落实学科核心素养的重要学习方式，都强调学习者学科核心素养的掌握和发展高阶思维技能。从本质上看，跨学科学习和学科学习反映了学习者学习的两种方式，学科学习强调的是

[①] 曾明星、吴吉林、徐洪智、黄云、郭鑫：《深度学习演进机理及人工智能赋能》，《中国电化教育》2021 年第 2 期。

[②] D. Stentoft, "From Saying to Doing Interdisciplinary Learning: Is Problem-Based Learning the Answer?" *Active Learning in Higher Education*, Vol. 18, No. 1, 2017, pp. 51-61.

分科学习，跨学科学习强调的是学科知识与方法之间的整合，两者应该是互为补充、互为增益的关系。

学科学习关注的是本学科领域的知识或方法，而跨学科学习不仅关注相关学科的知识或方法，而且关注寻找到学科知识之间、学科方法之间联结的问题。跨学科学习关注的是学生如何从"学会"转向"会学"，关注的是如何将命题性知识转变为学生真正理解和能运用的知识。在"学习革命"的时代，我们需要回答什么知识最有价值的问题。因此，在各种体现"跨学科性"的学习方式中，在探究和解决各种问题中，学习者只有亲身投入实践，验证命题性知识，才能真正掌握知识。然而，知识不是中立的，也不是脱离行为者和使用知识情境的。也就是说，要把知识用活，并解决学科学习中无法触及学科知识与学科知识联结的地方，希望通过跨学科学习方式构建一个完整的概念地图，以更好地促进学习者的深度学习。综上所述，跨学科学习是学科学习方式的有益补充。

二 跨学科学习的特征

在我国基础教育课程改革的过程中，在各自学习方式、教育目标的改革中，任何课程改革都要面对的一个关键问题就是"知识"，在每一轮课程改革中知识观及其发展脉络都会发生"摇摆"现象。因此，在核心素养培养的背景下，面对21世纪人才培养的需求，及新一轮义务教育阶段课程标准的颁布，我们需要超越机械的二元对立观，努力回答跨学科学习需要什么样的知识，如何在跨学科学习中理解和运用知识。

跨学科学习是以真实问题为知识建构的逻辑主线，运用两个或两个以上学科知识或方法去探究解决真实问题，去寻找跨学科知识发生的境脉，破除因学科知识单一、割裂、脱域而造成的浅层次学习和问题解决。而缘起于真实性问题和情境，由两个或两个以上学科知识重构的场域，更关注知识的整合、新知识的产生、高阶思维技能的发展，跨学科学习彰显了其在信息化学习场域或新知识生产方式背景下新的价值取向。

(一) 知识从"零散"走向"整合"的多元特征

在跨学科学习过程中知识应该具有建构性、情境性、迁移性、动态性等特征。第一，建构性。根据知识建构理论，跨学科学习过程中的知识应该是在个体与环境相互作用过程中被逐渐建构的，同时，知识的生成与知识的建构强调个体对客观知识的主观能动性，知识建构也是在同化与顺应的过程中自然实现的。第二，情境性。知识的情境性主要关注的是知识的具体性、特殊性和实践性。跨学科学习的知识观要求学习者对学科知识有着深度理解，对不同学科知识进行纵横向联系，这就要求学习者之前的先验知识水平，同时跨学科学习关注真实世界中的现实问题。因此，问题的情境性、知识的情境性更有利于学习者的深度跨学科学习。第三，迁移性。跨学科学习的关键在于知识的迁移和运用，运用多学科知识解决生活中结构不良和复杂生活的问题。在跨学科学习过程中，我们要求的是学习者能综合运用多学科知识解决现实生活世界中的问题。第四，动态性。知识的生产和发展是不断变化着的，在跨学科学习过程中，学习者通过综合运用多学科知识，以产生新的思想和知识，实现知识的再生产，因此在跨学科学习过程中知识也是动态生成的。[1]

(二) 能力从"习得"走向"迁移"

在跨学科学习过程中，学习者以解决"真实问题"为主线而整合知识，通常，学习者需要通过两个或两个以上的学科知识，与同伴通过协作、探究、活动等形式去解决问题，在这个过程中生发出关键能力，这更加需要学习者的高层次思维能力。在跨学科学习过程中，学习者置身于真实情境中，对知识进行整合，形成知识建构的过程。同时，要使学生能够对知识的层次进行概括、关联、整合、说明、论证和推导等。[2] 这本身就要求学习者具有跨越情境、动态运用的迁移

---

[1] 王明娣：《深度学习发生机制及实现策略——知识的定位与价值转向视角》，《西北师大学报》（社会科学版）2021年第2期。

[2] 王磊：《学科能力构成及其表现研究——基于学习理解、应用实践与迁移创新导向的多维整合模型》，《教育研究》2016年第9期。

能力。①

(三) 学习从"浅层次"走向"深层次"

"跨学科性"作为一个概念性提法,其理论和实践必须根基于学科知识、学习科学理论和框架。跨学科学习能够帮助学生构建不同学科知识之间的关联,促进不同学科知识的联结,产生新的知识,同时也能有效发展学生的高阶思维技能。相较于低层次的学习、简单机械、记忆而言,跨学科学习具有深度学习的价值取向。根据 SOLO 分类理论和布鲁姆的教育目标分类学,我们可以区分"浅层次"的跨学科学习和"深层次"的跨学科学习,浅层次的跨学科学习多指一个问题涉及两个学科知识,但两个学科知识运用又是各自独立的,而深层次的跨学科学习表现为两个学科知识的融合、应用、分析和创造性地解决问题,当然,跨学科学习也不应忽略学科学习,它是基于学科学习之上的,因为跨学科学习的发生离不开学科知识。即使是浅层次的跨学科学习过程,同样需要学习者回忆和再认识相关学科知识,还需要将其融入一个更为真实、复杂的问题中,而不仅仅涉及一个学科的知识。跨学科学习旨在通过激励学生进行深层次学习来促进高阶认知加工。当学生采用深层次学习方法时,他们会寻求意义,反思所学内容,并通过创造个人理解来内化知识。深层次学习通常与浅层次学习(如对事实的记忆)形成对比,并由智力发展中重要而长期的变化来描述。② 也就是说,跨学科学习要求学生的学习从"浅层次"走向"深层次",才能更好地发展学生的高阶思维技能。

(四) 学习内容组织方式的统整性

跨学科学习强调的是多种学科知识之间的联结,与单一学科内容和组织方式的碎片化、割裂式有明显的不同。跨学科学习要求学习内容的组织方式具有统整性,学习者对知识的获取需要调动多重感官技能,全身心地投入对信息的加工、处理过程。而对学习内容进行统整有助于学生高级心理机能的发展,一方面有助于学生对不同学科知识的概念建立

---

① 代建军、王素云:《真实性学习及其实现》,《当代教育科学》2021 年第 12 期。

② L. Ivanitskaya, D. Clark, G. Montgomery, et al., "Interdisciplinary Learning: Process and Outcomes", *Innovative Higher Education*, Vol. 27, No. 2, 2002, pp. 95-111.

意义关联；另一方面跨学科学习内容的统整与真实生活情境相联系，更加强调"真实性"，真实性问题情境的本质特征是真实性，但真实性不等于真实，真实性问题情境具有开放性、复杂性、多元性和限制性的表现特征①，它不仅仅是来自真实世界的问题或项目，它也可以是一个围绕着学科理论知识的问题。

（五）知识的转化与重构的意义关联

意义关联是指学习者对学习内容进行重新建构，赋予其与他自己的经验与认知相容的特殊意义。② 从 SOLO 分类理论可以看出，整合、关联、迁移是跨学科学习的核心特征。从知识的整合、知识的内部关联到知识的迁移，需要突破知识体系结构的限制，需要打破学科界限，形成新的知识结构体系，不同学科知识之间形成紧密联系，共同解决真实情境中的复杂问题。③ 跨学科学习更关注的是深度理解和实践创新。深度理解是指在跨学科学习过程中，学生对事物和知识的知识、知识的本质的深度理解；实践创新是通过深层次的学习方式指向于学生高阶思维技能的培养。

从理论上讲，跨学科学习建基于建构主义范式。有这样一种观点：知识，以及因此而存在的所有有意义的现实，取决于人类的实践，在人和人的世界的相互作用中被构建，并在本质上的社会竞争中发展和传播。这意味着跨学科学习关注的是概念如何相互关联，以及学习者如何在复杂的情况下构建知识。跨学科学习打破了记忆事实的传统学习方式，取而代之的是强调更高层次的认识论以及学生对复杂和非结构化知识领域的参与。要进一步指出的是，当学习者开展跨学科学习时，他们会发展出更高级的认识论信念，增强批判性思维能力和元认知技能，并理解来自不同学科观点之间的关系。因此，跨学科学习的目的不仅与我们学什么有关，而且与我们如何学有关，这就增加了学习过程的复杂

---

① 刘徽：《真实性问题情境的设计研究》，《全球教育展望》2021 年第 11 期。
② 张春莉、王艳芝：《深度学习视域下的课堂教学过程研究》，《课程·教材·教法》2021 年第 8 期。
③ 曾明星、吴吉林、徐洪智、黄云、郭鑫：《深度学习演进机理及人工智能赋能》，《中国电化教育》2021 年第 2 期。

性。换句话说，对学生学习的学习环境设计显得尤为重要。①

三 跨学科学习的价值取向

跨学科学习的价值取向是什么？跨学科学习的价值取向既要满足学生深度学习的需要，又要考虑知识再生产问题。知识问题是跨学科学习的一个基本问题。理查德·费尔德曼认为，知识的基本种类分为三种：命题知识、熟识的知识或熟悉的知识、能力知识（或程序性知识）。郭元祥认为，知识具有五种属性：知识的科学属性、知识的辩证属性、知识的文化属性、知识的社会属性和知识的实践属性。② 跨学科学习要考虑的是知识再生产问题，不仅仅是知识的传递和对学科知识浅层的掌握，而是需要通过不同学科知识的融合来解决真实世界的问题。如果跨学科学习还只是把知识当作符号来传递，当作事实来记忆，那么它就是缺乏对知识本身的理解，跨学科学习需要通过整合多学科知识，然后实现知识再生产，它也是一种有意义的学习活动。

传统的应试教育多强调知识的记忆和"知道"，而面对不确定的未来时代，教育不再仅仅局限于对知识表层的传递和记忆，而更加强调在真实情境中理解知识，与知识的互动，实现学习的创造性。对跨学科学习而言，学习过程中的知识应该是可生成的、可循证的、可有机融合的，以使学生在学习过程中不断产生新的结果，这也可以说是知识的动态生成过程。跨学科学习不再是对知识的简单加工，不是对单一学科知识的训练活动，而是对两个以上的学科知识进行复杂的、深层次的整合和有意义建构的活动。

"什么知识值得学习"是当前对学习的时代之问。珀金斯认为，我们要用未来的视角来看待教育，要实现为未知而教。即有生活价值的知识才值得学习。那么，在跨学科学习过程中，我们应该选择什么样的知识呢？第一，为实现学生理解性的教与学的知识。第二，具有

---

① D. Stentoft, "From Saying to Doing Interdisciplinary Learning: Is Problem-Based Learning the Answer?" *Active Learning in Higher Education*, Vol. 18, No. 1, 2017, pp. 51-61.
② 郭元祥：《把知识带入学生生命里》，《北京大学教育评论》2021年第4期。

生活价值的知识。① 知识生产水平在一定程度上决定着国家和民族的发展层次。人类知识形态的发展也不断发生着变化。如何促进知识的再生产，新时代跨学科学习为其提供了新的表达方式，创新知识的生产方式。随着技术的发展，知识的发展、知识的层次、知识的生产方式都不断变化着，特别是信息技术的介入，知识生产方式更加需要信息和知识整合方式，以有利于更好地表达知识生产方式。同时，信息技术与其他学科以及其他学科之间的知识融会贯通，会让科学知识呈现出新的特征，由此也可能产生更多新的知识形态，往往都体现为跨学科知识。

因此，现在的知识再生产方式大多是跨学科协作的结果。从知识生产角度来看，信息技术的发展、知识的更新迭代和知识的传播速度不断加速，催生了新形态知识的出现。技术的发展为跨学科提供了平台，同时又推动着跨学科知识生产方式的变革。

(一) 跨学科学习强调的是根植于学科知识与方法，且通过两个以上学科知识或方法的融合应用

判定跨学科学习是否发生的重要前提是是否运用多学科知识、经验与方法去解决真实性问题。其中既涉及运用两个学科以上知识或方法去转化具体的经验操作，又涉及学生融合两个学科以上知识或方法在真实情境中实现知识迁移、知识建构。即学生跨学科学习的发生是在教育者的指导下，借助先验经验，融合两个学科以上知识或方法，并主动实现学科知识或方法整合、知识迁移，在真实境脉中形成知识的创造，实现真实情境中问题的解决。

(二) 跨学科学习的目的是发展学生的高阶思维和更好地促进学生核心素养的发展

跨学科学习的发生不仅仅是学生知识和能力的获取，而且强调从单一学科知识的学习到跨学科知识的学习，更加关注促进学生高阶思维技能的形成。面对未来复杂的社会和不确定性的时代，学生需要坚强的品

---

① 殷玉新、张译文：《知识、权力与学习：国外教材知识基础的演变轨迹及启示》，《比较教育学报》2020 年第 2 期。

格去面对各种挑战。同样，品格的塑造也包括社会和情感技能的培养。课程再造中心提出的元认知框架包括学会如何学习和自主学习。而跨学科学习则认为是许多当代学科与它们所需要的技能、品格和元认知维度的学习实践之间的强有力联结机制。[1] 传统意义上的学习，学生较少关注品格的塑造和元认知形成的重要程度，而在跨学科学习状态下学生以协作、沟通、问题解决、认知重构、知识创造等发生为表征，能够通过两个学科知识主动地共同解决真实情境中的问题，能发展学生的高阶思维和更好地促进学生核心素养的发展。

（三）跨学科学习更关注在真实情境中实现问题解决

正如戴维·乔纳森所言，问题解决是教育的唯一合法的目的。迈克尔·富兰提出深度学习的目标是使学生获得成为一个具有创造力、与人关联的、参与合作的终身问题解决者的能力和倾向。[2] 跨学科学习是根植于真实问题的。通常，在面对真实情境中的问题时，我们无法用单个学科知识和方法来解决，需要运用两个或多个学科的知识和方法来解决真实情境中的问题，这就需要跨学科学习。跨学科学习是以寻找问题解决办法为学习任务，在对问题解决过程中综合运用两个学科以上的知识，以任务为导向，不断发现、寻找证据、作出解释等。在问题解决过程中要充分调动学生的高阶思维和跨学科思维能力，需要利用两个以上的学科知识。因此，跨学科学习是为了解决一个真实的问题，而综合运用多个学科的知识，它具有明确的目的，指向真实问题的解决。

（四）跨学科学习是为了加强学科知识之间的联结，满足学习者的深度学习

学科是课程知识的典型形态，是衡量课程知识客观性的基本尺度，有一种学科意义（disciplinary）上的客观性。所以，学科知识是课程知识的主要形态，学科实践是教学的主要形式。然而，大量的高级知识是无法通过学生的日常经验来学习的，往往需要置于定义这些概念的特定

---

[1] ［美］查尔斯·菲德尔、玛雅·比亚利克、伯尼·特里林：《四个维度的教育——学习者迈向成功的必备素养》，罗德红译，华东师范大学出版社2017年版，第111页。

[2] ［美］詹姆斯·A.贝兰卡主编：《深度学习：超越21世纪技能》，赵健主译，华东师范大学出版社2020年版，第61—69页。

理论中去理解，也就是我们今天探讨的大概念教学，因此在发展学生核心素养的教学中要加强学科知识之间的联结，使学生形成学科知识的概念地图，而且学科知识的联结和建构也是跨学科学习过程中的心智加工方式。"什么知识最有价值"是当前课程改革力图回答的问题，而对"谁的知识最有价值"的讨论较少，然而，这也让课程改革陷入了一种价值理性与工具理性相互纠缠的境况。在如今的智能时代，只有超越经验形态的学科原理性知识，才能在复杂情境中具备更高的迁移能力，这就是说，当前越是强调跨学科学习，就越是需要以学科为基础，以避免陷入"模块碎片化"的知识弱化境地。[1] 因此，当跨学科学习发生时，学生通过两个以上学科知识和经验的反复学习，逐步形成一种跨学科思维来解决真实情境中的问题。因此，跨学科学习一定是为了加强学科知识之间的联结，通过对两个以上学科知识整合、迁移、创造而形成新的知识内容以解决问题，这个过程也满足了学习者的深度学习需要。

第三节 跨学科学习的发生机制

一 学习系统层面的跨学科学习发生机制

跨学科学习是如何发生的？它发生的机制原理是什么？将跨学科学习发生的表征转化为一种理论范畴，还需要理解跨学科学习发生的机制原理。因此，本书从学习系统的宏观、中观和微观三个层面阐述跨学科学习的发生机制。

从宏观层面来看，跨学科学习的客观条件是情境性。情境设计的实质是重构学生与社会生活及世界意义的关联，既能激发学生的学习投入，又能增加学生的科学理解，更重要的是展现了知识与世界的联结和建构。[2] 情境学习理论认为，学习发生在真实世界的情境中，并形成了实践共同体。素养的养成需要学习者通过参与实践共同体的真实实践学

---

[1] 张俊列：《回归强有力的知识传统——对课程知识相对主义的批判性考察》，《北京大学教育评论》2021年第4期。

[2] 吴刚：《论中国情境教育的发展及其理论意涵》，《教育研究》2018年第7期。

习，去解决真实情境中的问题，从而实现学习者有意义的学习。学习科学的研究和基于学习科学研究成果的教育实践表明，跨学科学习关注联结不同学科知识和方法，以探索学科知识背后的意义。因此，从宏观层面上看，跨学科学习发生的客观条件需要具有真实情境。

从中观层面来看，跨学科学习发生的客观载体是跨学科课程。跨学科课程内容、跨学科课程形态是实现跨学科学习的客观载体。21世纪课程重构中心的完整框架包括四个维度：知识、技能、性格、元学习。在知识维度强调知识领域之间的相互关系以揭示学习进程的逻辑性和有效性，实现深度理解的学习。由于知识可跨学科迁移，因此我们很自然地就会思考如何更清晰地阐述知识领域之间的关联性问题，我们要使概念跨学科，那就要强调概念、元概念方法和工具的跨学科应用。查尔斯·菲德尔认为，21世纪课程包括目标与素养、现代跨学科知识领域和相应的传统学科内容，现代跨学科知识领域是指采用交叉专题关注基础概念、元概念、方法和工具。① 当学生能够深入知识领域，在观念之间形成关联的时候，他们的学习将得到极大地促进，拓宽理解和素养的深度和宽度。

查尔斯·菲德尔认为，元认知是对思维进行反思的过程，它可以促进知识、技能和性格品质在其他领域外非直接学习情境中的应用，其结果是实现素养的跨学科迁移。② 在真实情境中学习者的跨学科学习和问题解决最重要的是学会知识的迁移，同时也要学会对不同学科知识的整合以解决真实情境中的问题。因此，跨学科学习的课程内容的目标应聚焦程序性知识和元认知知识。在数字时代，布鲁姆按照"目标—行为—工具"形成了三维的概念框架，将教育目标层次分为知道、理解、运用、分析、评价、创造六个层次。评价的学习活动包括批判思考、提出假设、表达观点、自我评价、作报告等；创造性学习活动包括制作电子书、多媒体展示、录制视频等。对于跨学科学习

---

① ［美］查尔斯·菲德尔、玛雅·比亚利克、伯尼·特里林：《四个维度的教育——学习者迈向成功的必备素养》，罗德红译，华东师范大学出版社2017年版，第54—57页。

② ［美］查尔斯·菲德尔、玛雅·比亚利克、伯尼·特里林：《四个维度的教育——学习者迈向成功的必备素养》，罗德红译，华东师范大学出版社2017年版，第136—138页。

来说，跨学科学习活动可以借鉴数字时代布鲁姆的教育目标进行学习活动的设计。因此，重构 21 世纪课程和跨学科问题将有助于我们更好地实施跨学科学习。

从微观层面来看，跨学科学习是学生心理机能变化的过程。影响学习者心理机能变化的因素很多，如心流体验、认知负荷、自我调节能力、学习动机、学习兴趣、智力等。而心怀学习目标的学生关注技能、理解和课程思维模式的内化。在跨学科学习过程中，学习者的心理机能更加以发展的心态关注学习，更加强调理解、迁移、批判、创造等。在跨学科学习过程中学习者的心理定位得到转换，心理机能发生变化，体现出主动学习、主动发展的特点，以反映学生跨学科学习的发生。

综上所述，本书认为跨学科学习是一个从解构到重构的过程，学习科学的研究和基于学习科学研究成果的教育实践表明，跨学科学习具有情境性、建构性、协作性的特征。从当前跨学科学习的研究和实践来看，之所以会出现跨学科学习等同于问题式学习、项目化学习等认知乱象，是因为对跨学科学习本身的复杂性和跨学科学习发生的表征缺乏科学认识。要正确认识跨学科学习，通常来讲，需要从跨学科学习发生的表征出发。因为研究对象的关键表征可以作为概念话语表达的连接中介。[1]

二 知识视角下的跨学科学习发生机制

学科是相对独立的知识体系，学科的建构就是要将知识系统化、科学化，知识是学科教与学的关键。[2] 然而，知识问题永远是课程改革需要回答的问题，围绕知识的问题，研究者也是争论不休，特别是知识问题已经成为新课程改革对于不同知识立场的交锋点。麦克尔·扬提出要将"强有力的知识"带回来，重新确立了客观知识的价值，而且他认为符合"强有力的知识"的标准有三条：第一，它是理论性的学术知

---

[1] 罗生全、杨柳：《深度学习的发生学原理及实践路向》，《教育科学》2020 年第 6 期。
[2] 成尚荣：《学科育人：教学改革的指南针和准绳》，《课程·教材·教法》2019 年第 10 期。

识；第二，它是系统性的；第三，它是独特性的。① 学科是课程知识的典型形态，是衡量课程知识客观性的基本尺度，有一种学科意义（disciplinary）上的客观性。所以，学科知识是课程知识的主要形态，学科实践是教学的主要形式。然而，大量的高级知识是无法通过学生的日常经验来学习的，往往需要置于定义这些概念的特定理论中去理解，也就是我们今天探讨的大概念教学。"什么知识最有价值"是当前课程改革力图回答的问题，而对"谁的知识最有价值"的讨论较少，然而，这也让课程改革陷入了一种价值理性与工具理性相互纠缠的境况。在智能时代，要超越经验形态的学科原理性知识，才能在复杂情境中具备更高的迁移能力，这就是说，当前越是强调跨学科学习，就越是需要以学科为基础，以避免陷入"模块碎片化"的知识弱化境地。②

要理解跨学科学习的内涵、特征，从知识视角理解跨学科学习的发生实践，以更好地理解跨学科学习的实践诉求。在我国课程改革和学习方式变革过程中，知识的问题是不可回避的，就如本书所设问，什么样的学科知识适合跨学科学习？通过跨学科学习，学习者对知识的理解应该达到什么程度？《反思教育》一书将知识广泛地理解为通过学习获得的信息、认知、技能、价值观和态度。OECD的《知识与经济》报告提出知识包括四类：事实性知识、原理性知识、技能性知识、人力资源知识。如果知识仅仅包括事实性知识，那么知识的学习就重在记忆和理解，如果知识包括原理性知识和技能性知识，那么就需要运用、分析、评价和创造等思维，也就是需要高阶思维技能。③ 因此，跨学科学习的目的是发展学生的高阶思维技能，那么适合跨学科学习的知识就不仅仅停留在事实性知识上，还需要原理性知识和技能性知识。通过开展一系列学习环境设计以支持学习者跨学科学习的发生，学习者对知识的理解程度就可以达到深度学习的层面。事实上，课堂中的学习如果经过有效

---

① [英]迈克尔·扬：《把知识带回来——教育社会学从社会建构主义到社会实在论的转向》，朱旭东等译，教育科学出版社2019年版。
② 张俊列：《回归强有力的知识传统——对课程知识相对主义的批判性考察》，《北京大学教育评论》2021年第4期。
③ 吴刚：《奔走在迷津中的课程改革》，《北京大学教育评论》2013年第4期。

的学习环境设计，学习者的学习经过有组织的结构性活动，就不仅能引发学生对学习内容的深层次投入，还能为学生深层次的思考提供多元学习环境支持，从而实现学习者的深度学习。

基础教育中的学科课程强调的恰恰是知识组织的学科性，但是，学科课程凸显知识结构的学科性也不是就要拒绝和排斥对问题的综合性探究。开展跨学科学习要建立在学生扎实的学科素养基础上，否则就会流于生活经验式，不利于学生建构其自身的认知结构。① 因此，学科知识的选择是开展跨学科学习的重要问题。如"什么知识最有价值""谁的知识最有价值"等问题都是对知识选择的讨论。对于跨学科学习来说，知识的价值在于它对学生的发展和高阶思维技能培养有意义，也就是要对知识进行定位。

对学科学习而言，学科知识主要由三个紧密联系的部分组成：符号表征，是指知识的外在表达形式；逻辑形式，是指知识系统化、结构化的纽带；知识的意义，是指隐藏于符号背后的规律系统和价值系统。当前传统的学科教学常常陷入纯知识点的教学中，学科内容被碎片化，缺乏完整的逻辑性，容易忽略学科知识的意义内容。② 那么，对跨学科学习而言，跨学科学习的主要任务是联结不同学科的知识，进行打开、内化、建构，以产生新的知识，并强调通过两个或两个以上学科知识或方法以解决现实生活中的真实问题。因此，有必要结合跨学科学习的内涵、特征，从知识视角阐述跨学科学习发生的机制。

知识和经验是跨学科学习发生的基础。杜威的"经验"理论的知识具有两个特点。一是知识本身就是一直高水平地发展到一定程度的经验；二是知识有其产生过程和发展的一定情境。也就是说，知识和经验不是凭空产生的，而是在人与对象相互作用过程中不断发展起来的。因此，当跨学科学习发生时，学习者获得的知识不是灌输的，也不是和真实世界没有联系的，学生在跨学科学习过程中是需要不断理解知识产生的情境和过程的。尤其跨学科学习的目标是发展学生的高阶思维技能，

---

① 吴刚：《奔走在迷津中的课程改革》，《北京大学教育评论》2013 年第 4 期。
② 尹后庆：《以基础教育高质量发展为目标的课程改革》，《基础教育课程》2022 年第 1 期。

要求学生不断调用和激发先验知识，并使知识的产生形成一个不断螺旋式上升的过程，并最终内化形成思维能力。

知识理解是跨学科学习发生的基本前提。因为学科知识不是单一的"符号世界"，而是关于"真理的世界""意义的世界"①。涂尔干认为，科学理性和知识是来自社会结构而非个人思维，知识是人类面对所生存的世界的真理性的认识结构，换句话说，我们无法否定知识的客观性和社会实在的关联。② 因此，在跨学科学习过程中理解知识，归根结底是要理解符号所表达的客观世界和社会实在的关系。学习者对跨学科学习过程中的知识理解很难达到同一性，同时也存在着理解层次和意义的不同。学习者基于个体感知、先验知识或具体学科知识所理解的内容也是有差异的。但是，学习者在这个过程中主动建构知识与客观世界的联系，是学习者打通真实世界与知识世界的桥梁，从而更深层次地理解学习的发生。

知识整合和联结是跨学科学习发生的过程。跨学科学习的发生不是一个简单的认知过程，而是一个不断进行知识整合和建构的活动。跨学科学习发生的过程是一个对不同学科知识进行整合与联结的过程，这个过程包括学生对不同学科知识的整体感知、深度理解、知识整合、反思迁移等。跨学科学习中基于知识的整合，必须以学科知识为基础，同时也要有高阶想象思维，高阶想象需要有意识的思维参与和个体生活经验的提炼和概括。③ 因此，在跨学科学习过程中，学习者对知识的整合、深度加工，所构造的形象思维和高阶想象思维，有利于他们对不同学科知识的整合和联结。知识的整合和联结是学习者以大概念为统领，打破学科知识之间的界限，通过一系列的认知活动，如经验调取、概念理解、意义建构、深度反思等，并整合两个或两个以上学科知识去解决真实世界中问题的过程，并在此过程中发展

---

① 郭元祥、李新：《遇见与预见：学科想象的生成及想象教学》，《教育研究》2021年第9期。

② 郭元祥、李新：《遇见与预见：学科想象的生成及想象教学》，《教育研究》2021年第9期。

③ 郭元祥、李新：《遇见与预见：学科想象的生成及想象教学》，《教育研究》2021年第9期。

学生的高阶思维技能。

高阶思维的生成是跨学科学习发生的归宿。跨学科学习通过对不同学科知识的整合与联结，引导学生在理解真实世界中进行学习。跨学科学习的本质不仅仅在于学习方式的转变，也不仅仅在于对学科知识与方法理解的转变，而在于联结不同学科知识和真实世界知识的基础，以实现知识的整合和联结。跨学科学习不能仅仅静态地停留在不同学科知识表层上，这既不是知识结果的单向传递，也不是基于两个学科知识的表层应用或机械重复，而必须超越知识背后的意义系统，探究知识的符号发生、逻辑发生，并引导学生在世界的关联中通过两个或两个以上学科知识去解决真实世界的问题，生成具有个人意义的高层次理解。也就是说，学习者唯有探究知识，才能信赖"知识的可靠性"，以至于更好地理解知识。学习者高阶思维的生成也就成了跨学科学习的必然追求。

第四节　跨学科学习实践的基本类型与其他学习方式的差异

一　跨学科学习实践的基本类型

纵观跨学科学习实践全过程，要能实施好跨学科学习，还需要回到课程教学改革上，但是课程教学改革离不开"知识"。关于知识观有非常多的争论。对于课程标准的实施和落实也进行了很多讨论，从"双基"到"核心素养"，包括对"什么知识最有价值""什么知识值得学"等都展开了探讨。涂尔干认为，没有早期社会所作出的从日常生存世界到图腾宗教的神圣世界的概念性与社会性移动，科学和知识以及社会就不可能产生。伯恩斯坦分析了知识领域的边界；学校知识和日常知识的边界；这两种边界模糊或消亡可能带来的后果。知识的浮现、不可化约、社会性的分化的特点具有潜在的深刻的教育隐喻。他从知识社会学视角分析了未来教育的三种图景。未来教育图景一：边界是既定的、固定的，"未来"与本质主义的或"社会性不足的"知识概念相关。在其中，教育体系很少有创新的可能，教育与大的社会背景将持续存在于两个平行世界中。未来教育图景二：边界的终结——过渡社会性的知识概念，那些寻求削弱边界和分化的人所找到的课程"选择工具"就是模块化。这有几种组合，如学校科目的"整合"，因为学科之间、学校知识和日常知识之间的边界被削弱了；用一般化、通常是技能或结果的条目来规定课程内容。边界维持与边界跨越是在全球化背景下创造与获取新知识的条件。未来教育图景三：我们需要考虑的是知识为真（强有力的知识）和社会性为真（有权者的知识）、较好的课程与教学模式、对教育不平等的影响。[①]

麦克·扬在《知识与控制——教育社会学新探》一书中，摆脱了传统实在论的桎梏，提出教育社会建构主义理论，指出教育社会学发展的新方向应该是从教育分配的不平等转向教育内部的课程与教学问题，提出了社会实在论，但又忽略了知识的客观性和标准性。因此，他在批判社会建构主义内在弊病的同时，又力图解决理性和知识的客观主张与它们不可摆脱的情境性和历史性特点之间的张力，即课程知识的客观性和社会性之间的矛盾，进而提出了"社会实在论的知识观"[②]。知识的边界不是随意的，它们所培植的内部形式、它们所维持的社会关系，随着时间的迁移而不断积淀为稳定的社会—认识论形态。[③]

学科知识的存在是以科学的产生为基石的，同时这也是一种知识分化、分类与重组的过程，正如福柯所说，知识是话语生产实践必不可少的条件，而这种话语实践按照规则所构成的知识也就成为某门学科建立不可或缺的成分，虽然它们并不一定会产生科学，但我们可以称之为知

---

① [英]麦克·扬、[南非]约翰·穆勒：《课程与知识的专门化：教育社会学研究》，许甜译，华东师范大学出版社2021年版，第28—50页。
② [英]麦克·F. D. 扬主编：《知识与控制——教育社会学新探》，谢维和、朱旭东译，华东师范大学出版社2002年版，第31—58页。
③ [英]麦克·扬、[南非]约翰·穆勒：《课程与知识的专门化：教育社会学研究》，许甜译，华东师范大学出版社2021年版，第26—49页。

识。① 知识增长是学科发展的动力源。一切跨学科的相关问题域都可以是跨学科学习知识的生产场。跨学科思维并不比其依托学科所提供的知识更具有知识性，而具有更少的知识性，这正是它的价值所在。因此，跨学科是知识边界的消解和产生知识的跨界融合。

以"真实"问题解决为主的学习有利于激活学生的知识与知识的联系、知识与元知识的联系，有利于激活学生深层次学习的动机和发展学生的高阶思维，易产生"跨学科性"的学习。然而，尽管国内外关于问题解决的学习论著较多，如当前中小学的 STEAM 学习、创客学习、项目化学习、综合实践学习、主题学习、基于问题的学习等等，都尝试着、努力进行实践，让学生在问题解决中促进学生的"跨学科性"学习。其实，如果上述的学习方式缺乏从学科立场出发，仅仅强调做出一点事情，或者说不基于学科知识的视角出发，而更多的是强调活动的过程和价值，则可能面临浅层的学习、散乱的知识学习等问题。简单地讲，跨学科学习实质上是学生通过两个或两个以上学科知识来解决一个真实问题，在问题解决的过程中发展学生的高阶思维技能和实现知识建构。在跨学科学习实践中，强调的是"跨"，而"跨"的背后是知识的问题。如李松林认为，在当前"只见知识，不见知识的知识"的知识教学模式过程中学生的知识学习存在四个突出问题：浅层次的学习；散乱的学习，孤立、零散、庞杂的知识；学生对知识的狭隘的理解；缺乏对知识的理解、建构和实践，导致空洞化。② 跨学科的学习就是要回答什么知识最有价值，什么知识的学习需要"跨"等问题。因此，我们要把知识放回真实问题情境中，要建立起学科知识联系的桥梁，透过知识的表层去回答知识背后的本质，达到深层意义理解和建构。

作为跨学科学习的基本类型，实现跨学科学习的关键是不同学科知识或方法之间的整合。从内容上看，实现跨学科学习的知识是在事实性

---

① ［法］米歇尔·福柯：《规训与惩罚》，刘北成、杨远婴译，生活·读书·新知三联书店 2003 年版，第 42—50 页。
② 李松林：《知识教学的突破：从知识到知识的知识》，《教育科学研究》2016 年第 1 期。

知识和程序性知识的基础上，对不同学科知识之间、概念之间关系的抽象概括和整合，跨学科学习的问题常常是要架起不同学科知识之间的桥梁。从方法论上看，跨学科学习需要在不同学科知识的概念之间建立内在联系，形成一个新的整体认识论框架，去理解各个事实、经验、事物和概念背后的意义。从价值论上看，跨学科学习不仅要对不同学科知识之间具有连接和整合作用，还能促进学习者的持久记忆、深度理解和高通路迁移；不仅能促进对事物的理解、知识建构，还能发展学生的高阶思维技能。

跨学科学习作为发展学科核心素养的必要条件，以及作为发展学科核心素养学习的两种学习方式，学科学习与跨学科学习是相互联系的。跨学科学习唯有基于学科学习、学习知识和学科理解，才能发展学生核心素养，既包括学科核心素养也包括高阶思维技能。那种脱离学科知识、学科理解的学习方式，往往会导致本末倒置，偏离学科育人的轨道。学生只有基于学科核心素养理解，才可能发展高阶思维技能，否则都是虚无缥缈的浅层次、无效学习。

基于上述理解，我们有必要从"跨""学习"两个层面对跨学科学习进行分类。本书基于对教育学语境中学科和跨学科的理解，尝试从学科知识、学科方法两个视角对跨学科学习中"跨"的维度进行分类，将其分为三种：学科知识与学科知识的"跨"，学科方法与学科方法的"跨"，学科知识与其他学科方法的"跨"。

（1）跨学科学习可以是学科知识与学科知识的跨，即整合两个或两个以上学科知识去解决一个问题。如整合数学学科知识和物理学学科知识去解决一个问题。换句话说，就是用本学科知识去解决关联学科知识，或用关联学科知识去解决本学科知识。

（2）跨学科学习可以是学科方法与学科方法的跨，即整合两个或两个以上学科方法去解决一个问题。如整合数学学科方法和物理学学科方法去解决一个问题。也就是说，用本学科方法去解决关联学科的问题，或用关联学科的方法去解决本学科的知识问题。

（3）跨学科学习可以是学科知识和学科方法的跨，即运用一个学科知识和另一个学科的方法去解决一个问题。

上述是从跨学科学习的过程维度来看的，而从学习结果维度来看，跨学科学习结果可以是解决指向一个单学科的问题，如数学学科问题或物理学科问题，也可以是解决指向一个多学科综合的问题。

接着，我们尝试从"学习方式"的类型对跨学科学习进行分类。国际著名的关于学习方式的分类是 ICAP 学习方式分类法，它是由 Michelene T. H. Chi 提出的，也可以说是一种深度学习的框架。该学习方式根据参与程度或者活动方式分为四类，即被动学习、主动学习、建构学习、交互学习①，并详细阐述了每一种学习方式的知识变化过程和表征，同样也反映了布鲁姆学习目标的四个层次，即记忆、应用、迁移和创造。参照 ICAP 学习方式分类法，我们尝试将跨学科学习的基本类型分为四种：被动式跨学科学习、主动式跨学科学习、建构式跨学科学习、交互式跨学科学习，这四种类型的跨学科学习是指不同程度的跨学科学习。

（1）被动式跨学科学习是学生在接受学科学习过程中所表现出来的，在跨学科学习活动中主要是接受信息，而没有发生其他的学习心理活动，学科知识还处于拼盘的状态。

（2）主动式跨学科学习是指学生愿意积极地参与跨学科学习，主动参与跨学科学习活动，能解决问题或项目，但是在解决问题或项目的过程中学科知识运用不足。

（3）建构式跨学科学习是指学生能建构性地参与跨学科学习，学生能很好地运用多学科知识或方法进行问题解决，不仅能较好地解决问题或项目，还能很好地掌握其问题或项目背后所隐含的学科核心素养。

（4）交互式跨学科学习是指合作式开展跨学科学习，与专家、教师、同伴共同建构知识，并能整合多学科知识和方法创造出新的知识，实现知识的共创。

这四种类型的跨学科学习的差异主要体现在学科知识整合的程度、跨学科学习的程度上，其所体现的学习结果也不一致。换句话说，如果

---

① M. T. H. Chi, R. Wylie, "The ICAP Framework: Linking Cognitive Engagement to Active Learning Outcomes", *Educational Psychologist*, Vol. 49, No. 4, 2014, pp. 219-243.

从学科知识运用层面来看，被动式跨学科学习和主动式跨学科学习仅仅停留在学科知识的简单组合层面，还没有达到学科知识运用和建构层面，也就是我们今天通常看到的"浅层次"的跨学科学习。

二 跨学科学习与项目化学习、主题式学习的差异揭示

在区别和联系不同概念如多维表征学习（multiple representation learning）、主题式学习、项目式学习、STEAM学习、问题解决式学习时，我们通常都会想到跨学科学习。其实，这和我们今天所讨论的跨学科学习还是有较大区别的。事实上，跨学科学习作为一种学习方式，其变革的五个关键要素包括坚持学生的主体性，基于理论的认知和理解，具有整体性的建构，关注学习条件的支撑，凸显品质的提升。① 当前，我国基础教育中的学习方式变革开展得如火如荼，如项目化学习、深度学习、体验式学习、混合学习、具身学习、研究性学习、探究式学习等等，既呈现出学习方式变革的繁荣景象，在基础教育阶段的教学实践中又大量存在着"虚假、浅层"的学习。

关于项目化学习，不同的学者对其的定义既有差异性又有一致性。其一致性主要表现在项目设计要与真实情境相联系，学生通过自主、合作、探究等方式去解决项目问题，产生可见的成果。② 最容易混淆的是跨学科学习与项目化学习。这两者看上去似乎都有跨学科性的特点。虽然它们的目标是一致的，但是它们的学习实践路径是不一样的。其差异性主要体现在以下三个方面：一是学科知识观的差异。跨学科学习强调的是基于学科知识而进行的整合，其目的是促进学生核心素养的形成，而项目化学习往往脱离了具体的学科知识，更加强调为了完成一个项目而进行的一种实践活动。二是学科实践要求的差异。如要解决一个跨学科问题，是有明确的学科路径要求的，并要综合运用两个或两个以上学科知识或方法去解决。而项目化学习却没有学科路径要求，不管采用何种路径，只需要完成这个项目即可。三是学习时长的差异。虽然跨学科

---

① 徐金海：《学习方式变革的五个关键要素》，《教育发展研究》2021年第24期。
② 夏雪梅：《项目化学习设计：学习素养视角下的国际与本土实践》，教育科学出版社2018年版，第32—48页。

学习与项目化学习最终都是为了解决一个项目或问题，这个项目或问题都要求具有挑战性或高阶性，而跨学科学习对问题或项目的完成可能就发生在课堂中，既有微小的跨学科学习问题，也有长时间的跨学科学习项目；而项目化学习对项目完成的时间要求较长。我们从学习目标和学习路径两个维度来区分跨学科学习与项目化学习的差异，对学习目标而言，跨学科学习和项目化学习都是为了解决一个问题或完成一个项目，对学习路径而言，跨学科学习是有学科路径要求的，而项目化学习是无路径要求的，其差异如图3-1所示。

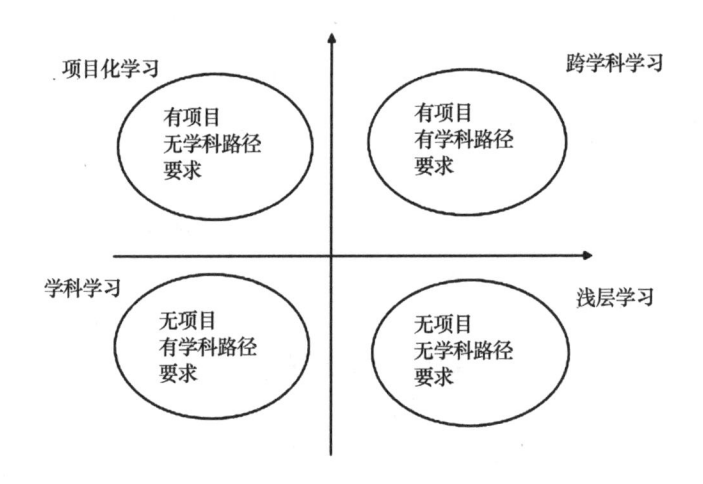

图3-1 跨学科学习与项目化学习的差异

关于主题式学习，跨学科学习与其的差异主要体现在两个方面：（1）主题式学习是聚焦于某一个具有社会意义的课题，基于多个学科领域的知识，通过探究的方式而展开的一种学习体验。[①] 从学习体验、探究活动到成为一种学习方式，这中间还缺乏理论的阐释。也正因如此，在主题式学习过程中存在着盲目探究、主题课程知识机械化、模块化，主题活动数量多、涵盖学科知识少，质量低等问题。跨学科学习从

---

① 高嵩、陈晓端：《论当代主题式教学中的课程知识整合》，《课程·教材·教法》2020年第5期。

理论上回答了为什么它是一种学习方式，其最终目的是促进学生核心素养的发展，更好地与学科学习相得益彰。（2）主题式学习学科性不强。主题式学习也是为了关注课程知识的整合，强调问题解决，激发学生的学习兴趣，但实际上，它往往缺乏与学科的融合，并没有达到预期的学习效果。跨学科学习就是针对当前项目化学习、主题式学习、探究式学习等存在的问题，强调基于学科知识的立场，整合不同学科知识和方法，指向学生核心素养培养的一种典型的学习方式，它不仅仅关注学科知识和方法整合，也更加关注学科知识和方法的运用。值得一提的是，跨学科学习并不是对项目化学习和主题式学习的否定和取代，而是体现了人们对如何更好地落实学生核心素养的进一步深化和理解。跨学科学习以发展学生的核心素养和高阶思维为目标，丰富了学科学习的方式。换句话说，跨学科学习的出现其实就是为了更好地落实学科核心素养的培养工作。

第五节　中国基础教育中跨学科学习实践的反思

"分科学习"在我国基础教育发展历程中根深蒂固。学科的过度分化加重了学生知识学习的碎片化，学生获得的知识通常是碎片化的而非整全的。摆脱仅仅依靠分科学习的基础教育阶段的学习方式是我国基础教育改革适应社会发展、应对国际挑战的重要举措。在各国探索以核心素养培养为标志的国际课程改革的推动下，大概念教学、单元教学、课程整合、跨学科学习走向了前台。2022年，我国义务教育阶段课程改革明确提出了义务教育阶段所有的课程都要开展跨学科学习。探索和实施跨学科学习方式，进而为摆脱当前基础教育阶段中所存在的"浅层学习""伪跨学科学习""去学科学习"提供了重要的学习实践方式。然而，跨学科学习遭遇了理论与实践的瓶颈。究竟什么是跨学科学习？如何实施跨学科学习？对此存在着较大的争议，各种"套着"跨学科学习的做法在很大程度上偏离了跨学科学习的本质意涵，甚至背道而驰，出现了"去学科化"，把一些学习科学的"常识化""活动化"

"综合化"理解为跨学科学习。因此,跨学科学习亟须在内涵、特征、价值等层面得到澄清。

当前基础教育阶段"轰轰烈烈"地推进着 STEM 教育、创客教育、PBL 等课程与方法,表面热闹的背后还呈现出一定的迷茫与混沌,在一定程度上呈现出实践化、活动化、缺乏基于学科知识的立场;在实践中也部分地出现了"表面跨学科实质拼盘化""跨学科杂糅与复杂化"等现象,同时也存在着一定的误区,产生了"跨学科学习可以替代分科学习""跨学科教学可教授跨学科知识"等问题[1],这样就会导致跨学科学习在偏离育人和变革学习方式的轨道上越走越远。当前基础教育阶段实施跨学科学习出现了一定的困境。

一 教师的跨学科教学能力不足

受制于传统的分科教学和分科培养,中小学教师的知识基础、教学训练等都是以分科教学为基础的,这对教师开展跨学科教学带来一定的挑战。一般的教学知识往往很难迁移到具体的教学情境中。而跨学科学习更加强调解决真实生活情境中的问题,这就表明教师需要跨学科的教学能力,需要将不同学科教学的经验和知识整合到一起,共同迁移到真实生活情境中。从开展跨学科教学实践来看,跨学科教学意识等都是教师开展跨学科教学实践不可或缺的要素,跨学科教学还需要具备跨学科学习能力、跨学科学习思维、跨学科学习应用、跨学科学习知识等等。

二 支持跨学科学习的系统建设不健全

关于支持跨学科学习的系统建设研究较少。跨学科学习需要课程、教师的教、学生的学等都发生转变。从跨学科学习课程层面来看,当前主要是线性的、单一学科的、传统的课程体系,需要遵循数字原住民的学习者特征,为学习者构建跨学科、连接真实世界的跨学科课程体系。从学习环境层面来看,需要让跨学科课程设计与学习环境设计真正关联起来,让跨学科学习发展学生高阶思维技能成为潜移默化的培养。

---

[1] 田娟、孙振东:《跨学科教学的误区及理性回归》,《中国教育学刊》2019 年第 4 期。

三　跨学科学习水平层次低

根据上一节对跨学科学习实践的基本类型的讨论，我们可以发现，在当前基础教育实践中可能存在着跨学科学习水平层次低的问题，这使他们往往缺乏一些跨学科学习的关键要素，如有活动无学科目标，学科内容知识拼盘化，只关注结果而不关注问题解决的过程，无学科知识和方法的运用。第一，有活动无学科目标。这一类跨学科学习看上去很热闹，但是学科目标不明确。简单来说，仅仅围绕一些综合实践活动展开学习，而不考虑其背后所蕴含的学科知识，而且往往也没有学科路径要求。第二，学科内容知识的拼盘化。这种类型的跨学科学习把跨学科学习变成了不同学科知识的拼盘。比如，在信息科技课程上画蝴蝶，将画蝴蝶作为目标，这不是跨学科学习，因为它指向的目标不是跨学科的问题。第三，只关注结果而不关注问题解决的过程。这种类型的跨学科学习只关注学习结果，并不关注跨学科问题解决的过程，没有让学生经历如何整合多学科知识或方法去解决问题的过程，缺乏对学科路径的要求。第四，无学科知识和方法的运用。跨学科学习的关键在于学科知识的运用，其本质是超越知识的割裂，走向整合。如果跨学科学习过程中缺乏学科知识的运用，那么就还是停留在知识的结构化上，还不能将知识转化为素养。也就是说，跨学科学习过程中知识的运用是一种学习者亲历学科实践的过程，学习者整合多学科知识和方法并将之运用到问题解决的过程中，以更好地挖掘学科知识背后的意义。

在基础教育教学实践变革中，低水平的跨学科学习的实践还较多。但是，这些低水平的跨学科学习可以通过学习环境设计的方法将其真正转变为跨学科学习，以更好地发展学生的核心素养和高阶思维技能。也正因为如此，学习方式的变革在基础教育教学实践中才能行稳致远。

四　跨学科学习环境设计片面化

当前促进跨学科学习的学习环境设计主要面临的困扰包括三个方面。第一，学习环境设计的脱嵌与缺失，并没有从学习科学的视角去真正理解学习环境设计，而是常常局限于教授主义的传统教学设计视角去开展跨学科学习。第二，对跨学科学习理解的片面化和追求技术充斥的学习环境设计导致学习环境设计的异化。当前各种新技术变革教与学方式的假象蒙蔽了实践者的慧眼，也成为促进跨学科学习发生的障碍，一些实践者并没有真正明白什么样的课程学习才是跨学科学习。第三，跨学科学习水平低下是常见的现象，教师和学校为了应付跨学科学习的开展而设置如主题式的教学和拼凑整合式的教学，而事实上是这些都没有达到跨学科学习的要求。简言之，"盲目跨""跨而无学科融合"以及"低水平跨"等现象依然存在，以至于被称为浅层次跨学科学习。在学习环境设计过程中，研究者更多地关注学习环境设计的理论模型构建，却鲜有关于学习环境设计模型构建的实证研究，也鲜有关注促进跨学科学习发生的学习环境设计。换言之，当前在理论层面上缺乏对"跨学科学习""学习环境设计模型构建"等方面的系统研究。

跨学科学习环境设计并不仅仅是简单的跨学科教学设计，而是要对整个跨学科学习过程加以总体掌握，要深度了解跨学科学习的基本过程，促进跨学科学习的深度发生。当前的跨学科学习方式，如 STEAM 教育、创客教育、编程教育等，都蕴含着跨学科学习的影子。但是，在义务教育阶段如何真正开展跨学科学习，教师如何进行跨学科学习环境设计以发展学生的高阶思维技能，则往往成为数字化时代义务教育阶段学生学习方式变革的掣肘。然而，当前 STEAM 教育、项目化学习等学习方式开展得如火如荼，虽然 STEAM 学习对学生的学习态度、学科学习和高阶能力方面均有正向成效[1]，但是教师对于 STEAM 教育和项目化学习的组织和开展却显得力不从心，学习方式往往还是以传统的讲授和自主探究式为主，学习效果有多大成效也是未知的。换句话说，当前具有跨学科特征的学习方式实际上还是传统的教授主义教学方式，学科与学科之间的知识往往处于一个割裂的状态，并未实现有效的融合，学生的学习迁移能力和问题解决能力有待提高，造成这种状况的原因在于未对促进跨学科学习的学习环境进行充分有效设计，但是如何促进对跨

---

[1] 刘徽、杨佳欣、徐玲玲、张朋、王司闫：《什么样的失败才是成功之母？——有效失败视角下的 STEM 教学设计研究》，《华东师范大学学报》（教育科学版）2020 年第 6 期。

学科学习发生的学习环境进行有效设计这一问题仍然困扰着教育研究者和教学实践者。

小　结

本章首先从理解跨学科学习的逻辑起点学科出发，分析了哲学语境中的学科、教育学语境中的学科及两者的差异，并将教育学语境中的学科作为理解本书所界定的跨学科学习定义的逻辑起点，主要包括学科内容和学科方法两个维度。接着分析了跨学科的内涵与形式，从中可知问题的解决、整合多个学科的知识和方法是跨学科的重要特征。

其次，本章讨论了跨学科学习的定义，研究认为，跨学科学习是落实学科核心素养的一种学习方式，具有一定的理论依据与实践基础。跨学科学习是以学科学习为立足点，面向具体问题，运用两个或两个以上学科知识或学科方法展开学习的一种方式；其目的是深化和拓展学习者对学科知识与学科方法的理解，以更好地发展学习者的高阶思维技能；并对跨学科学习的界定进行进一步阐释。在此基础上分析了跨学科学习的特征，主要包括知识具有从"零散"走向"整合"的多元特征，能力从"习得"走向"迁移"，学习从"浅层次"走向"深层次"，学习内容组织方式具有统整性，知识的转化与重构具有意义关联。接着，尝试分析了跨学科学习的价值取向，跨学科学习强调根植于学科知识与方法，通过两个或两个以上学科知识或方法的融合应用，跨学科学习的目的是发展学生的高阶思维和更好地促进学生核心素养的发展，跨学科学习更关注在真实情境中实现问题的解决，跨学科学习是为了加强学科知识之间的联结，满足学习者深度学习的需要。

再次，从学习系统层面分析了跨学科学习发生的机制，从宏观层面来看，跨学科学习的客观条件是情境性；从中观层面来看，跨学科学习发生的客观载体是跨学科课程的；从微观层面来看，跨学科学习是学生心理机能变化的过程。从知识视角来看，知识经验和理解是跨学科学习发生的前提，知识整合和联结是跨学科学习发生的过程，高阶思维生成是跨学科学习发生的归属。因此，促进跨学科学习发生的实践路径包括：跨学科学习环境设计；构建跨学科学习共同体；指向学生参与的跨学科教学实践；构建学生跨学科学习的表现性评价；提高教师跨学科意识和能力；建立教师和学生跨学科身份认同。

最后，从"跨"和"学习方式"两个维度讨论了跨学科学习实践的基本类型及伪跨学科学习所存在的问题，从学习目标和学习路径要求上揭示了跨学科学习与项目化学习、主题式学习的差异；讨论了我国基础教育阶段中跨学科学习实践的反思。通过本章研究，我们厘清了跨学科学习的内涵、特征、发生论等相关理论问题。在下一章里，我们将重点围绕如何构建促进跨学科学习的学习环境设计模型展开讨论。

第四章　促进跨学科学习的学习环境设计模型构建

跨学科学习最终要落实在课堂变革层面，而简单、模式化的教学往往很难解决学习发生的根本问题，促进跨学科学习的学习环境设计为教师提供了创造性变革课堂的基本思路。促进跨学科学习的学习环境设计模型在学科与学科之间的联系和学生学习之间架起了一座桥梁。

构建促进跨学科学习的学习环境设计模型框架，旨在揭示跨学科学习与学习环境设计要素之间的关系与组织机制。而构建促进跨学科学习的学习环境设计模型，旨在探索解决跨学科学习的理论和实践问题的困境，从而为促进跨学科学习的学习环境设计与实施提供理论基础。其构建过程复杂且具有缜密的逻辑推理性，需要从多维度、多层次考虑跨学科学习发生的特征与学习环境设计的特征、要素和关系假设。只有对学习环境设计模型过程进行充分论证，才能保证该模型的合理性和有效性，以更好地促进跨学科学习的发生。前文已经对跨学科学习的定义、特征与跨学科学习发生机制进行了详细讨论。本章首先阐述促进跨学科学习的学习环境设计理论基础，分析跨学科学习与学习环境设计的基本关系；接着从跨学科学习目标导向、跨学科学习发生过程、跨学科学习需要的环境等维度分析促进跨学科学习的学习环境设计模型要素；然后根据促进跨学科学习的学习环境设计模型构建基本原则、学习环境设计要素特征与策略，构建促进跨学科学习的学习环境设计模型，并分析该模型的系统结构；形成促进跨学科学习的学习环境设计整体认识框架，为后续开展基于设计的研究和准实验研究奠定理论基础。

第一节 理论基础

促进跨学科学习的学习环境设计研究试图以促进跨学科学习的发生为视角，在建构主义学习理论、活动理论、情境学习理论等理论支撑下，探索通过设计跨学科学习的学习环境来发展学生的高阶思维技能的新路径和新模型。社会建构主义学习理论为跨学科学习的发生提供了理论支撑；活动理论为设计促进跨学科学习的学习活动提供了微观层面的理论依据；情境学习理论为学生跨学科学习过程提供了理论支持。

一 建构主义学习理论

皮亚杰、维果茨基和布鲁纳的思想对建构主义的兴起具有重要的影响，并形成了三大流派：认知发展理论、社会文化理论和学科内容结构。建构主义类型分为外源建构主义、内源建构主义和辩证建构主义。外源建构主义是指知识的获得是对外部世界的重新建构；内源建构主义是指知识的产生源于先前获得的知识，而不是从环境互动中直接产生的；辩证建构主义是指知识是反映了个人与环境互动而产生的心理矛盾的结果。皮亚杰从学习者的心理发生和发展角度诠释了知识的获得；维果茨基的社会文化理论更加强调社会环境促进发展和学习，他认为，中介是发展与学习中的关键机制。在建构主义学习理论中，本书主要借鉴皮亚杰的认识发生理论和维果茨基的社会建构主义理论来探讨促进跨学科学习的发生和学习环境设计模型。

建构主义理论对本书的启示有以下两方面。

一方面，为揭示跨学科学习发生的过程提供了基本依据。皮亚杰的认识发生理论和维果茨基的社会建构主义理论为跨学科学习发生的机制提供了重要的理论依据。维果茨基的社会建构主义理论阐述了学习发展与人际社会关系、个人因素、环境等密切相关，学习是社会中介的和自我调节的过程。因此，可以从跨学科学习发生的情境、跨学科学习发生的过程、跨学科学习发生的结果来理解跨学科学习是如何发生的。从学习环境设计系统来理解促进跨学科学习发生的学习环境设计，包括工具、学习共同体、真实性学习活动、学习者、资源等，而学习环境设计还与认知、元认知、动机、情感、发展、社会和个体差异有关系。跨学科学习也允许通过学习者采用两个以上学科的知识来解决问题，形成知识的迁移。因此，研究者只有在理解跨学科学习发生的过程和学习环境设计的基本特征的基础上，才能够针对其相应的特点和阶段进行有效组织。

另一方面，能够有效指导学习环境设计的基本活动方式。以往的教学设计活动都是零散的，通常是围绕一个学习目的而设计的，而学习环境设计的活动是要围绕学习发生的整个系统来设计，是在学习者学习发生的整个过程当中的活动。以往的学习强调学生学习的过程多是知识传授、知识记忆等学习活动，而跨学科学习的发生是一个复杂的过程，跨学科学习过程要与环境相互作用。因此，学习环境设计主要包含一些基本的活动方式：第一，情境是学习环境设计的动力，有利于激发学习者的内在动机，更有利于培养学习者之间的问题解决能力；第二，互动是学生在学习环境设计过程中的主要沟通方式；第三，问题解决是学习环境设计得以发展和完成的基本保证。

二 活动理论

活动理论的产生来自维果茨基的文化历史心理学和关注实践的马克思主义。活动理论试图解释人类的认知，在学习科学领域，学习技术专家通常把第三代活动理论用作指导性理论框架来理解在复杂社会情境中技术是如何被采纳、调整和配置的。[1] 第三代活动理论提出了活动系统的结构并开始研究个体与共同体之间的复杂关系，建构了一套完整的概念体系（如图4-1所示）。第三代活动理论可以当作理解学习、改善教学与教学设计并提供指导的一个工具。第三代活动理论的特征

---

[1] [美]戴尔·H. 申克：《学习理论》（第六版），何一希等译，江苏教育出版社2012年版。

是：(1) 它是一个分析工具，而不是规定某种教学形态的规定性理论，它可以被作为一个分析框架应用于学校等情境；(2) 活动理论作为一种理论框架，它涉及理解主体、工具、共同体以及所改变客体之间的相互作用；(3) 活动理论以互动认识论为基础，认为学习和知识是与境脉分不开的。

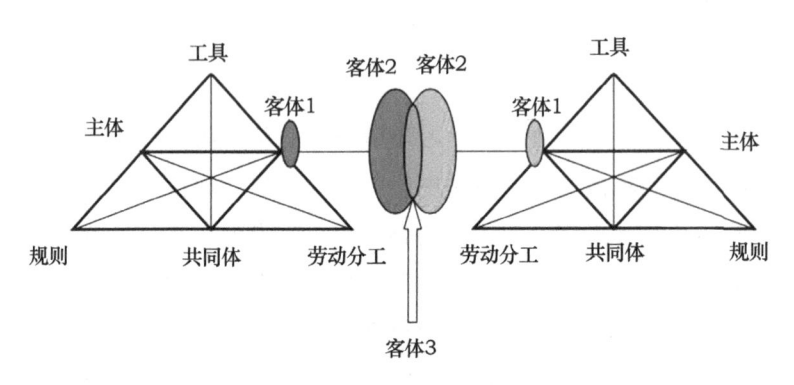

图 4-1　第三代活动理论

Engeström 试图用对话中的活动系统来考察两个不同的主体群体是如何经历活动系统的。它不仅考察它自己设定的、作为系统客体的目标，还考察构成系统的不同群体，包括学生、管理者、教师等。并重申要实现这个对话中的系统需要从新的教学法角度出发将整个课程重新设计，还要构建共同体去改变课程参与的方方面面。[①]

活动理论对本书的启示有以下两方面。

一方面，活动理论为学习环境设计提供了认识论基础。学习环境设计是一个动态的过程，学习环境设计所涉及的要素包括学习者、工具、资源、问题、真实性活动等，这些要素组成了完整的教学活动系统。学习环境设计要以学生为中心，活动的主体必须是学习者。在构建促进跨学科学习发生的学习环境设计前需要对主体进行分析，了解学习者的基本特征、学习经验、兴趣特点等个性特征。这些个性特征决定其活动的

---

① Y. Engeström, "Expansive Learning at Work: Toward an Activity Theoretical Reconceptualization", *Journal of Education and Work*, Vol. 14, No. 1, February 2001, pp. 133–156.

水平，通过活动来改变环境。支持的媒介可以是计算机工具，也可以是可视化工具、社交软件等，为学习者提供获取学习资源和交流、共享的平台。根据活动理论模型，促进跨学科学习的学习活动包括学习者、学习小组、工具、分工等要素。而学习活动的设计也是动态的，我们可以依据跨学科学习活动的开展情况进行不断调整和完善，使跨学科学习得以顺利发生。

另一方面，活动理论为跨学科学习工具的使用提供了理论依据。从活动理论来看，工具只是学习者和学习内容的中介，是知识创新、积累和传递的手段。就像 Kozma 所说，学习是融于环境的，而且和环境、媒体是密不可分的。[①] 在促进跨学科学习的环境中，我们主张学习者通过认知工具来促进认知的发展。如 Dede 构建了一个三维用户虚拟环境来分析学习者和环境之间的互动，其构建的 River City 是一种基于教室环境的、帮助学习者进行生物和生态学中问题解决的体验式学习。[②] 在开展跨学科学习时，学习者不仅需要利用认知图式工具来理解知识，还可以利用通信工具和媒体工具进行沟通、交流，以回应活动理论中工具的重要隐喻，即学习者在学习过程中能够汲取工具中所蕴含的人类社会文化。[③]

三 情境学习理论

关于情境学习理论的理解主要从心理学视角和人类学视角展开。从心理学视角来看[④]，Brown 提出知识与活动是不可分的，活动是学习整体中的有机组成部分，心理学视角下的情境学习活动主要来自模拟真实活动的实习场。[⑤] 情境学习理论的核心观点认为，学习不再是孤立的，

---

① R. B. Kozma, "Will Media Influence Learning? Reframing the Debate", *Educational Technology Research and Development*, Vol. 42, No. 2, January 1994, pp. 7–19.

② [美] 斯佩克特等主编：《教育传播与技术研究手册》（第四版），任友群等主译，华东师范大学出版社 2015 年版。

③ 孙海民、刘鹏飞：《以活动理论审视学习活动》，《中国电化教育》2015 年第 8 期。

④ A. Sasha, et al., "Principles of Self-Organization: Learning as Participation in Autocatakinetic Systems", *Journal of the Lerning Sciences*, Vol. 8, Nos. 3–4, 1999, pp. 349–390.

⑤ [美] 戴尔·H. 申克：《学习理论》（第六版），何一希等译，江苏教育出版社 2012 年版。

跨学科学习与学习环境设计

而是通过个体、环境等一系列有意义设计的实践活动发挥作用的。情境学习理论认为,认知是在真实情境的实践活动中发生的,它使所参与的个体被鲜活地置于丰富而有意义的环境中。情境学习理论的核心在于强调在丰富境脉体验中的有意义参与。①

要发挥情境学习的价值,实现学习者真实学习的发生,关键是要创建一个真实情境的学习环境,这个真实的学习环境要使学习者能在复杂的境脉中通过实践活动获得知识。目前,关于情境化的教学策略有九种,分别是抛锚式教学,基于问题的学习,认知学徒制,基于案例的推理,基于项目的学习,学习共同体,参与式模拟,学业游戏空间和实践共同体。

情境学习理论的核心是要构建真实的境脉和真实的学习活动,以促进学习的真实发生。促进跨学科学习的学习环境设计的目的是促进跨学科学习的发生,而跨学科学习的发生要在真实的境脉中,通过真实的学习活动,学习者在共同体中不断实现高阶思维的发展和促进知识建构,而情境学习理论的核心观点为构建促进跨学科学习的学习环境设计提供了重要的理论支撑。

情境学习理论对本书的启示有以下三个方面。

第一,真实性学习活动为跨学科学习的发生提供了支持。尽管实现跨学科学习发生的学习方式有多种,然而,真实性学习情境和学习活动的构建是开展跨学科学习非常重要的环节,它有助于提高学生的学习兴趣。事实上,目前跨学科学习、项目化学习的学习活动还存在着缺乏实践情境、与真实世界联系不紧密等问题。真实性学习活动包括真实学习任务设计、学习媒体设计、学习资源选择等,真实性学习活动为促进跨学科学习的发生提供了实践的场所和活动的支撑,对于促进跨学科学习的发生具有重要作用。

第二,情境学习理论为促进跨学科学习的发生提供了"场"的认识。学习环境设计的本质是学习"场"的设计。情境学习理论认为,

---

① 何克抗:《对美国〈教育传播与技术研究手册〉(第三版)的学习与思考之三——关于"情境理论"与"九种情境化教学策略"》,《电化教育研究》2013年第9期。

学习的发生是在真实的实践场域中。学习者通过课堂与真实世界相联系，在跨学科学习实践中产生新的知识，进而发展高阶思维技能。促进跨学科学习的发生，一方面，要设计一个具有真实实践的"场域"，这个场域是为学习者在跨学科学习时实现问题解决、沟通、协作、交流的场所，该场所可以是真实世界的，可以是物理世界的，还可以是虚拟世界的。另一方面，要构建学习共同体。学习环境设计不仅要促进有意义的社会获得，还需要探索有效的互动机制。促进跨学科学习的发生，需要进行有效的学习环境设计，在教育技术领域，促进学习发生的有效的学习环境通常包括教学法、社会互动、技术（PST）三个要素，这三个要素之间形成互动，可以有效促进跨学科学习的发生。

第三，情境学习理论为促进跨学科学习的发生提供了支架和资源。促进跨学科学习的发生，在学习环境设计中就需要提供必要的支架来帮助学习者在问题解决过程中完成一些本来不能实现的技能，帮助学习者实现知识建构。因此，要在跨学科学习发生的过程中，需要给学习者提供必要的过程认知支架；同时在跨学科学习发生的过程中要为学习者提供个性化的资源，而要提供个性化的资源，技术在这里就可以发挥作用，如思维导图等认知工具、个人学习空间等网络资源等技术手段能有效促进学习者跨学科学习的发生。最终实现学习者跨学科学习的发生，实现以学习者为中心的学习环境设计。

四 认知负荷理论

认知负荷理论最早由 Sweller 提出，他认为，认知负荷是指人在信息加工过程中所需要的认知资源的总量。[①] 认知负荷理论以资源有限理论和图式理论为基础。由于人的认知资源是有限的，如果在进行跨学科学习过程中所需要的认知资源超过个体本身所具有的认知资源，那么就会产生认知负荷。从资源有限理论来看，如果在促进跨学科学习过程中对资源和工具的使用进行设计，并提供一定的脚手架，那么就可能会降

---

① J. Sweller, F. Paas, "Should Self-regulated Learning be Integrated with Cognitive Load Theory? A Commentary", *Learning & Instruction*, No. 51, 2017, pp. 85–89.

低学习者的认知负荷。同时，认知负荷理论认为，教学的主要功能是在长时记忆中存储信息，利用图式对学习内容进行构建和情境处理，降低学习者的短时记忆负荷。① 从图式理论来看，利用图式理论对跨学科学习过程中所需要的资源进行设计和提供，并以多种形式对不同学科知识进行整合，尝试将丰富的资源以图式的形式加以呈现，降低学习者的认知负荷。

学习者在促进跨学科学习的学习环境设计中可能会遇到不同程度的认知负荷，因为在跨学科学习过程中，学习者需要处理较大的信息量，通过知识整合、探究等一系列过程来解决问题，可能会在一定程度上造成他们的认知负荷过重。根据认知负荷理论，认知负荷包括外在认知负荷、内在认知负荷、关联认知负荷，而要促进跨学科学习的有效发生，应尽量减少外在认知负荷，增加学习者的关联认知负荷，同时还要根据学习者的特征等考虑减少内在认知负荷。在促进跨学科学习的学习环境设计时，学习者的认知负荷非常重要，因为在跨学科学习过程中的学习活动和问题解决直接决定着学习者的认知负荷情况。本书参考认知负荷理论提出的教学设计原则，构建了促进跨学科学习的学习环境设计，并关注认知负荷理论与学习环境设计要素的关系，以有利于促进跨学科学习的有效发生。

综上所述，本书认为促进跨学科学习的学习环境设计是以情境学习理论、建构主义学习理论、活动理论、认知负荷理论为基础，以重构跨学科学习发生的学习环境设计为支撑，以技术作为思维工具，通过学习环境的设计促进学习者跨学科学习的发生，实现高阶思维的发展。简言之，在跨学科学习过程中，学习环境并不能直接促进学习者的高阶思维产生，而必须在特定的情境和文化中，通过开展学习环境设计，提供一系列学习活动和学习策略。学习者运用多学科知识实现真实问题解决，既能深入理解学科知识，又能理解不同学科知识之间的联结。

---

① 姜宛彤、钱松岭、万超：《以问题解决为导向的微课知识地图构建研究》，《中国远程教育》2019年第5期。

第二节 基本关系

一 学习环境设计为跨学科学习提供了基本的"场"

学习环境设计的本质是一种学习的"场域"设计。从社会建构主义视角来理解，学习环境设计具有建构性、自控性、情境性、协同性的特征，"盲目、空洞"的学习活动设计难以刺激学习者的高阶思维发展。学习环境设计为跨学科学习提供了理想的学习场域，不仅包括虚拟境脉场域，还包括现实境脉场域。虚拟境脉场域是指借助信息技术工具来开展跨学科学习的线上交流、协作、讨论、数据处理和网络检索等活动；现实境脉场域是指学习者开展现场观察、具身体验、分享、讨论、协作、汇报、评价等跨学科学习活动。在这两个境脉场中，学习者的高阶思维技能不断得到提升，而高阶思维在教学目标分类中表现为分析、综合、评价和创造，因此在学习环境设计场域中，要更加注重表现高阶思维技能的问题情境设计。此外，学习环境设计中的资源、工具、会话与协作等要素，也使得跨学科学习的问题解决活动得以不同的方式呈现出来。

二 学习环境设计与跨学科学习基本过程的有效契合

学习环境设计的要素包括问题、相关案例、信息资源、认知工具、会话与协作、社会/背景支持六个部分。跨学科学习的基本过程是围绕高阶思维技能的培养和问题解决的过程而展开的，根据布鲁姆的教学目标分类来看，高阶思维技能表现为分析、综合、评价和创造；跨学科学习的问题解决过程是根据问题的情境，运用两个以上学科知识去解决真实情境问题的过程，而要实现跨学科学习过程中的问题解决需要学习环境设计要素的有效支撑。换句话说，跨学科学习是人们对理想学习的追求，而学习环境设计则能成为实现这一理想学习的重要途径。学习环境设计的要素恰恰能够有效支持跨学科学习过程的发展。当然，如果真正通过学习环境设计来促进跨学科学习的发生和发展学生的高阶思维技

跨学科学习与学习环境设计

能，就必须构建有效的学习环境设计模型，并验证其应用效果，更重要的是要置于社会建构主义视野和场域下，即跨学科学习既可以考虑纯理论的问题，还可以考虑解决符合真实情境的问题，以实现学习者跨学科学习的发生。

三 学习环境设计与跨学科学习的目标具有内在一致性

根据第三章对跨学科学习的论述，本书认为，跨学科学习的目标是指向高阶思维技能的发展，而学习环境设计的目标也是为了促进学习者高阶能力的发展。[1] 在促进跨学科学习的学习环境设计中，各种学习环境设计的组成要素通过跨学科学习过程发生作用，共同支持学习者跨学科学习的发生，以发展学习者的高阶思维技能。综上所述，从学习环境设计与跨学科学习的基本关系上说，可以通过学习环境设计来促进跨学科学习的发生，所以本书认为构建促进跨学科学习的学习环境设计模型的研究是合理的，具有一定的现实意义。

第三节 要素分析

基于学习科学视角，本书在建构主义学习理论、认知负荷理论等理论的指导下，一方面，讨论了跨学科学习与学习环境设计的基本关系；另一方面，将从跨学科学习目标导向、跨学科学习发生的过程、促进跨学科学习发生的三维向度、跨学科学习需要的学习环境等维度详细阐述促进跨学科学习的学习环境设计模型构建要素。

一 高阶思维技能作为跨学科学习目标导向的解析

通过前面对跨学科学习内涵与特征的讨论，围绕跨学科学习是发展学生高阶思维技能这一目标，这一节主要解析高阶思维技能作为跨学科学习的目标导向，以此了解跨学科学习发生需要的条件，并回答跨学科

---

[1] 钟志贤：《论学习环境设计》，《电化教育研究》2005年第7期。

学习是如何影响学生的高阶思维技能的。首先，我们讨论了高阶思维技能作为跨学科学习目标导向的逻辑；其次，构建并形成了跨学科学习影响学生高阶思维技能发展机制的假设模型；最后，通过问卷调查，采用结构方程模型等数据方法分析了跨学科学习对学生高阶思维技能的影响机制。因此，本节要探讨促进跨学科学习的学习环境设计模型框架理论及实验研究的基础。

（一）以高阶思维技能发展为目标

随着技术的发展和知识生产方式的变化，为适应21世纪学生需要转变学习方式以应对知识生产方式的变化，特别是在学习和研究的过程中打破学科壁垒，跨学科孕育而生了。在教育领域，学习和创新技能已经被认为是学生将面临的日益复杂的生活和工作环境所必需的技能，比如沟通与合作技能、批判性思维、问题解决能力和创造力倾向等在21世纪被认为是学生应对未来的必要技能。R. S. Nickerson等人从复杂性、范围、复杂领域的可理解、对因果和逻辑的识别等方面区分了低阶和高阶认知技能。[1] 后来，高阶思维被广泛认为是一种思维方式，它超越了对信息的记忆、回忆和理解，强调对知识的分析、评价和创造。尽管高阶思维的定义不甚清晰，但大多数研究人员认为，它涉及复杂的认知活动，比如形成假设，阐述、解释和分析信息；姜玉莲、解月光认为，高阶思维包括创新性思维、决策能力、元认知与反思性评价、问题解决能力、同伴情感支持、自我效能感、批判性思维、自我调节学习八个一阶因素。[2]

在跨学科学习中培养学生的高阶思维技能已经得到广泛认识。例如，基于STEM学习目标的高阶思维评价将其分为四个进阶层级。第一层级是学生能理解运用知识和概念，但跨学科迁移程度不高；第二层级是学生尝试用不同方法进行优化设计，但其跨学科知识、关键证据等不足；第三层级是根据证据或他人想法与建议，在实践过程中进行分析与

---

[1] R. S. Nickerson, M. Lipman, "Thinking in Education", *The American Journal of Psychology*, Vol. 106, No. 4, 1994, p. 620.

[2] 姜玉莲、解月光：《基于ESEM的高阶思维结构测量模型研究》，《现代远程教育研究》2017年第3期。

预测，但由于不能有效整合多学科知识以理解事件的相互影响机制，易出现循环解释或论证；第四层级是能从跨学科视角解释科学、技术问题，进而设计方案开展科学实践。① 于颖等认为，STEM 游戏化学习活动设计的目标是促使学生高阶思维技能的发展。② 李佩宁认为，真正的跨学科整合在设计上要注重学生高阶思维技能的培养。③

一些学者将合作沟通、问题解决、批判性思维、创造力等作为高阶思维技能的指标。其中，合作沟通是一种重要的策略，它是与同伴、教师互动、分享观点和有效表达思想和想法的能力，以实现学习目标或完成学习任务。问题解决是指识别问题，收集和分析相关信息，提出可能的解决方法，并选择最有效的解决方案来处理问题的能力。批判性思维是指学生用反思的方式来判断他们自己的方法和信念的认知策略。创造力是指通过阐述、精练、分析和评估现有的想法或产品来开发创新想法和产品的能力。然而，在基础教育教学实践中，"跨学科性"通常在基于项目化学习、探究式学习、STEAM 学习等方式中存在，当然也与这些学习方式具有一定的内在一致性，强调对学生高阶思维技能的培养。

（二）影响高阶思维技能发展的因素

R. Kay 研究认为，学习者对技术使用的态度可能是影响学习方法和高阶思维的重要因素。④ Z. Dalshad 等人研究认为，学习者的学习结果取决于学习者对技术使用的态度，对跨学科学习的态度不仅包括学习者，还包括教师对跨学科学习的态度。⑤ 而学生处理信息的方式

---

① 首新、黄秀莉、李健、胡卫平：《基于 STEM 学习目标的高阶思维评价》，《现代教育技术》2021 年第 3 期。

② 于颖、陈文文、于兴华：《STEM 游戏化学习活动设计框架》，《开放教育研究》2021 年第 1 期。

③ 李佩宁：《什么是真正的跨学科整合——从几个案例说起》，《人民教育》2017 年第 11 期。

④ R. Kay, "Exploring the Influence of Context on Attitudes toward Web-Based Learning Tools (WBLTs) and Learning Performance", *Interdisciplinary Journal of E-Learning and Learning Objects*, Vol. 7, No. 1, 2011, pp. 125-142.

⑤ Z. Dalshad, A. B. A. Ziden, R. B. C. Aman, et al., "Students' Attitudes towards In-formation Technology and the Relationship with their Academic Achievement", *Contemporary Educational Technology*, Vol. 6, No. 4, October 2015, pp. 338-354.

（深层次学习和浅层次学习）之间的关系在学生学习过程中也起着重要作用。事实上，J. León 等人发现，学习方式与学习动机等重要的学习因素密切相关。[1] Phan 验证了学习方法有助于学生的学业成功、批判性思维技能和其他高阶思维技能的发展。因此，学生的学习方式可能在学生学习因素与高阶思维技能之间具有中介作用。[2] J. Biggs 等人提出了深层次和浅层次取向的学习方式。[3] 浅层次的学习方式是指学习者只学习通过考试和满足最低标准所要求的内容，而深层次学习方式是指学习者积极参与有意义的学习内容处理，深度足够，以实现有意义的学习。深层次学习方式的学习者更喜欢使用批判性分析和反思等学习策略来深入理解学习内容，而浅层次学习方式的学习者更喜欢死记硬背和重复。

换句话说，一个人的学习方法与他使用的学习策略以及高阶思维紧密相关。研究证实，学习者的学习方法与学业成绩和一些高阶思维有关[4]，J. Lee 等人研究认为，在技术增强的学习环境中深层次学习方法正向影响高阶思维技能的发展。[5] 杨南昌等人研究发现，作为学习结果的核心能力如问题解决、批判性思维、团队合作、沟通交流和创造创新能力直接受深层次学习方法的影响。[6] 因此，深层次学习方式和浅层次学习方式在跨学科学习活动中如何调节学习因素与高阶思维技能之间的

---

[1] J. León, J. L. Núñez, J. Liew, "Self-Determination and STEM Education: Effects of Autonomy, Motivation, and Self-Regulated Learning on High School Math Achievement", *Learning and Individual Differences*, Vol. 43, 2015, pp. 156-163.

[2] H. P. Phan, "Exploring Students' Reflective Thinking Practice, Deep Processing Strategies, Effort, and Achievement Goal Orientations", *Educational Psychology*, Vol. 29, No. 3, 2009, pp. 297-313.

[3] John Biggs, et al., "The Revised Two-Factor Study Process Questionnaire: R-SPQ-2F", *British Journal of Educational Psychology*, Vol. 71, No. 1, March 2001, pp. 133-149.

[4] H. P. Phan, "Predicting Change in Epistemological Beliefs, Reflective Thinking and Learning Styles: A Longitudinal Study", *British Journal of Educational Psychology*, Vol. 78, No. 1, 2008, pp. 75-93.

[5] J. Lee, H. Choi, "What Affects Learner's Higher-Order Thinking in Technology-Enhanced Learning Environments? The Effects of Learner Factors", *Computers & Education*, Vol. 115, No. 12, 2017, pp. 143-152.

[6] 杨南昌、罗钰娜：《技术使能的深度学习：一种理想的学习样态及其效能机制》，《电化教育研究》2020 年第 9 期。

关系是个值得研究的问题。教师在不了解学习方式在学习因素与高阶思维技能之间中介作用的情况下，对于引导学生在开展跨学科学习时所采用的学习方式缺乏明确的指导。

那么，教师和学生在实施和开展跨学科学习过程中有很大困难吗？例如，在转换传统的以教师为中心的角色，以及在跨学科学习课堂上通过将学生转变为更积极的角色来推动学生进行问题解决的过程中，教师信心是否存在不足？而学生可能因为不熟悉跨学科学习的任务或者因为结构不良的问题而无法完成跨学科学习。再者，由于驱动性问题有很多种解决方案和路径，学生很难找到合适的解决方案。Belland 等人调查发现，农村学生在理解如何使用基于计算机的脚手架、解释数据和找出问题的解决方案方面遇到了困难。如果没有适当的支持，学生有可能更加依赖教师的脚手架。① 事实上，在复杂和协作的跨学科学习过程中，脚手架在支持学生的不同需求方面起着至关重要的作用。在传统意义上，脚手架可以被视为知识更丰富的人所提供的有意识的认知和社会支持，帮助学生努力完成他们无法独自解决的任务。脚手架的特点有很多，如培养学生的兴趣、分解复杂的任务使其方便管理、建模或支持学生的元认知或认知活动。脚手架还分为硬脚手架和软脚手架。硬脚手架是指预先确定和预先设计的教学材料，软脚手架是指即时和应急的支持。②

对 21 世纪的学生来说，高阶思维技能是一项重要的技能，低阶思维技能需要死记硬背知识，而高阶思维需要对知识的理解和对新情况的应用。当一个人接受新的信息和存储在记忆中的信息，并相互联系或重新排列的、扩展这些信息，以达到一个目的或在令人困惑的情况下找到可能的答案时，就会发生高层次的思考。当前培养学生的高阶思维技能的教学方法较多，如翻转课堂、项目化学习或合作探究学

---

① B. R. Belland, J. Gu, S. Armbrust, et al., "Scaffolding Argumentation about Water Quality: A Mixed-Method Study in a Rural Middle School", *Educational Technology Research & Development*, Vol. 63, No. 3, 2015, pp. 325-353.

② H. Bae, K. Glazewski, T. Brush, et al., "Fostering Transfer of Responsibility in the Middle School PBL Classroom: An Investigation of Soft Scaffoldig", *Instructional Science*, Vol. 49, No. 3, June 2021, pp. 337-363.

习。尽管有很多研究者将跨学科作为一种培养学生协作、解决问题和批判性思维能力的方法，并认为在促进学生学习动机、学习参与、学习投入、课堂互动和高阶思维技能等方面是有效的，但很少研究这些学习因素与跨学科学习过程中高阶思维技能之间的关系。如果教师不能准确理解学习者学习变量与高阶思维技能之间的相互作用情况，那么，课堂中的学习可能是浅层次或无效的，因此，在跨学科学习过程中，教师必须思考如何有效地设计和教授有效的跨学科学习活动。跨学科学习是以学科学习为立足点，运用两个或两个以上学科知识或方法解决问题，使学习者获得更深层次的理解，因此，学生需采用深层次的学习方法。深层次学习方法是学生进行跨学科学习的重要组成部分。当学生采用深层次学习方法时，对任务主题的内在兴趣会促生他们的学习动力，以发展整体和连续的策略来寻求意义和最大化理解。相反，浅层次学习方法强调的是处理任务的方法，例如死记硬背式地学习、记忆和专注于过程和孤立的细节。

综上所述，在跨学科学习中，学习者能否激发深层次的学习方法取决于学习者的跨学科学习感知能力、学习内在动机、学习态度等因素的影响；在跨学科学习过程中，跨学科学习方法可以促使学习者高阶思维技能的发展，从而促进跨学科学习的发生。为了追问跨学科学习过程中高阶思维技能发展的影响机制，本节基于"学习准备—学习过程—学习结果"的逻辑，深描高阶思维技能作为跨学科学习目标导向的解析。

（三）研究设计

1. 研究模型

Biggs 提出的 3P 教学模型表明，学习环境中的前期因素、过程因素和结果对学生在课程学习中的成功有很大的影响。[1] 很显然，3P 模式可看作一种传统的教与学模式，但它让我们理解学习结果的预测因素，并有助于解释复杂的学习过程。跨学科学习的目标是使学生在获得学科知

---

[1] John Biggs, et al., "The Revised Two-Factor Study Process Questionnaire: R-SPQ-2F", *British Journal of Educational Psychology*, Vol. 71, No. 1, March 2001, pp. 133–149.

识基础之上获得更高维度的知识，如高阶思维技能。换句话说，跨学科学习的过程不同于侧重于学科知识获得的学习方式，从这个角度来看，3P 模式被认为适合理解跨学科学习，因此，本节的理论框架以 Biggs 的 3P 教学模型为基础。

Biggs 提出的 3P 模型，是从教与学过程双方来定义教师与学生的互动。其中，学生因素包括学生的性格、先验知识、学习动机，而教学因素则包括评价和学习环境。过程阶段是指学习过程中教与学的方法。3P 模型阐述的学习方法被理解为教学和学习发生的因素，代表了学生、教学环境和结果之间关系的特征。最后，学习结果的阶段包括对已经完成的学习进行定量评估，对学习如何发生进行定性评估，对整个学习过程进行理解，以及与学习经验相关的情感结果。在 3P 模型中，学生因素、学习方法和学习结果的相关作用，形成一个动态系统。也就是说，学习的结果是由许多因素决定的，每个因素都会影响其他因素。以往的研究也证实了在不同的教育环境中学生因素、教学环境、学习方法和学习结果之间的关系。以往的研究发现，当学生具有内在动机、有自信和自我效能感时，他们更喜欢支持学习和理解的教学方法，从而更频繁地采用深度学习的方法。

Biggs 的 3P 模型可以让我们理解学习结果的预测因素，并解释复杂的学习过程。3P 模型的预测阶段指的是学习者在参与之前存在影响学习结果的东西，包括学习者的先验知识、能力、学习方法等。过去，研究者的 3P 模型一直关注学生因素，如性别、年龄、动机等。然而，仅仅关注学生因素或教学环境提供的跨学科学习过程是不完整的解释。因此，本书将跨学科学习感知能力、跨学科学习内在动机、跨学科学习态度作为预设因素，在过程阶段描述的是学习者的学习方式和方法，即浅层次学习方法和深层次学习方法。在结果阶段，跨学科学习的目标是发展学生的高阶思维技能。

根据学习方法分类，我们通常将其分为浅层次跨学科学习和深层次跨学科学习。采用跨学科学习深层次方法的学生的目标是理解和联结，实现知识的再生产和创新，而采用跨学科学习浅层次方法的学生的目标是复制，而不是真正理解它。深层次学习方法是一种积极的过程，反映和整合信息,以理解所教的材料,而浅层次的学习是被动的、死记硬背的。

当然,Biggs 等人的研究也发现,深层次方法是影响学习结果的过程因素。[①] 当学生采用深层次方法时,在高阶层次的认知就较容易发生。深层次学习被认为是积极的,因为学生为了理解而学习,从学习任务本身中获得乐趣,并将获得的知识应用到现实世界中。因此,深层次方法可能会影响学习者的高阶思维技能,因为它思考和解决问题需要更高的维度。如 F. Cano 认为学习方式与学业成就之间具有显著影响[②],M. Lee 等人发现计算思维与深层次学习方法之间的重要关系。[③] 基于此,跨学科学习的目标是发展学生的高阶思维技能,但是跨学科学习是如何影响学生高阶思维技能的也是本书需要明确的。

因此,本书根据 Biggs 的 3P 学习理论模型,结合跨学科学习促进学生高阶思维技能发展的理论逻辑,提出了一个由学习因素、学习方式、高阶思维技能三者组成的研究假设模型(如图 4-2 所示)。学习因素作为自变量存在,包括以下三个关键变量:跨学科学习感知能力、跨学科学习内在动机、跨学科学习态度。高阶思维技能是因变量。中介因素是指跨学科学习的方式,包括跨学科学习深层次方法和跨学科学习浅层次方法。

2. 研究假设

根据前面的文献分析、理论研究,本书提出如下研究假设。

H1. 跨学科学习感知能力正向影响跨学科学习中学习者高阶思维技能发展。

H2. 跨学科学习内在动机正向影响跨学科学习中学习者高阶思维技

[①] J. Biggs, C. Tang, *Teaching for Quality Learning at University*, UK: McGraw-hill Education, 2011.

[②] F. Cano, "Epistemological Beliefs and Approaches to Learning: Their Change through Secondary School and Their Influence on Academic Performance", *Br. J. Educ Psychol.*, Vol. 75, No. 2, 2005, pp. 203-221.

[③] M. Lee, J. Lee, "Enhancing Computational Thinking Skills in Informatics in Secondary Education: The Case of South Korea", *Educational Technology Research and Development*, Vol. 69, No. 5, Auegst 2021, pp. 2869-2893.

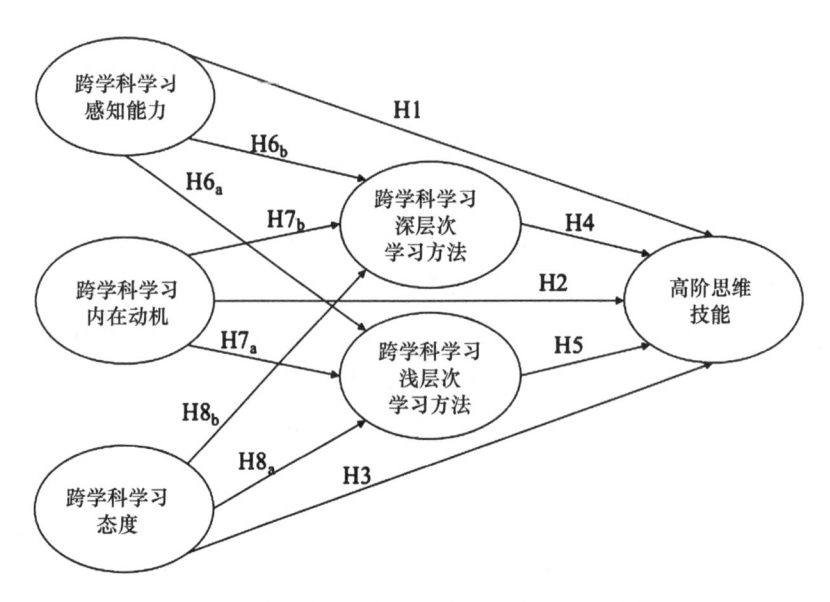

图 4-2　跨学科学习对高阶思维技能发展的影响模型

能发展。

　　H3. 跨学科学习态度正向影响跨学科学习中学习者高阶思维技能发展。

　　H4. 跨学科学习深层次方法正向影响跨学科学习中学习者高阶思维技能发展。

　　H5. 跨学科学习浅层次方法正向影响跨学科学习中学习者高阶思维技能发展。

　　H6$_a$. 跨学科学习感知能力正向影响跨学科学习浅层次方法。

　　H6$_b$. 跨学科学习感知能力正向影响跨学科学习深层次方法。

　　H7$_a$. 跨学科学习内在动机正向影响跨学科学习浅层次方法。

　　H7$_b$. 跨学科学习内在动机正向影响跨学科学习深层次方法。

　　H8$_a$. 跨学科学习态度正向影响跨学科学习浅层次方法。

　　H8$_b$. 跨学科学习态度正向影响跨学科学习深层次方法。

　　3. 研究步骤

　　通过现场随机发放纸质问卷收集研究数据，在对数据进行清洗后，先采用探索性因子分析和验证性因素分析法对问卷工具进行信效度检验，在保证回收数据信效度可靠后，重点探索跨学科学习对高阶思维技能的影响。具体表现为先对研究变量的描述性、相关性和人口学差异情况进行统计分析，随后采用结构方程模型分析跨学科学习对学生高阶思维技能的影响机制。

4. 研究对象

在研究设计上，考虑的是样本的代表性，学生进行跨学科学习的时长可能会存在学生高阶思维技能发展的差异，这些因素可作为分层取样的参考依据。本书采用分层抽样，对参加2021年全国青少年人工智能教育展示中不同类型项目的学生发放纸质问卷。该调查是针对来自全国31个省市区、参加2020—2021学年少年硅谷——全国青少年人工智能教育成果展示大赛的中小学学生。之所以选择这类学生为调查对象，是因为我们将参加STEAM教育、创客教育、机器人教育等项目的学习认为属于广义的"跨学科学习"。少年硅谷——全国青少年人工智能教育成果展示大赛由中国下一代教育基金会主办、江西婺源县人民政府承办，我们选派了3名学生在现场共发放问卷各360份，回收问卷358份；其中有效问卷为323份。问卷有效率为89.7%，基本样本情况如表4-1所示。

表4-1　　　　　　　　　　样本情况

维度	类别	人数（人）	占比（%）
性别	男	259	80.2
	女	64	19.8
就读的学段	小学	233	72.1
	初中	90	27.9
学校所在地区	城区	248	76.8
	县城	57	17.6
	乡村/镇	18	5.6

续表

维度	类别	人数（人）	占比（%）
进行跨学科学习时间	半年以内	123	38.1
	半年—1年	33	10.2
	1年	88	27.2
	2年	39	12.1
	3年	30	9.3
	3年以上	10	3.1

5. 研究工具

本书的测量工具是根据文献改编的"中小学生跨学科学习现状调查"。题目均采用李克特五点量表计分，在跨学科学习感知能力、跨学科学习内在动机、跨学科学习态度、跨学科学习深层次方法、跨学科学习浅层次方法、高阶思维技能等题目选项上，均为"非常符合"到"非常不符合"，分别计为5分到1分。高阶思维技能量表参考了Carini和Klein[1]、Gwo-Jen Hwang等人[2]，J. Lee和H. Choi[3]，姜玉莲[4]、刘徽等人[5]的研究。最后本书将结合21世纪4C技能和布鲁姆的目标分类学，将高阶思维技能量表分为四个部分：创造力倾向、问题解决能力、批判性思维、合作沟通能力。

---

[1] R. M. Carini, K. S. P. Klein, "Student Engagement and Student Learning: Testing the Linkages", *Research in Higher Education*, Vol. 47, No. 1, 2006, pp. 1-32.

[2] G. J. Hwang, C. L. Lai, J. C. Liang, et al., "A Long-term Experiment to Investigate the Relationships between High School Students' Perceptions of Mobile Learning and Peer Interaction and Higher-order Thinking Tendencies", *Educational Technology Research and Development*, Vol. 66, No. 1, 2017, pp. 75-93.

[3] J. Lee, H. Choi, "What Affects Learner's Higher-Order Thinking in Technology-Enhanced Learning Environments? The Effects of Learner Factors", *Computers & Education*, Vol. 115, No. 12, 2017, pp. 143-152.

[4] 姜玉莲：《技术丰富课堂环境下高阶思维发展模型建构研究》，博士学位论文，东北师范大学，2017年。

[5] 刘徽、郑宇徽、张朋、唐波：《STEM学习成效的混合研究——以浙江省H市为例》，《教育发展研究》2020年第10期。

(四) 数据分析结果

1. 问卷信效度分析

为保证问卷具有一定的信度，本书通过 SPSS 对问卷数据进行处理，得到该问卷整体信度为 0.892，各维度信度如表 4-2 所示，介于 0.681—0.911，KMO 取样适切性量数为 0.923，Bratlett 球形检验显著性均小于 0.001，表明该量表具有较好的信度，适合进行因子分析。

表 4-2　　　　　　　　　　　问卷的信度分析

维度	Cronbach's alpha	题项
跨学科学习感知能力	0.681	2
跨学科学习内在动机	0.681	2
跨学科学习态度	0.829	3
跨学科学习深层次方法	0.799	4
跨学科学习浅层次方法	0.903	5
创造力倾向	0.703	3
批判性思维	0.809	4
问题解决能力	0.858	4
合作沟通能力	0.805	4
高阶思维技能	0.911	15
总量表	0.892	31

2. 验证性因素分析

本书采用验证性因素分析对量表的结构效度进行验证，运用 AMOS 24.0 从结构效度、收敛效度和区分效度上进行验证性因子分析。从表 4-3 可知，量表的各拟合指标均达到适配值。

从路径图 4-3 可以看出，量表各潜变量对其测量指标的路径系数都较大，表明量表的各测量指标对其潜在变量具有较高的重要性。以"高阶思维技能问题解决"为例。其标准化回归系数为 0.84，表明潜变量"高阶思维技能"对测量指标问题解决的直接效果值为0.84。六个因子模型的各项指标均在检验标志范围之内,量表达到理想水平。根据模型绝对适配度指数、增值适配度指数、简约适配度指数来看,模型与数据具有较好的契合度,表明量表具有良好的结构效度。综上所述,该量表可以作为正式测量量表。

表4-3　　　　验证性因子分析的模型拟合指数（N=323）

拟合度指标分类	拟合指数		拟合标准	拟合情况
绝对适配度指数	GFI	0.897	> 0.9	适配
	AGFI	0.861	> 0.9	一般
	RMSEA	0.064	< 0.08	适配
增值适配度指数	NFI	0.900	> 0.9	适配
	RFI	0.877	> 0.9	一般
	IFI	0.940	> 0.9	适配
	TLI	0.926	> 0.9	适配
	CFI	0.940	> 0.9	适配
简约适配度指数	PGFI	0.662	> 0.5	适配
	PNFI	0.734	> 0.5	适配
	χ^2/df	2.325	< 3.0	适配

表4-4验证性因子分析结果显示,各潜变量所对应题项的标准因子载荷系数大小位于0.655—0.856,一般界定的临界值为大于0.7,说明各个潜变量对应所属题目具有一定的代表性。另外,平均提取方差值AVE是统计学中检验结构变量内部一致性的计量单位,一般需要大于0.5,各潜变量的AVE最小值为0.509,大于临界值0.5,表示潜变量聚合效度较好;在组合信度方面,感知能力、高阶思维技能、内在动机、态度、深层次方法、浅层次方法的组合信度（CR）分别为0.685、0.847、0.687、0.831、0.806、0.905,一般界定的临界值为0.7,感

知能力与态度潜变量略小于0.7，因此本次问卷所设潜变量的组合信度均较为理想。

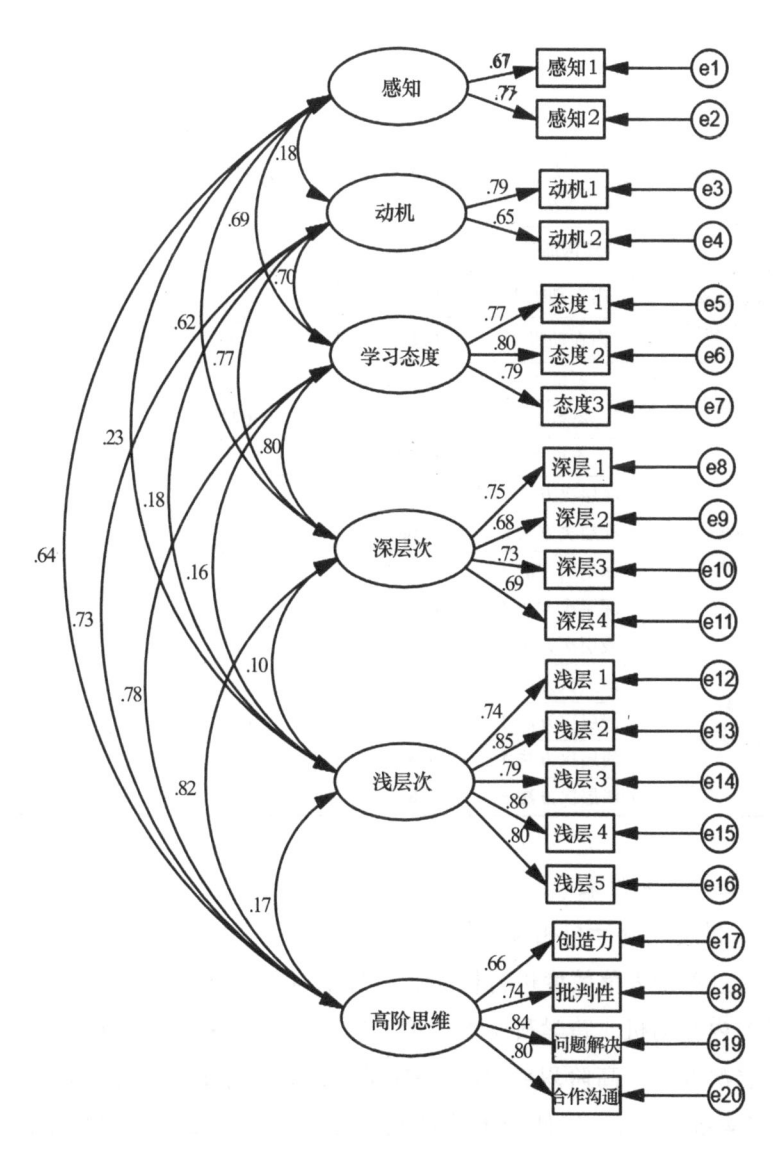

图 4-3 验证性因子分析结果

表 4-4　　　　　　　　　验证性因子分析结果

潜在变量	观测变量	标准因子载荷	平均方差提取值（AVE）	组合信度 CR
跨学科学习感知能力	感知能力1	0.666	0.522	0.685
	感知能力2	0.775		
高阶思维技能	创造力倾向	0.663	0.582	0.847
	批判性思维	0.743		
	问题解决能力	0.839		
	合作沟通技能	0.796		
跨学科学习内在动机	内在动机1	0.788	0.525	0.687
	内在动机2	0.655		
跨学科学习态度	态度1	0.770	0.622	0.831
	态度2	0.804		
	态度3	0.790		
跨学科学习深层次方法	深层次方法1	0.747	0.509	0.806
	深层次方法2	0.680		
	深层次方法3	0.732		
	深层次方法4	0.693		
跨学科学习浅层次方法	浅层次方法1	0.740	0.655	0.905
	浅层次方法2	0.853		
	浅层次方法3	0.788		
	浅层次方法4	0.856		
	浅层次方法5	0.805		

（五）研究结果

1. 描述性统计与相关分析

通过对量表信效度进行检验后，分别对跨学科学习感知能力、跨学科学习内在动机、跨学科学习态度、跨学科学习深层次方法、跨学科学习浅层次方法、高阶思维技能及其子维度进行描述性统计和相关分析（如表4-5所示），以便初步验证其自变量、中介变量、因变量之间的关系。

表 4-5　　　　　　　　　　　相关性分析

变量	跨学科学习感知能力	跨学科学习内在动机	跨学科学习态度	跨学科学习深层次方法	跨学科学习浅层次方法	高阶思维技能
跨学科学习感知能力	1					
跨学科学习内在动机	0.551***	1				
跨学科学习态度	0.522***	0.533***	1			
跨学科学习深层次方法	0.457***	0.560***	0.654***	1		
跨学科学习浅层次方法	-0.173**	-0.109	-0.124*	-0.089	1	
高阶思维技能	0.486***	0.570***	0.649***	0.676***	-0.125*	1
M	4.08	4.00	4.31	4.09	2.40	3.83
SD	0.699	0.76	0.64	0.64	1.14	0.52

说明：*表示 $p<0.05$；**表示 $p<0.01$；***表示 $p<0.001$。下同。

经数据分析发现，以五点得分进行计分，以三位中值进行比较，高阶思维技能的平均得分为 3.83，跨学科学习感知能力、跨学科学习内在动机、跨学科学习态度、跨学科学习深层次方法得分均高于 4 分，处于中等偏上水平。跨学科学习浅层次方法平均得分为 2.40，处于中等偏下水平。此外，通过独立样本 T 检验的结果分析发现，中小学生跨学科学习的高阶思维技能与性别、学段、学校所在地区等控制变量不存在显著差异。通过相关分析发现，跨学科学习感知能力与高阶思维技能呈现显著正相关（$r=0.486$，$p<0.001$），则假设 1 得到验证。跨学科学习内在动机与高阶思维技能呈现显著正相关（$r=0.570$，$p<0.001$），则假设 2 得到验证。跨学科学习态度与高阶思维技能呈现显著正相关（$r=0.649$，$p<0.001$），则假设 3 得到验证。跨学科学习深层次方法与高阶思维技能呈现显著正相关（$r=0.676$，$p<0.001$），跨学科学习浅层次方法与高阶思维技能呈现显著负相关（$r=-0.125$，$p<0.05$）。基于

以上分析结果，初步验证跨学科学习感知能力、跨学科学习学习动机、跨学科学习学习态度、跨学科学习深层次方法与高阶思维技能之间均存在正相关。

2. 结构方程原型模型检验

为精准地呈现跨学科学习感知能力、跨学科学习内在动机、跨学科学习态度、跨学科学习深层次方法、跨学科学习浅层次方法与高阶思维技能的关系，本书根据假设检验建构了如图4-4所示的结构方程模型。

经过 AMOS 26.0 软件运算的结果如表4-6所示，模型绝对适配度指数 GFI 为 0.897，AGFI 为 0.861，RMSEA 为 0.064<0.08，均属于能够接受的模型拟合结果；在增值适配度指数方面，除 RFI 为 0.878 外，NFI、IFI、TLI、CFI 的拟合指数均大于 0.9，较为适配；在简约适配度指数中，PGFI、PNFI 的拟合指数均大于 0.5，模型相对卡方 CMIN/DF = 2.313<3，模型拟合度较高。综合上述指标可知，各项拟合指数整体上呈适配状况，说明研究构建的结构方程模型与原始数据之间具有较好的拟合度，可进行假设检验。

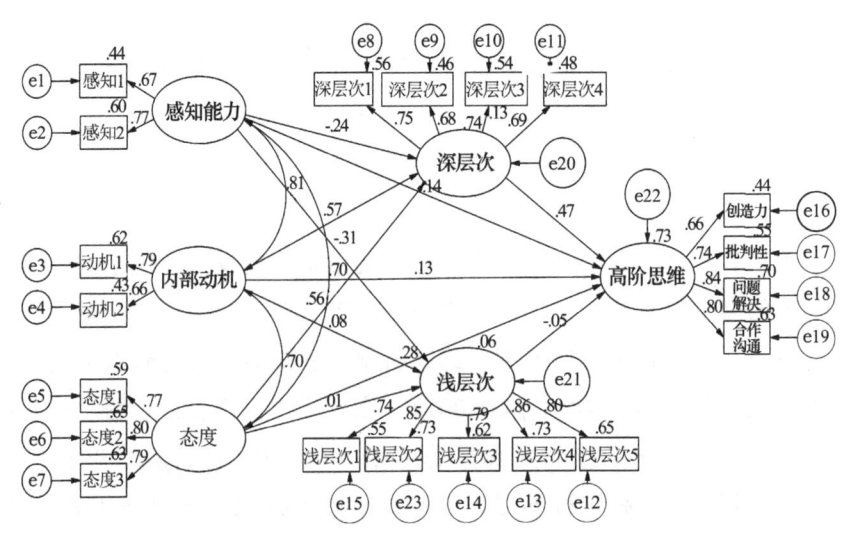

图4-4 跨学科学习对高阶思维技能发展影响的结构方程模型

表 4-6　跨学科学习对高阶思维技能发展影响的结构方程模型结果

拟合度指标分类		拟合指数	拟合标准	拟合情况
绝对适配度指数	GFI	0.897	> 0.9	较适配
	AGFI	0.861	> 0.9	一般
	RMSEA	0.064	< 0.08	适配
增值适配度指数	NFI	0.900	> 0.9	适配
	RFI	0.878	> 0.9	一般
	IFI	0.940	> 0.9	适配
	TLI	0.927	> 0.9	适配
	CFI	0.940	> 0.9	适配
简约适配度指数	PGFI	0.666	> 0.5	适配
	PNFI	0.739	> 0.5	适配
	χ^2/df	2.313	< 3.0	适配

3. 假设验证

经结构方程模型分析，各路径之间的影响关系如表 4-7 所示。

表 4-7　假设路径结果

假设	假设路径	B	β	SE	CR	p	结果
H1	感知能力→高阶思维	0.276	0.203	0.084	2.429	**	成立
H2	内部动机→高阶思维	0.043	0.034	0.112	0.306	0.760	不成立
H3	态度→高阶思维	0.134	0.100	0.125	0.795	0.427	不成立
H4	深层次方法→高阶思维	0.466	0.340	0.101	3.354	***	成立
H5	浅层次方法→高阶思维	-0.046	-0.019	0.018	-1.037	0.300	不成立
H6$_a$	感知能力→浅层次方法	-0.312	-0.599	0.338	-1.775	*	不成立
H6$_b$	感知能力→深层次方法	-0.245	-0.265	0.179	-1.48	0.139	不成立
H7$_a$	内部动机→浅层次方法	0.084	0.151	0.313	0.482	0.630	不成立
H7$_b$	内部动机→深层次方法	0.574	0.583	0.181	3.225	***	成立
H8$_a$	态度→浅层次方法	0.007	0.012	0.202	0.061	0.951	不成立
H8$_b$	态度→深层次方法	0.564	0.569	0.103	5.527	***	成立

说明：B 为回归系数；β 为标准路径系数；*** 表示 $p<0.001$。

经分析，本书所设模型的各路径检验分析结果如表 4-7 所示，根据数据分析结果可知。

（1）学生跨学科学习感知能力对其高阶思维的标准路径系数为

0.203，CR值为2.429，路径系数显著水平$p<0.05$。这表明，学生跨学科学习感知能力对其高阶思维技能有显著的正向影响。因此，H1成立。

（2）学生跨学科学习内部动机对其高阶思维的标准路径系数为0.034，CR值为0.306，路径系数显著水平$p>0.05$。这表明，学生跨学科学习的内部动机对其高阶思维技能没有显著影响。因此，H2不成立。

（3）学生跨学科学习态度对其高阶思维的标准路径系数为0.1，CR值为0.795，路径系数显著水平$p>0.05$。这表明，学生跨学科学习态度对其高阶思维技能不存在显著影响。因此，H3不成立。

（4）学生深层次方法对其高阶思维的标准路径系数为0.34，CR值为3.354，路径系数显著水平$p<0.05$。这表明，学生采用深层次方法对其高阶思维技能的培养存在显著的正向影响。因此，H4成立。

（5）学生浅层次方法对其高阶思维的标准路径系数为-0.019，CR值为-1.037，路径系数显著水平$p>0.05$。这表明，学生采用浅层次方法对其高阶思维技能的培养有负面效应，但并未达到显著影响水平。因此，H5不成立。

（6）学生跨学科学习感知能力对其浅层次方法的标准路径系数为-0.599，CR值为-1.775，路径系数显著水平$p<0.05$。这表明，学生跨学科感知能力对其浅层次方法的应用存在显著的负向影响。因此，$H6_a$不成立。

（7）学生跨学科学习感知能力对其深层次方法的标准路径系数为-0.265，CR值为-1.48，路径系数显著水平$p>0.05$。这表明，学生跨学科学习感知能力对深层次方法的应用不存在显著影响。因此，$H6_b$不成立。

（8）学生跨学科学习内部动机对其浅层次方法的标准路径系数为0.151，CR值为0.482，路径系数显著水平$p>0.05$。这表明，学生跨学科学习内部动机对其浅层次方法的应用不存在显著影响。因此，$H7_a$不成立。

（9）学生跨学科学习内部动机对其深层次方法的标准路径系数为

0.583，CR 值为 3.225，路径系数显著水平 $p<0.05$。这表明，学生跨学科学习内部动机对深层次方法的应用不存在显著影响。因此，H7$_b$ 不成立。

（10）学生跨学科学习的学习态度对其浅层次方法的标准路径系数为 0.012，CR 值为 0.061，路径系数显著水平 $p>0.05$。这表明，学生跨学科学习的学习态度对其浅层次方法的应用不存在显著影响。因此，H8$_a$ 不成立。

（11）学生跨学科学习的学习态度对其深层次方法的标准路径系数为 0.569，CR 值为 5.527，路径系数显著水平 $p<0.05$。这表明，学生跨学科学习的学习态度能够显著正向影响学生深层次方法的应用。因此，H8$_b$ 成立。

因此，在此结构方程模型中有五条路径在统计学上具有显著意义，其中有四条支持原假设。其中，跨学科学习感知能力与深层次方法（$\beta=-0.265$，$p=0.139$）之间的路径存在负向影响，但关系不显著；跨学科学习感知能力与浅层次方法（$\beta=-0.599$，$p=0.038$）之间的路径也存在负向影响，且关系显著，可以得出，学习者跨学科感知力越强，越不会选择浅层次方法；与高阶思维技能发展（$\beta=-0.203$，$p<0.01$）之间的路径存在正向影响，且关系显著。

该模型的所有因素之间的标准化路径系数如图 4-5 所示。

4. 中介效应分析

从上述路径的显著性检验结果中可以发现，学生跨学科学习的学习态度、深层次方法、高阶思维技能两两之间的路径均呈显著正向影响。同样，内部动机、深层次方法、高阶思维技能两两之间的路径均呈现出显著正效应。为此，本书进行了这些变量关系的中介效应检验，数据分析结果如表 4-8 所示。可以看到，深层次方法能够在态度与高阶思维以及内部动机与高阶思维之间期待出现显著的中介效应。如深层次方法在学生跨学科学习态度与学生高阶思维技能培养的过程中起着中介效应，其间接效应占总效应的 44.3%，置信区间 [0.171, 0.308] 不包括 0，因此深层次方法从学生跨学科学习态度到高级思维技能之间存在显著的中介效应。同理，学生内部动机与高阶思维技能之间也是如此，

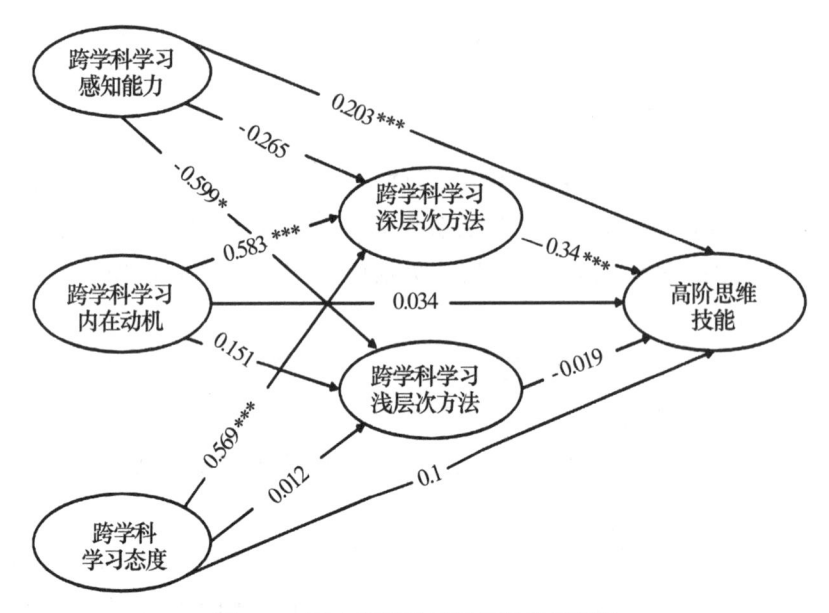

图 4-5 研究模型的路径系数和显著性

说明：＊＊＊表示 $p<0.001$；＊＊表示 $p<0.01$；＊表示 $p<0.05$。

其中，深层次方法的中介效应占比为 51.0%。

表 4-8　　　　　　　　　　中介效应检验

	效应值	标准误	BootLLCI	BootULCI	p	Result
总效应（态度→深层次→高阶）	0.531	0.039	0.455	0.609	0	成立
直接（态度→高阶）	0.296	0.048	0.205	0.392	0	成立
间接（深层次→高阶）	0.235	0.035	0.171	0.308	0	成立
总效应	0.3936	0.032	0.33	0.455	0	成立
直接（深层次→高阶思维）	0.1929	0.037	0.117	0.260	0	成立
间接（内在动机→高阶）	0.2007	0.032	0.145	0.269	0	成立

综上所述，跨学科学习深层次方法可以直接影响学生高阶思维技能的发展。跨学科学习态度和跨学科学习内在动机既可以直接作用于学生高阶思维技能的发展，也可以通过跨学科学习深层次方法的中介作用对学生高阶思维发展产生影响。

(六) 结论与讨论

1. 研究结论

第一，分裂与异化：跨学科学习中学习者的高阶思维技能水平与对STEAM教育的质疑。

研究发现，通过对参加"少年硅谷——全国人工智能教育展示大赛"的中小学生的调研发现，他们通过跨学科的学习方式，其高阶思维技能处于中等偏上水平。也就是说，开展跨学科学习在一定程度上有利于发展学生的高阶思维技能。虽然此类广义上的"跨学科学习"有利于发展学生的高阶思维技能，但关于学生的学科核心素养的落实我们还有待研究，也就是说，落实义务教育阶段课程标准中的跨学科学习要求不应仅仅体现在STEAM教育等形式的学习中，还应该在学科学习中落实跨学科学习，转变学习方式。从这一点来说，实施真正的跨学科学习方式，还要从现实与超越的角度理解跨学科学习方式的价值与变革。既要理解清楚当前基础教育阶段各种所谓的"跨学科学习"，又要认识到跨学科学习对"双减"背景下学生学习方式变革的追求。

第二，跨学科学习深层次方法正向影响学生的高阶思维技能发展。

研究表明，跨学科学习深层次方法对高阶思维技能发展的直接影响最大。过程因素（一种深层次的学习方法）被发现对高阶思维具有显著影响，这一结果表明，在过程阶段应该包括积极的学习过程，使学生使用深层次的学习方法。例如，一些活动是基于项目的，允许学生分享和反思他们的想法，可以导致以学生为中心的学习和提升高阶思维技能。此外，为了更好地理解跨学科学习内容，这个过程阶段还应该包括积极的反思和整合知识、信息，比如寻找意义、联系想法、使用证据、对想法感兴趣等等。也就是说，跨学科学习过程阶段应该包括实践活动，以提高高阶思维技能，并应引导学生设计和实施他们自己的项目。学生在开展跨学科学习时应体验迭代的过程，也就是要有知识整合和信息加工的过程。例如，设计思维是一种认知、策略和实践的过程，包括情境分析、问题发现和框架、想法和解决方案的产生、创造性思维、草图和绘图、建模和原型以及测试和评估。同样，自我效能感水平较高的学生倾向于采用深度学习方法。特别是当学生开展跨学科学习时，需要综合运用多学科的知识,需要更多的先验知识。因此,教师的积极支持、课程设计、促使学生对学术感兴趣,都能采取深层次的学习方法。

第三,跨学科学习态度和跨学科学习内在动机对高阶思维技能发展的间接影响较大。

虽然跨学科学习内在动机和态度对高阶思维技能没有直接的显著影响,但是可以通过跨学科学习深层次方法对高阶思维技能发展产生中介效应。参与此次调查的学生都是已经参加了 STEAM、机器人等课程学习较长时间的学生,他们本身就具有一定的学习动机,对跨学科学习感兴趣。因此,跨学科学习内在动机和态度可能就不那么重要了,因为它本身就是自愿和感兴趣参与跨学科学习的。但是,这一点也说明,在开展跨学科课程学习时,学习者的兴趣和态度对于刚加入的他们很重要,这是一个必要的因素。然而,跨学科学习内在动机和态度对深层次方法具有显著影响,能使学生保持学习兴趣和深度参与。因此,跨学科学习的设计应让教师提供适当的干预,教师在前期阶段要检查学生的先验知识水平、兴趣和自我效能感,使所有学生都保持兴趣,坚持参与跨学科学习。

因此,在跨学科学习过程中应考虑到学习者的内在动机和学习态度,使学生在过程阶段采用深层次的学习方法。换句话说,为了提高学生的内在动机和学习态度,跨学科学习课程设计应该包括成功体验的机会和积极的支持,让学生对跨学科学习主体感兴趣,使他们能够采取深层次的学习方法。例如,跨学科学习问题要与学生真实世界生活相联系,同时还要为学生提供脚手架支持。首先发展学生的高阶思维技能,我们需要提高学生跨学科学习态度和跨学科学习内在动机。从跨学科学习内在动机出发,跨学科学习应以培养学生内在动机与高阶思维技能为目标。研究表明,学生的跨学科学习动机对其高阶思维技能发展具有显著正向影响。内部动机对深层次学习方法具有显著影响。基于以上发现,建议教师在开展跨学科学习过程中,要注意培养学生的跨学科学习兴趣,教师应该鼓励学生根据他们自己的喜好选择不同的跨学科学习主题进行学习,充分发挥学生的自主性,发挥其"长板效应",以更好地激发学生的学习动机,让每个学生在跨学科学习中都能获得成就感。从跨学科学习的态度出发,在跨学科学习过程中培养学生的自我效能感。

经过实证分析,我们对跨学科学习促进学生高阶思维技能的理解越来越清晰。上述分析结果表明:对于学习者来说,跨学科学习对学生高阶思维技能发展的关键还是在于学习者的深层次学习方法。通常,研究者认为,学习方式分为深层次学习方式和浅层次学习方式,实证研究表明,浅层次学习方式对学生的高阶思维技能具有显著负影响。跨学科学习并不是如人们所期待的那样,会有浅层次的学习者。在数字化时代,跨学科学习如何与技术相融合?促进跨学科深层次学习方式使用的关键在于跨学科学习环境设计。

2. 讨论

当前,义务教育阶段课程标准提出所有学科都要开展跨学科学习,跨学科学习促进高阶思维技能的影响机制研究为我们审视如何促进跨学科学习提供了新的视角。

第一,将跨学科学习的关注点从客观的外在教学转向学生的态度和内在动机。

跨学科学习深层次方法是学习者进行跨学科学习产生高阶思维的关键,而正向影响学生的跨学科学习深层次方法包括跨学科学习内在动机和跨学科学习的学习态度。中小学在开展跨学科学习的过程中,需要从学生的学习体验出发,从激发他们跨学科学习内在动机和培养他们对跨学科学习的学习态度作为跨地学科课程设计和跨学科学习环境设计的重要考量。也就是说,关于跨学科学习环境设计还应包括如何激发跨学科学习内在动机、态度、技术支持等。

跨学科学习中学习者问题解决和实现学科知识之间的联系需要更高阶思维技能。研究发现,当学生被迫开展跨学科学习时,他们会变得沮丧,可能会降低他们的动机和自我效能感。换句话说,跨学科学习内在动机可能是影响学习者开展跨学科学习的一个重要因素。

第二,将跨学科学习深层次方法作为跨学科学习环境设计的发展方向。

学习科学认为,学习环境设计的目标指向高阶思维技能的发展,而且实证研究也表明,跨学科学习深层次方法对高阶思维技能发展具有显著正向影响。因此,在跨学科学习过程中,应促进学生学习方式从

4 跨学科学习与学习环境设计

"浅层学习"向"深层学习"转变，更关键的还在于教师的跨学科学习活动设计。Karthikeyan 等人研究发现，大学生在学习计算机科学时最倾向于采用深层次学习方法，即激活先验知识并使用有意义的学习策略。更高层次的学习概念与深层次学习策略有关（例如，以一种新的方式）；而低层次的概念与表层学习方法有关（例如记忆）。[1] 学习方法是学生在特定的学习环境中处理各种任务的方法。学习过程是复杂的，由学生的学习动机和学习策略组成，每一个学习动机和学习策略的组合都定义了一种学习方法。在学习方法方面，深层次学习方法和浅层次学习方法是两个截然不同的类别。在运用深层次学习方法时，学习者有意图理解学习者自身的想法，并与内在动机相关。学习者的目标是将知识转化为有意义的学习。学习者还会积极地将概念与之前的知识和经验联系起来，并寻找基本规则。然而，在使用浅层次学习方法时，学习者的目标是再现学习材料中的信息，学习者使用的主要策略是记忆事实和程序性知识，而不把它们与之前的知识联系起来。在计算机科学领域，学习方法是学习成绩有力的预测因素。J. C. Liang 等人发现，记忆、测试、计算和练习与浅层次学习策略显著正相关，而编程、增加知识、应用和理解、以一种新的方式看待问题与深层次学习策略显著相关。因此，本书认为，信念、态度、学习动机和策略之间的一致性，将被作为一种强有力的干预策略来提高学生高阶思维，因此，有意义的连贯学习经验可以促进学生的信念、态度、动机和策略的发展。这种有意义的连贯学习体验，可能是为促进跨学科学习内在动机和跨学科学习深层次方法而精心设计的学习活动或适当的技术，也包括资源、工具等的设计。也就是说，通过深入参与的跨学科学习过程，重新设计学习环境，以进一步满足学习者跨学科学习的要求。

那么，如何促进学生的高阶思维技能培养？研究者认为，应通过设计和实施教学干预，使学习者参与复杂的认知任务或活动。这些教学干预包括学习材料、学习任务、教学策略和课程设计等。而在学习科学领

---

[1] Karthikeyan, Umapathy, Albert, et al., "College Students' Conceptions of Learning of and Approaches to Learning Computer Science", *Journal of Educational Computing Research*, Vol. 58, No. 3, 2019, pp. 662-686.

域，教学设计的隐喻是学习环境设计，换句话说，这些教学干预的设计是对学习环境的重新设计。在技术赋能教育时代，如何重塑学习环境设计，以培养学生的高阶思维已成为非常重要的研究问题。过去，研究者认为，学习环境设计的指向是高阶思维技能培养。面对教与学方式的变革，如何将数字技术使用融合进学习和教学过程中，以发展学生的高阶思维是当前跨学科学习面临的问题。

第三，构建促进跨学科学习发生的学习环境设计。

根据跨学科学习方式和学习结果，我们认为，跨学科学习方式更加强调深层次学习策略，学习结果以发展学生的高阶思维技能为准。当前基础教育面临着较浅层学习、缺乏对知识背后的知识的理解、缺乏迁移、缺乏高阶思维技能的培养、知识的碎片化等问题。因此，我们认为，在跨学科学习的过程中，通过学习者深层次学习策略培养其高阶思维技能的关键就在于促进跨学科学习发生的学习环境设计。

那么，如何开展好跨学科学习，以促进学生的高阶思维发展？在课程建设方面，要积极探索进行跨学科学习课程设计和跨学科学习项目设计，知识的融通、关联与转化、学科融合、课程综合将引领课程的深度变革，呈现出一种完整的知识图景。[1] 在学习环境设计方面，要积极构建面向高阶思维技能发展的跨学科学习环境设计。跨学科学习强调与现实世界的问题相关，涉及收集各种信息和数据，而这些信息、数据与不同学科知识交织在一起，需要学习者进行整合、意义加工、建构，将外化复杂、内隐的探究任务融入学习者真实情景中，以实现更深层次和更有意义的学习。学习者主动建构与问题解决相关的外部表征可以促进更深层次的学习，改善学习过程、探究学习和问题解决的结果。[2] 因此，深层次学习方式的发生在于学习者能否置身于学习环境中获得真实的学习体验。换句话说，要在跨学科学习中促进学习者的深层次学习的发

---

[1] 郝志军、刘晓荷：《五育并举视域下的学校课程融合：理据、形态与方式》，《课程·教材·教法》2021年第3期。

[2] J. Janssen, G. Erkens, P. A. Kirschner, et al., "Effects of Representational Guidance during Computer-Supported Collaborative Learning", *Instructional Science*, Vol. 38, No. 1, 2010, pp. 59-88.

生，关键是要对学习者的学习环境进行设计，强调在促进跨学科学习的学习环境设计中学习者的积极参与和有意义学习的发生。当然，本节研究的局限主要包括两点：一是本书的样本仅局限于参加2021年全国人工智能展示大赛的学生，这可能限制了研究结果的普遍性；二是未考虑学生的其他因素，如先前的知识、兴趣等。

二 跨学科学习的发生过程

上面我们讨论了跨学科学习的目标导向，接着我们将讨论跨学科学习的发生过程。根据第三章对跨学科学习的定义与特征及发生机制的讨论，我们以学生学习发生的过程为逻辑线，结合教师的教学行为和学生跨学科学习行为，对跨学科学习发生的过程进行阐释，其过程主要包括经验调取、知识整合、概念理解、意义建构、深度反思五个阶段（如图4-6所示）。

跨学科学习阶段	经验调取 → 知识整合 → 概念理解 → 意义建构 → 深度反思
	↑ 激发求知欲　↑ 学科知识与方法运用　↑ 对质协商　↑ 问题解决　↑ 知识创造
教学事件	创设情境理解问题 → 聚焦问题信息加工 → 提供支架适时指导 → 协作探究互动对话 → 评价反思知识迁移

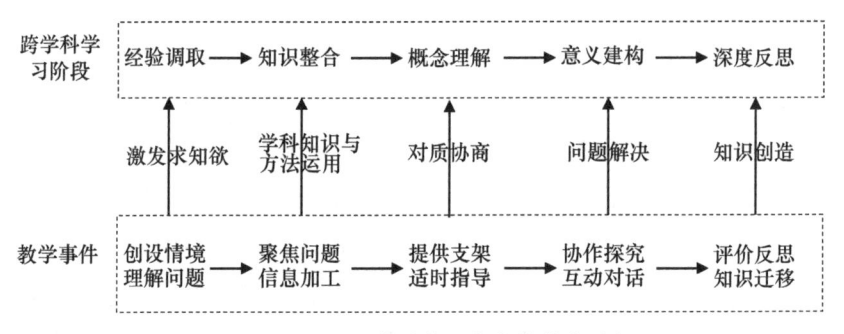

图4-6　促进跨学科学习发生的基本过程

（一）经验调取阶段

经验调取阶段主要是激发学生的求知欲和学习动机，如何激发学生的学习动机在于驱动性问题的设计。一个好的问题情境必须基于学生的先验知识和学习环境等进行考虑，其关键在于创设问题情境，问题情境一定要与真实世界相联系，与学生真实生活世界具有较强的关联性。只有当学生意识到问题是他们感兴趣的，愿意探究的，才会投入问题探究的过程中。

（二）知识整合阶段

Porter 认为，跨学科的核心概念在于"知识整合"[1]。对问题的理解和新知识的运用需通过两个以上学科知识整合，以聚焦跨学科问题。《义务教育阶段课程标准》提出要"以大概念为核心，使课程内容结构化"和"以主题为引领，使课程内容情境化"，这正是在强调课程知识的客观性和社会性的辩证统一。不是所有的知识类型都需要跨学科学习，不同的知识类型和学习任务会产生不一样的学习方式。什么情况下的学习需要使用跨学科学习，什么样的知识适合跨学科学习是个值得深入研究的问题。因此，我们认为基于知识观视角对于学科知识结构的解释力比较弱，学习主题或学习任务群更多地指向话题或议题，更适合做跨学科学习。同样，跨学科学习也适合那些结构化、情境化、活动性较强的学习单元。特别是在基础教育阶段的学科中，对事实性知识和策略性知识要进行概念性理解，以提取大概念。因为以大概念为核心展开知识的整合性教学是培养学生核心素养的重要途径。[2]

学科知识与方法运用是学习者将不同类型的信息和经验放在一起，加以识别和建立关系，并拓展出用以连接它们的框架的过程。学习者不仅需从个人经验的事件中积累知识，还必须整合他们在不同时间、地点、环境中获得的知识，并整合学科知识呈现的不同形式。学习者通常会对他们正在积累的信息生成他们自己的新理解，并通过在学科知识与学科知识之间建立逻辑联系来有效地扩展他们的知识。

（三）概念理解阶段

跨学科学习的知识学习是概念性知识学习。学生在课堂上学习的知识往往是高度抽象化和概括化的，而跨学科学习更加强调真实情境和来源于生活经验，当学生意识到他们自己的先验知识和概念无法适应新的问题情境时，学生在跨学科学习时将会产生一定的概念理解鸿沟。而如何跨越这个概念鸿沟呢？本书认为教师在这个时候所扮演的角色非常重

---

[1] L. R. Porter, "Interdisciplinary Research: Meaning, Metrics and Nurture", *Research Evaluation*, No. 15, 2006, pp. 187-195.

[2] 李松林、贺慧：《整合性：核心素养的知识特性与生成路径》，《教育科学研究》2020年第6期。

要，教师可以为跨学科学习活动的开展提供支架支持，帮助学生搭建与跨学科学习对话的脚手架，引导学生对他们自己的概念进行解构与重塑，最后达到概念理解。

（四）意义建构阶段

在跨学科学习过程中，知识的获取不是由教师向学生单向传递，而是学生在解决具体的问题中获得学科知识和跨学科知识，作为学习活动的主体，他们能根据其自身经验主动地对学科知识和跨学科知识进行意义建构，以满足他们自己解决真实情境问题的需要。这种意义建构的过程不是其他人所能替代的，是在跨学科学习过程中，学习者运用多学科知识解决问题，并且能够将知识与知识之间、知识和新概念之间进行联结。在这个过程中，教师要设计丰富的跨学科学习活动、提供多样的学习工具和资源，促进学生协作探究；积极与学生对话，为学生提供反馈，协助学生理解概念，实现意义建构。

（五）深度反思阶段

在跨学科学习过程中，学习的结果是指向高阶思维发展的。在深度反思阶段，学生不仅要对他们自己跨学科学习过程中的作品进行总结、反思，还需要对同伴的作品进行点评、讨论。

三 促进跨学科学习发生的三维向度

跨学科学习过程不仅是一个知识再生产的过程，而且是一个运用多学科知识实现真实问题解决的过程。从上述讨论可知，高阶思维技能的发展、真实情境问题解决的过程、学习环境设计的要素形成了促进跨学科学习发生的三维向度。高阶思维技能的发展是跨学科学习发生的目标；真实情境问题解决的过程是学习者跨学科学习发生的表征；学习环境设计的要素是跨学科学习发生的基础，三者相互融合形成了跨学科学习发生的"场"。促进跨学科学习发生的第一向度是发展学习者的高阶思维技能，其主要体现是学习者在创造力倾向、批判性思维技能、协作沟通能力、问题解决技能等方面得到发展，而具有真实性的问题和任务是促进学习者高阶思维技能发展的教学设计的核心，它通常以问题的形式来重新组织课程内容。① 促进跨学科学习发生的第二向度是真实情境问题的解决，是指学习者在实现跨学科学习时所开展的一系列学习活动，也是跨学科学习发生的表征，这一系列学习活动主要是围绕跨学科学习发生的过程，如经验调取、知识整合、概念理解、意义建构和深度反思等五个阶段进行设计。促进跨学科学习发生的第三向度是跨学科学习发生的基础，主要是学习环境设计。根据本书第三章关于跨学科学习的论述以及大量的文献研究，并根据研究者对学习环境设计要素的重要观点，借鉴乔纳森和钟志贤等学者对学习环境设计要素的界定，依据跨学科学习发生的机制，本书认为，学习环境设计的要素基本上可以由以下几个方面组成：跨学科学习活动、问题、工具、学习者、跨学科课程设计、学习共同体、支架等。学习者是跨学科学习的主体，他们的主体性决定了跨学科学习发生的质量，也决定了学习者的高阶思维技能是否能够通过有效学习环境设计得以发展。学习者的主体性表现在跨学科学习时他们与学习环境积极互动，形成双向建构的关系，在此过程中，学习者能根据他们自己的学习需求进行不断调整，以促使学习环境更加完善，使学习者真正成为跨学科学习发生的主导者和创造者。问题情境是触发学习者跨学科学习发生的基本引擎，它能成为学习者跨学科学习活动的基本前提，决定着跨学科学习发生的质量和程度。这三个向度的分析和讨论对于构建促进跨学科学习的学习环境设计模型具有重要的价值和意义，不仅能够更加清晰地呈现出学习者跨学科学习发生的表征，而且为问题解决、跨学科学习与高级思维技能发展之间的关系提供了宏观解释。

四 跨学科学习需要的学习环境

根据上文对跨学科学习和学习环境设计的理解，本书所讨论的学习环境设计是基于学习科学视角的，希望突破传统的"教师—学生"二元论，走向学习环境设计中的多元论，更加关注学生的学，以促进学生的核心素养和发展学生的高阶思维技能。如刘徽认为，学习环境设计的

---

① ［美］R. 基思·索耶主编：《剑桥学习科学手册》，徐晓东等译，教育科学出版社2010年版，第21—23页。

跨学科学习与学习环境设计

目的是形成可迁移的素养，也就是要培养学生的高阶思维技能。她提出了真实性学习环境设计的原则：开放性，是指学习环境要根植于现实世界，要条件开放、资源开放、反馈开放；贯通性，既要打通学校环境和真实环境的联系，也要打通心智环境、物理环境、技术环境和人际环境的联系渠道；支持性，学习环境设计的目的是帮助学生成长，支持学生开展有意义的学习。真实性学习环境设计的三个步骤是：目标设计、评价设计、过程设计。学习环境包括四个维度：心智环境、物理环境、技术环境、人际环境。[①]

随着人工智能技术的发展，认知科学、脑科学、计算机科学和教育信息技术等学科都从不同的学科角度或者跨学科角度揭开人是如何学习的神秘面纱。随着技术的发展，教育范式也不断发生着变化，从工业时代的教育范式向当前智能教育范式转型发展，学习科学领域日益受到研究者的关注，学习科学的背后是一场教育范式的转型发展。索耶强调将学习科学引入课堂的重点是要放在课堂学习环境创设上。[②] 有学者认为，学习环境设计应基于社会互动理论和建构主义理论，以信息资源和认知工具为支撑，学习是以学习者为中心，并主动建构学习，促进采取自主学习、协作学习、探究学习等一系列学习方式，教师是意义建构的帮助者和促进者。学习环境设计的评价包括认知层面的分析、人际层面的分析、课堂层面的分析、资源层面的分析和学校层面的分析，希望形成一个更大的共同体，通过学习环境设计实现所期望的教育实践理解。[③]

关于学习环境的设计，我们通常会想到物理空间环境的设计。然而，如果从学习科学视角来看，物理空间环境设计是学习环境设计的一部分，学习科学家讨论的学习环境设计更多的是指从学习者的学习出发，希望给学习者提供进行探究、问题解决、协作、合作的过程，以激

[①] 刘徽：《中小学课堂学习环境的设计研究》，《教育科学研究》2021 年第 10 期。

[②] K. Sawyer, "A Call to Action: The Challenges of Creative Teaching and Learning", *Teachers College Record*, Vol. 117, No. 10, 2015, pp. 1-34.

[③] 虞娅娜、张赫、林倩：《有效教学视野中的学习环境设计——记全国第七届有效教学理论与实践研讨会》，《全球教育展望》2013 年第 5 期。

发学习者的高阶思维，同时为这样一个充满创造、探究、合作的学习环境提供给养。学习科学领域更关注从知识设计、学习活动设计、学习共同体设计、学习评价设计等维度进行学习环境设计。对学习科学领域来说，学习环境设计的目的就是践行新的学习理论，更好地理解学习发生的过程，从而将理论与实践联结起来，进而改进学生的学习。

在学习科学领域，教师的教学实践应该是一种基于设计的过程实践，而不再局限于传统的"技术合理性"的教学实践，换句话说，教师应该从"学习环境"的角度对课堂教学进行总体设计。那么，对于学习科学家来说，学习环境设计的意义在于将学习环境设计看作践行新的学习理论的过程，同时也是检验、提升甚至生成学习理论的过程。由于学习环境设计的复杂性，学习科学家试图用学习环境设计取代"教学设计"的概念，因为在学习环境设计这个生态系统中，需要学习者、资源、工具等提供给养。正如学习科学家所说，学习环境设计是一个复杂的过程，需要不断的迭代、改进，并在真实的课堂环境中实施，其实施的过程思想主要是基于设计的研究，学习环境设计不是一个线性的过程，而是一个非线性的过程，包括设计、实施、反思等过程。学习者的学习过程是自我意义建构的过程，建构需要一定的环境，既包括社会性的，也包括物理空间，还包括学习科学领域的学习环境设计。不仅如此，随着学习科学理论的发展，人们对学习环境设计的认识更加多元，越来越多的研究者将学习环境视为一个多维的概念，是一个综合的环境，特别是由于信息技术的发展，技术环境成为学习环境设计的重要因素。然而，从建构主义视角来看，学习是一个互动、协商的过程，因此，人际环境也越来越重要。结合上文对学习环境设计的概念、要素等的分析，结合跨学科学习的内涵、特征、发生的条件，本书认为，促进跨学科学习发生的学习环境包括物理环境、心智环境、课程环境、社会关系环境、技术环境五个维度，这五个维度是相互融合的关系（图4-7）。

结构的最内层为目标层，即促进跨学科学习发生的层面。在促进跨学科学习的学习环境设计中，其整体目标是促进跨学科学习的发生，跨学科学习发生的目标导向是高阶思维技能的发展。学习环境设计的各个要素服务于跨学科学习发生的过程，所以，如果一个学习环境的导向是

跨学科学习与学习环境设计

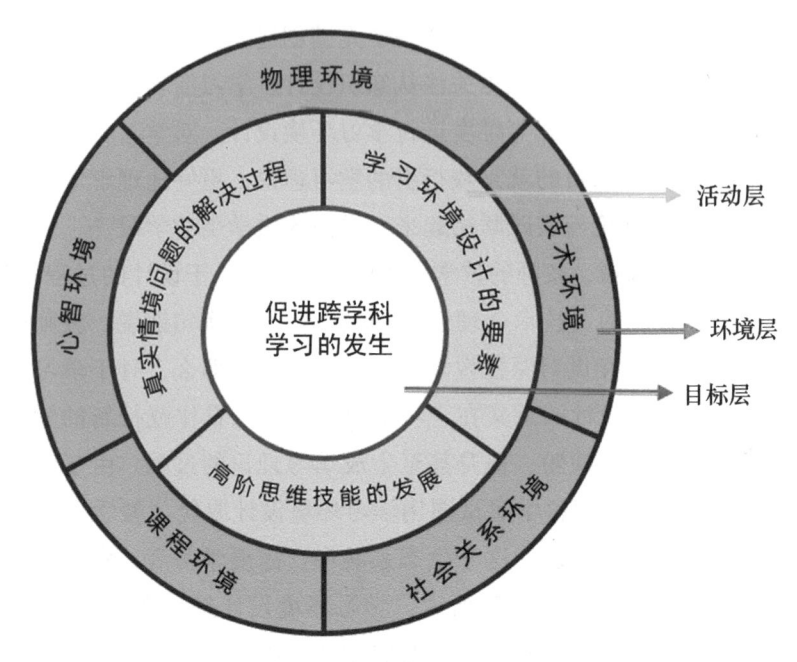

图 4-7 促进跨学科学习的学习环境

促进跨学科学习的发生，那么，在该环境中的学习活动、学习环境设计要素都要指向并支持跨学科学习的发生。

活动层是促进跨学科学习发生的三维向度。

环境层包括五个维度：（1）物理环境，指的是教室、多功能教室、户外、博物馆等场所，它为跨学科学习提供基本的物理场所。（2）心智环境，指的是面向真实学习环境中跨学科学习发生的过程，其核心是促进跨学科学习的发生，它连接学习环境和真实世界。然而，如何在促进跨学科学习发生的过程中设计心智环境？人们将目光逐渐聚焦到当前课程与教学领域的重点"大概念"上。何谓大概念？刘徽认为，大概念是学科的重要概念，打通学科内和学科间的学习，连接学科内的概念，达成学科内知识的融会贯通，同时还要打通学校教育与现实世界的路径[①]，以大概念来统领学习环境中的心智环境有利于促进学生对知识

---

① 刘徽：《"大概念"视角下的单元整体教学构型——兼论素养导向的课堂变革》，《教育研究》2020 年第 6 期。

第四章 促进跨学科学习的学习环境设计模型构建

的深层次理解。(3) 课程环境，是指开展跨学科学习的内容资源，包括选择什么样的知识进行跨学科学习，如设计大概念；选择什么样的课程内容进行设计，如何与真实世界相联系等。(4) 社会关系环境，是指学习者、教师、技术等之间形成学习共同体，开展协商、共建、共享、讨论，以促进学习的深层次发生。(5) 技术环境，是指借助信息技术等工具来给养学习环境。

第四节 模型构建

在当前分科学习的情况下，学生还是比较习惯分学科中的知识学习；而跨学科学习是需要调用两门及以上学科知识能力去解决真实世界的问题，它指向与学科本质有关的核心概念，对知识的定位要求更加上位，需要整合不同学科的知识进行深度理解和综合运用。跨学科学习发生的目的是要触发学习者高阶思维技能的发展和发展学生的核心素养。然而，问题解决和创造性等非认知技能不可能仅仅靠传统的讲授教学就能习得，因此，要转变以教为中心的教学方式，实现以学为中心的教学方式，关键在于学习环境设计。而且学习环境设计的目的也是促进学生高阶思维技能的形成，以实现有意义的学习。换句话说，跨学科学习发生和学习环境设计的目的之间具有内在的一致性，都是为了发展学生的高阶思维技能。因此可以说，跨学科学习发生的重要载体之一是学习环境设计。

学习环境设计的使命以学习科学的成果为基础，创造性地利用先进的信息技术，将学习的认知机制和社会境脉动力学整合为有效的学习方式，支持创新型课程与教学活动的实施。[①] 本书构建的促进跨学科学习环境设计"IDLLE"模型，以学习环境设计模型要素为核心，促进跨学科学习的发生，培养学生的高阶思维技能；所构建的模型厘清了跨学科

---

① 中国大百科全书：《学习与教学设计》，2021年6月18日，https://www.zgbk.com/ecph/words? SiteID=1&ID=211840&Type=bkzyb&SubID=104085。

跨学科学习与学习环境设计

学习与学习环境设计要素的耦合关系,为跨学科学习实践提供了新思路。跨学科学习活动序列设计有助于学生在跨学科学习与学习环境之间建立关联,促进学生高阶思维技能的迭代升华。

一 促进跨学科学习的学习环境设计模型构建基本原则

如何实现知识的整合是跨学科学习的核心,知识整合和信息加工是将原本存在于各学科中、相对零散的学科知识进行联结、重组和整合;强调学习者超越单一学科,整合不同学科的知识或方法,并将整合的新知识用来解决跨学科学习的问题,并形成问题解决方案。因此,要围绕跨学科学习的核心来设计学习环境。刘徽认为,学习环境设计的目的是要形成可迁移的素养,换句话说,就是要培养学生的高阶思维技能。她提出了真实性学习环境设计的原则:(1)开放性,开放性是指学习环境要根植于现实世界,要条件开放、资源开放、反馈开放;(2)贯通性,指既要打通学校环境和真实环境的联系,也要打通心智环境、物理环境、技术环境和人际环境的联系;(3)支持性,指学习环境设计的目的是帮助学生成长,支持学生开展有意义的学习。真实性学习环境设计的三个步骤是:目标设计、评价设计、过程设计。学习环境包括四个维度:心智环境、物理环境、技术环境、人际环境。[1] 这些为本书构建促进跨学科学习的学习环境设计提供了参考。

创建学习环境设计为跨学科学习提供支持,学习环境设计是学习科学研究领域重要的部分,在跨学科学习中,其设计决定了学生学习的内容、方式及效果。首先,要实现为跨学科学习而教,学习环境设计创设需注意以知识为中心、以共同体为中心、以评价为中心、以学习者为中心的四者融合。其次,学习活动设计是进行跨学科学习的源泉,根据学习科学研究,任务、情境、问题是学习活动设计不可或缺的要素。在进行跨学科学习的学习环境设计时,教师需要将任务、情境、问题整合于跨学科学习活动中。跨学科学习活动还要考虑真实性、迁移性、整合性等。最后,要形成一个良好的学习共同体。创建学习共同体不仅能够支

---

[1] 刘徽:《中小学课堂学习环境的设计研究》,《教育科学研究》2021年第10期。

持学生的跨学科学习，增进不同学科教师、同学、家长等的参与，而且能提高人际关系。同时，还要培养学生的元认知能力，要积极调动学习者的先验知识，加强不同学科知识的联系，学习者通过元认知能力对跨学科学习过程进行监控和调节，形成对知识的深度理解。教师角色改变为学生跨学科学习的促进者。自我调节是指通过元认知、策略化的行动和学习动机来组织的学习。① 形成有效的学习环境设计的四个原则是：围绕有意义问题的解决过程组织教学；教学要为达成有意义的学习提供脚手架；教学要为实践提供反馈、修正和反思的机会；教学的社会性安排可以促进协作、分散式专长及独立学习。②

基于上述讨论，本书提出跨学科学习环境设计模型的基本原则，主要包括：第一，以问题解决为导向。以问题解决为导向的跨学科学习的最大特点就是跨学科学习发生的过程要以问题或项目为依据。因此，在开展跨学科学习之前首先需要设计好问题，然后根据问题解决的步骤进行学习环境设计和支持，同时，跨学科学习环境设计的要素也应为问题解决的过程服务。第二，知识的结构性和关联性。根据知识视角认为的知识的联结与整合是跨学科学习发生的过程，基于此，跨学科学习环境设计要基于知识的结构性和关联性。联通主义学习理论认为，学习的发生是在关系和节点上的重建，正如前文所述，跨学科学习发生的关键是要有多学科知识的联结。因此，在跨学科学习过程中注重知识的结构性和关联性非常重要，特别是在问题的选择和设计上要注重以大概念统领不同学科知识。第三，简洁性与支持性。认知负荷理论认为，在学习过程中学习内容呈现要强调图式，不宜一次性地呈现过多复杂的问题、资源与工具等，否则容易导致学生的内在和外在认知负荷增加，影响学习心流体验和学习效果。所以，学习环境设计要素并不是越多越好，而应该与解决跨学科学习问题所需要的要素紧密结合，在学习任务设计的时候要注重从低阶向高阶的转变，也可以是自上而下，将高阶任务分解为低阶

---

① 徐晓青、赵蔚、刘红霞、姜强：《自我调节学习中学习分析的应用框架和融合路径研究》，《电化教育研究》2021年第6期。
② [德]诺伯特·M.西尔、[荷]山尼·戴克斯特拉主编：《教学设计中课程、规划和进程的国际观》，任友群等译，教育科学出版社2009年版，第36—47页。

任务，尽量保持学习环境设计的简洁性与支持性。第四，情境性与真实性。跨学科学习过程中的任务或问题可以是单个，也可以是问题序列或活动序列。从跨学科学习的特征来看，情境性与真实性是跨学科学习发生的客观条件，希望以此激活学生与真实世界的联系，激发学生跨学科学习的动机。第五，以高阶思维技能培养为目标。本书第四章第三节已经详细阐述了高阶思维技能是跨学科学习的目标导向，促进跨学科学习发生的结果就是要发展学生的高阶思维技能，而在跨学科学习过程中要发展学生的高阶思维技能又与学习者的心理认知和学习活动有较大关系，且是一个复杂的过程。因此，在构建促进跨学科学习的学习环境设计时首先要提供有利于跨学科学习发生的条件，然后根据跨学科学习发生的过程提供信息加工和认知策略，如降低内在和外在认知负荷，提升心流体验等。

二　促进跨学科学习发生的学习环境设计要素特征与策略

跨学科学习的发生作为学习环境的导向将会赋予其与传统学习环境不同的特征，而这些跨学科学习所需要的学习环境特征也将与其他传统学习环境不同，所以对促进跨学科学习的学习环境要素进行研究很有必要，而且跨学科学习的特征是识别学习环境设计要素的重要标识。

本书第四章第三节分析了跨学科学习过程中高阶思维技能的作用机制，通过结构方程模型发现，在跨学科学习过程中，跨学科学习深层次方法直接影响学习者高阶思维技能的发展，学习态度和动机并不会对高阶思维技能产生直接作用，但它可以通过跨学科学习方法对高阶思维技能产生间接影响。由此可知，影响跨学科学习的内部因素比较复杂，但是学习动机、学习态度、学习策略都被充分证明是关键的因素。因此，本书一方面基于跨学科学习和深度学习理论，设计高阶性和整合性等跨学科学习活动。

本书根据第三章跨学科学习的论述、文献研究，并根据学习科学领域研究者关于学习环境设计要素的重要观点，主要借鉴乔纳森和钟志贤等学者对学习环境设计要素的界定，依据跨学科学习发生的机制，初步将促进跨学科学习发生的学习环境设计要素界定为：跨学科学习活动、驱动性问题、资源、评价、学习共同体、支架、工具等，并提出了相关策略（如表 4-9 所示）。

表 4-9　　　　　　　　　学习环境设计要素特征与策略

学习环境设计要素	特征	策略
跨学科学习活动	活动目标——高阶思维技能发展	在跨学科学习活动目标设计的时候更加关注分析、综合、评价的要求
	活动任务——跨学科学习	尽可能设置跨学科性的活动、具有一定高阶、挑战的任务
	活动类别——事实性知识的问题、概念性知识的问题、程序性知识的问题、元认知知识的问题	可以根据问题类别设计问题序列，引发学生高阶思维的发展 问题具有高阶性、整合性
	活动评价——跨学科学习过程中学习者的认知变化	多元评价，更加关注跨学科学习过程中学习者心理机能的变化
驱动性问题	真实性、情境性、可迁移性	问题的设计要与真实生活情境相关、鼓励学生进行不同学科知识与方法的类比与整合
资源	丰富性、自主性、多元性	为学生提供的资源包括线上线下的网络资源、解决问题需要的不同媒体资源或具象化的资源
评价	过程性评价、结果性评价	关注学习者的跨学科学习过程的心理机能变化，关注学生问题解决的完成情况及达到的目标，也可以采用基于 SOLO 的分类评价理论进行编码
学习共同体	协作、沟通、共享	根据跨学科学习活动和学生特征进行分组，包括线下讨论与线上 QQ 群讨论等
支架	引导、支持	引导学生进行深层次的跨学科学习过程、对学生问题解决的过程提供及时指导和鼓励
工具	易用性、可用性	如思维导图、白纸、计算机等

三　促进跨学科学习的学习环境设计模型

通过对促进跨学科学习的学习环境设计理论的分析，明确了跨学科

跨学科学习与学习环境设计

学习与学习环境设计的基本关系、跨学科学习的目标导向、跨学科学习过程及需要的学习环境，它们之间存在着一定的互补关系和耦合性。（1）促进跨学科学习的学习环境设计模型的目标是关于回答"是什么"的问题，即该模型的目标是促进学生高阶思维技能的发展。（2）跨学科学习发生的过程描述的是关于"为什么"的问题，即关注在跨学科学习过程中什么心理认知因素会影响学习者的高阶思维技能。（3）学习环境维度和学习环境设计要素描述的则是关于"怎么做"的问题，即关注这些要素如何在跨学科学习过程中进行设计。

"促进跨学科学习的学习环境设计模型"是一个复杂的系统过程，结合跨学科学习发生的过程、学习环境设计等多个系统，从系统论角度来看，促进跨学科学习的学习环境设计模型构建包含诸多因素，这些因素之间相互作用并且形成了一个初步的促进跨学科学习的学习环境设计模型。基于前面的内容和分析讨论，"促进跨学科学习的学习环境设计初步模型"（IDLLE）被提出用以表征如何通过学习环境设计来促进跨学科学习的发生（如图4-8所示）。

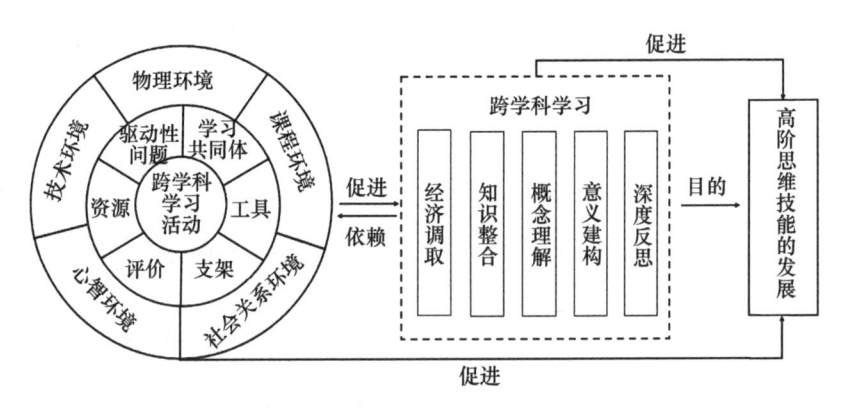

图4-8 促进跨学科学习的学习环境设计初步模型

这一模型说明：学习环境设计的目的是促进学习者跨学科学习的有效发生，跨学科学习的目的是促进学习者高阶思维技能的发展；跨学科学习的发生依赖于有效的学习环境设计；学习环境设计是以跨学科学习活动为中心设计学习活动序列，包括学习共同体、支架、工具、评价、资源、驱动性问题等；结合心智环境、技术环境、社会关系环境、物理环境、课程环境五个维度，统整相关要素。

四　促进跨学科学习的学习环境设计模型的系统结构

如前文所述，跨学科学习是以学科学习为立足点，面向具体问题，运用两个或两个以上学科知识或学科方法展开学习的一种方式；其目的是深化和拓展学习者对学科知识与学科方法的理解，以更好地发展学习者的高阶思维技能。所谓高阶思维技能是指发生在较高认知水平层次上的心智活动或较高层次上的认知能力，我们认为，它包括学习者的问题解决能力、创新倾向、批判性思维和协作沟通能力。学习者进行跨学科学习需要提供学习给养，让跨学科学习更加顺利地发生，那么就涉及学习者跨学科学习过程中的心流体验和认知负荷问题，因此，就需要有效的学习环境设计支持，即为学习者提供驱动性问题、任务、资源、工具和支架等的支持，有利于跨学科问题的解决，实现学习者的深度学习。

（一）学习环境维度

从程序上看，学习环境包括物理环境、技术环境、社会关系环境、心智环境和课程环境。其中主线是心智环境设计，而其他的环境设计主要表现在跨学科学习发生的过程中。

第一，心智环境的设计。心智环境设计过程主要是对学生跨学科学习发生过程的设计。跨学科学习主要是基于真实情境中的问题，学习者通过开展一系列学习活动，如知识整合、问题解决等，实现心智环境设计的"准备—建构—应用"三个环节。在准备阶段，也是跨学科学习的起始阶段，这一阶段主要为学生提供视频资源等支架，设计问题情境，介绍跨学科学习目标和要求，激发学生的学习兴趣，调取学习者的先验知识。建构环节需要学习者根据问题整合不同学科知识，建立起大概念的观念，开展一系列跨学科学习活动。应用阶段主要包括对知识的迁移，是一个从"抽象"到"具体"的演绎思维过程。第二，物理环境。物理环境主要考虑突破传统的教室空间环境，实现学习空间的转变，包括创客教室、多功能教室等的转变。第三，技术环境。技术环境主要是指在信息化环境下，结合促进跨学科学习的学习环境设计要求，根据跨学科学习内容来选择多种技术，如当前的 VR 技术、可视化工具、白板等。第四，社会关系环境。主要根据跨学科学习的内容来进行分组，包括同质分组、异质分组、在线协作等。第五，课程环境。课程环境主要是指选择合适的学科知识进行跨学科学习。

（二）学习环境设计要素

下面将围绕跨学科学习发生机制，详细阐述学习环境设计的要素，根据图 4-9 所示的促进跨学科学习的学习环境设计框架，促进跨学科学习的学习环境设计要素主要由跨学科学习活动、驱动性问题、资源、工具、学习共同体、支架、评价七部分构成，各要素的设计必须能为开展跨学科学习提供有效的支持。学习者是学习环境设计的核心，因为一切的设计都是为了发展学习者的高阶思维技能和促进跨学科学习的发生。在跨学科学习之前，首先要对学习者的先验背景有一个基本的了解。例如，学习者的性别、年龄、先验知识背景等。

1. 跨学科学习活动

跨学科学习活动设计的目标要围绕跨学科知识、真实问题解决、高阶思维三个维度展开。跨学科知识是指要有两个或两个以上学科知识的融合，并强调学科间知识的整合，同时也包括学科知识的延伸；真实问题解决是学习者通过两个或两个以上学科知识对驱动性问题开展的一系列问题解决过程。根据布鲁姆目标分类学，高阶思维的发生是在较高水平层次上，包括问题解决、批判性思维、创新创造等。根据皮亚杰发生论，跨学科学习的三个目标具有一定的内在联系性，学生通过跨学科知识来解决真实世界的问题，与真实世界建立意义关联，激活和建构不同学科知识之间的关系。为了科学有效地设计跨学科学习活动，本书根据 UbD 理论进行教学设计。UbD 是由格兰特·威金斯和杰伊·麦克泰格开发的一个教学设计框架[1]，它包括三个部分：明确预期结果、确定合

---

[1] [美] 格兰特·威金斯、杰伊·麦克泰格：《追求理解的教学设计》（第二版），闫寒冰等译，华东师范大学出版社 2017 年版，第 8—20 页。

适的评估证据、设计学习活动和指导。其关键在于设计学习活动和指导包括系列学习任务设计和学习活动序列设计。

在跨学科学习环境设计中，学习活动设计应该是多样化的。参与式、探究式、具身学习、大概念学习等目前关于跨学科学习的活动主要包括 5EX 学习活动模型。① 跨学科学习活动设计在于要求运用不同学科知识与方法进行问题解决。它不是简单地将学科知识拼凑在一起，而是需要理解学科知识的整合和加工过程，更要理解跨学科学习活动中所涉及的不同学科知识，并要实现知识的迁移。而理解性学习的发生是需要将知识和学习置于多元情境中的，这样有助于使学习者对概念进行深度理解和迁移加工。②

在根据跨学科学习任务设计跨学科学习活动时，不仅要考虑学习者特征、具体的跨学科学习任务、教学媒体等相关因素，还要考虑跨学科学习活动是否涉及多个学科的知识，是否能帮助学习者建立社会联系和认知联系之间的关系。学习者在跨学科学习活动过程中的社会联系可以通过协作、探究、讨论等方式进行，有利于培养学习者的社会情感能力，如沟通、表达等社交能力。认知联系是指学习者在跨学科学习活动过程中学科知识之间的联系，将不同学科知识置于真实的学习情境中，使学习者的认知图式更加完整，帮助学习者将不同学科知识进行整合，建立与真实世界的联系。

活动理论包括主体、客体、共同体、规则、工具、分工六要素。跨学科学习活动设计包括以下几个方面：其一，跨学科学习活动主体。根据活动理论的定义，主体是指发起活动的个体或组织，包括教师、学生和学生小组。其二，跨学科学习活动的客体。活动理论认为，客体实际上是需要加工的材料、信息等，最终要产生物质形态或精神形态的产出，跨学科学习活动目标是跨学科学习活动客体，其活动目标指向的是学生高阶思维技能的发展。其三，工具。工具作为跨学科学习活动发生

---

① 李克东、李颖：《STEM 教育跨学科学习活动 5EX 设计模型》，《电化教育研究》2019 年第 4 期

② ［美］格兰特·威金斯、杰伊·麦克泰格：《追求理解的教学设计》（第二版），闫寒冰等译，华东师范大学出版社 2017 年版，第 35—40 页。

的媒介,在跨学科学习活动中表现为学习材料,也包括各种资源与环境,如思维导图、在线学习平台等。其四,规则。规则是对跨学科学习活动过程的管理,涉及教师、学生、学生小组对任务计划完成的时间、活动的环节、活动的纪律、学生关系等。其五,分工。分工是指跨学科学习活动中教师和学生的角色。学生应成为跨学科学习活动的主动参与者,教师为设计者、参与者、指导者。

2. 学习共同体

学习共同体是一种关于学习和学习者的社会性安排,它提供给学习者围绕共同的知识建构目标而进行社会交互的机会,以获得为载体的社会交互中蕴涵着多种层次的参与:边缘和核心的,在场的和虚拟的。[1] 促进跨学科学习的学习环境提倡学生使用自主探究、协作的形式进行跨学科学习,主张通过创设促进协作的跨学科学习活动和任务来支持学习者进行跨学科学习。建立学习共同体将有助于增强学习者之间的协作、交流、讨论,个体和共同体在这个过程中可以共同促进知识的创造和产生。在学习共同体中,教师与学生都是知识的建构者。

3. 资源

学习资源是指跨学科学习过程中需要的资源。根据不同的跨学科学习活动来提供。

4. 工具

根据促进跨学科学习的不同学习环境设计需求,提供不同的工具和脚手架支持。工具包括概念图等。脚手架可能是基于专家教师向学生提出的模型问题来提供帮助,以促进探究、反思和引出学生思维的表达;也可能是通过技术的组合来达成,促进生产性反思,并提供知识整合。[2]

5. 驱动性问题

首先,跨学科学习中的驱动性问题选择,应以学科课程中知识、技

---

[1] 赵健:《学习共同体》,博士学位论文,华东师范大学,2005年。

[2] C. Dasgupta, A. J. Magana, C. Vieira, "Investigating the Affordances of a CAD Enabled Learning Environment for Promoting Integrated STEM Learning", *Computers & Education*, Vol. 129, No. 2, 2019, pp. 122-142.

能为基础；问题应当是跨学科、跨知识领域的重点内容，是真实的、现实的、有价值的，是来源于真实情境中的，是有挑战性的。其次，问题的设计要能激发学生的高阶思维，问题的设计应被置于真实情境中，能让学生获得知识，并能够有效地迁移和转化，符合学生的认知特点，激发他们学习和探究的兴趣。最后，问题的设计要能够连接起学生既有的知识和学习经验，还要有一定的挑战性，有效激发学生的好奇心和探究兴趣，引领学生深层次的跨学科学习。

6. 支架

支架是指在学习环境中为支持和帮助学习者完成任务而提供的支持的总称。提供支架主要是为学习环境给养提供支持。在促进跨学科学习的学习环境设计中，教师的重要角色是为学习者提供支架支持，包括元认知支持、过程支持、策略支持等，重要的是为学生理解学科知识的联结支架支持，以帮助学习者更好地理解问题，理解学科知识之间的联系，以更好地理解知识背后的意义。

7. 评价

评价是对跨学科学习发生过程的一种反馈。根据跨学科学习的目标，它是指向学生高阶思维技能的，因此，评价要超越传统的评价方式，应采取多种评价方式结合，包括小组评价、个体评价等，应围绕跨学科学习发生的目标运用过程评价、结果评价等方式，关注学习者学科知识的运用，特别是要关注知识向新情境迁移的运用。

(三) 跨学科学习课程设计

跨学科学习发生"场"的载体是跨学科学习课程设计。在技术赋能教育的时代，如果课程和学习无法从根本上改变过去工业时代的教学模式，还是运用工具性思维传播的教学范式，那么各种各样的课程形态是无法促进真实学习发生的，应转向关系性思维的社会—文化范式。[1]也有学习者认为，我们当前改革的重点是教学法的变革，于是项目化学习、STEM 学习等各种学习方式呼之欲出，但这些学习方式能触发学生

---

[1] 吴刚：《作为风险时代学习路标的教育技术：困境与突破》，《开放教育研究》2020年第3期。

学习的真实发生吗？如果跨学科学习中的驱动性问题还是与真实世界相脱离，教学还是以知识传授为主，学习的结果还是以分数为结果导向，那么，我们也许会继续陷入学习方式改革的泥潭中。因此，课程改革和学习方式形态的变革固然重要，而更重要的是要理解课程内在的知识结构与学习组织方式的本质变化和联系，重新思考什么样的课程设计、什么样的学习方式、如何设计与组织学习方式等问题。

在技术变革教育的今天，从工业时代转向智能教育时代，教育生态及发生的场域都在发生变化。如果今天的学校教育教学还是停留在知识的传递、知识经验的习得上，那么面对21世纪和数字土著一代的学生，也许我们的教与学无法适应他们。面对知识生产方式的变化、课程知识的重构、学习方式的变革，我们如何理解跨学科学习课程的价值追求？我们认为，跨学科学习课程可以回应当前技术赋能教育时代和教育生态发生变化的今天，在跨学科学习过程中，学习者需要运用两个以上的学科知识去解决真实世界的问题，实现知识的再生产和知识的创造。因此，我们认为跨学科学习课程的价值追求主要体现在三个方面：第一，推动知识的再生产和知识的创造。过去工业时代的知识生产方式是以标准化和流程化的形式呈现的，而当前越来越强调知识生产模式的转变，转向跨学科的知识生产首要形式，未来的社会也更加强调知识创造和创新。一方面，那些容易被机器取代的，大量重复性的工作将越来越少，人们更多地需要从事那些复杂沟通、问题解决和创造性的工作。另一方面，未来的课程教学将不再是传统意义上的知识传授，而是需要通过技术和跨学科的方式去解决真实情境中的问题，课程的知识结构和组织方式也将发生变化，以应对未来社会的需要。第二，具有真实世界生活的复杂性和情境性。面对真实世界的复杂性，问题情境与课程知识的关系越来越重要，知识的学习将变得越来越综合化，越来越多的问题仅仅靠单一学科知识是不能解决的，而是需要靠协作、集体的智慧、跨学科的知识共同解决。如碳中和问题、可持续发展问题、抗疫问题等。因此，在某种意义上说，跨学科的学习和真实实践参与的学习等学习方式将变得越来越重要，让学生能真正将知识的学习转化为核心素养的提升。第三，学生的主体性和自我导向的学习。对于跨学科学习课程来说，一是要让学生的主体在场具身参与跨学科学习活动，让学习者主动对知识进行探索与创造，而不再是传统意义上的记忆和传递知识，通过主体在场和具身参与，让学习者能更好地理解真实世界的问题；二是让学习者的自我导向学习成为学习者终身学习的基础，学习者要能实现自我导向的学习。

基于上述讨论，结合本书第三章对跨学科学习定义、特征与发生机制的阐述，我们借鉴加拿大不列颠哥伦比亚省的课程改革思想，参考张文军等人提出的"认知—实践—理解"模式课程设计[1]，提炼出跨学科学习课程设计的思路。我们将跨学科课程设计分为三层。

第一层是目标层。目标层聚焦跨学科学习的发生，促进学生高阶思维技能的发展。这是设计促进跨学科学习环境设计的起点，也是实现跨学科学习发生的重点。实现跨学科学习的发生和高阶思维技能的发展不是简单的教学设计就能实现的，更不是一蹴而就的。要实现跨学科学习的发生不仅需要学习者的主体和具身参与，还需要设计跨学科学习活动，提供资源、工具等的支持等。

第二层是内容建构层。内容建构层主要是让学生实现概念性的理解，这个过程针对的是不同学科知识或方法的理解。通过设计"认知—实践—理解"的课程模式，促进跨学科课程整合，其目的是让学生在认知、技能和概念等方面进行深入理解。在认知维度是指学习者对跨学科学习内容、内容主题等的掌握，在实践方面是要通过学习环境设计发展学生学科核心素养，包括形成学习策略等；在理解维度是指学生能够深度理解学科内容知识和学科核心素养，实现深度的学习。在内容建构层，对跨学科课程设计一般采用"从下到上"的策略，教师从学科知识出发，根据学科核心素养的要求，选择特定的知识和技能，然后找出相关的重要概念，并以大概念来统整不同学科知识的内容。

第三层是活动层，活动层是跨学科学习课程设计的有效支持，根据跨学科学习问题解决的过程，不同类型的跨学科学习活动的形式不一

---

[1] 张文军、孙良红：《"概念为本"的课程设计路径探析》，《上海教育科研》2022年第2期。

样。根据开展跨学科学习活动的需要，它包括驱动性问题、工具与资源等。驱动性问题是指学习者能运用多学科知识，通过具身参与实现驱动性问题的解决。好的驱动性问题具有以下几个特征：一是具有可行性，即学生能够通过设计并执行研究方案来解决问题；二是具有价值性，即包括丰富的学科内容和跨学科内容，符合促进学习者高阶思维技能发展的目标；三是具有情境性，即具有真实且非常重要的情境；四是具有意义性，即所要探究的问题对学习者来说是有趣且令人兴奋的；五是具有伦理性，即所探究的问题不能对个人、集体或环境造成危害。[1] 认知分布于人和工具之间是社会认知学习理论的核心要素，也就是说，要为学习者提供支持跨学科学习的认知工具等，如思维导图、数字化学习平台等。数字化学习平台是一种技术支持的学习环境，它把学习者模型、丰富的数据分析和展示整合起来以支持学生进行跨学科学习的问题解决。

当前，我国义务教育阶段的主题综合实践学习、项目化学习、STEM课程学习等都重视用技术完成作品，注重结果的评价，而真正关注促进跨学科学习的发生较少。甚至很多创客教育、机器人教育都成为中小学教育中参加比赛的方式，对于如何真正促进学生的高阶思维技能和关注学生深度学习发生却很少研究。然而，要真正实现跨学科学习的发生，不仅需要对学习环境的重新设计，在这个过程中还需要正确认识工具、支架的作用，在跨学科学习过程中，在由学生进行探究协作的活动和解决一些劣构性问题时，就需要认知工具为其提供支架支持，以更好地促进跨学科学习的真实发生。

第五节 促进跨学科学习发生的实践路径

促进跨学科学习发生的实践路径的探寻是对跨学科学习发生机制的实践操作表达，是跨学科学习发生的内在机制与行为外显的一种呈现，

---

[1] J. S. Krajcik, C. M. Czerniak, *Teaching Science in Elementary and Middle School: A Project-Based Learning Approach*, London: Routledge, 2018.

也是培养学生21世纪技能和发展高阶思维的一种实践表达。促进跨学科学习的发生实际上是帮助学生建立学科与学科之间的内在关系，在面对真实情境中的问题时能从多个学科角度去看待，能运用两个以上学科知识去解决真实问题。因此，探究跨学科学习发生的实践路向是对跨学科学习能否发生的回应，对推动促进跨学科学习的学习环境设计具有重要的实践意义。

一 优化和完善跨学科学习环境设计

促进跨学科学习发生的重心是对跨学科学习进行学习环境设计。从学习科学领域来看，学习环境设计的目标是发展学生的高阶能力，学习环境所支持的学习是以学生为中心的学习，更加关注学生的学。学习环境的设计要求教师角色的转变，教师要作为跨学科学习的激发者，在跨学科学习过程中对学生提供反馈、帮助其独立思考、协作解决问题。那么，在跨学科学习过程中，学习环境设计是怎样的？乔纳森以问题解决为主线，认为技术领域最经典的学习环境设计要素包括问题、相关案例、信息资源、认知工具、对话或协作工具、社会或环境支持。[①]但总体上，我们可以看到学习环境设计所包括的要素大体一致。从学习科学领域来说，学习环境设计的意义是促进有意义的学习的发生，是为了用学习科学知识重新设计学习环境，转变学生的学习方式，使学生实现高阶思维的发展。

实现跨学科学习的发生，我们认为，其核心是从学习科学视角出发重新进行学习环境设计，学习环境设计既是跨学科学习发生的场所，也是一个复杂的系统。学习环境设计既包括物理层面的、空间层面的转变，也包括学习活动层面的设计，学习活动的设计要紧紧围绕问题解决，要精心设计真实情境中的问题，要区分良构问题和劣构问题。

二 构建跨学科学习共同体

在跨学科学习过程中，学生是学习的主体，跨学科学习的发生一方

---

① [美]乔纳森：《学会解决问题：支持问题解决的学习环境设计手册》，刘名卓等译，华东师范大学出版社2015年版。

面需要学生以产生跨学科理解为目的,另一方面还需要检视学生在跨学科学习过程中是否实现学科整合。实现学科整合的核心是学科内容的整合以及问题的情境化,明确整合各学科的知识以共同解决问题,并在此过程中达到思维的变化,建立起跨学科思维和发展高阶思维技能。然而,学生在跨学科学习过程中的思维变化绝不仅仅是个体自我的变化,而是需要和同学们一起进行协商、讨论、沟通、解释等学习活动,同时还需要依赖跨学科学习的场域。首先,布迪厄场域理论认为,场域是关系的存在,场的关系逻辑尊重一种平等自主合作的价值取向,即在跨学科学习过程中,学习者处在平等的对话中,相互协商,共同合作解决问题。其次,学习科学认为,知识的社会建构性是将学习置于共同体境脉中加以考察的,组建学习共同体其实就是重建学习的实践。[1] 跨学科学习共同体可以由不同年级、不同学科、不同区域、不同学校的教师和学生组成,也可以通过开展线上和线下的方式积极构建学习共同体,为跨学科学习的开展提供支持。

三 指向学生参与的跨学科教学实践

教师在跨学科学习过程中既要促进跨学科学习的发生,也需要教师的跨学科教学实践。得克萨斯州的 STEM 学校马诺新技术高中认为要开展 STEM 的深度学习,必须改变教学方法。关于如何改变教学法,提出了教师要关注的四个要素:基于项目的学习、课堂上的协作、21 世纪技能的教学与评价外显化、技术变成强大而有价值的工具。[2] 第一,指向学生参与的跨学科教学实践,需要变革教学法。指向学生参与的跨学科教学实践需要满足三个条件:无处不在的技术;沉浸在真实生活问题的解决中;高效并易于使用。第二,跨学科教学实践还需要转变课程内容,需要重构跨学科课程,跨学科课程的内容更加强调与真实生活的联系,强调学科间的融合。

---

[1] 赵健:《学习共同体》,博士学位论文,华东师范大学,2005 年。
[2] [美] 詹姆斯·A. 贝兰卡主编:《深度学习:超越 21 世纪技能》,赵健主译,华东师范大学出版社 2020 年版。

四 提高教师跨学科意识和能力

詹姆斯·A.贝兰卡认为，教师仅仅作为协调者，在采用基于问题的学习、模拟和游戏、个别化教学、基于网络的教学等时，教师在促进学生深度学习时并不能发挥很好的作用；而当教师作为激发者——给学生提供反馈、帮助学生独立思考、提供有挑战性的目标时，教师的作用才得以发挥，才能更好地促进学生深度学习的发生。[1] 因此，能否有效开展跨学科教学，教师的角色非常重要。教师对跨学科学习内容和活动的设计，直接影响学生跨学科学习的发生。如何促进学生跨学科学习的发生，教师的跨学科意识和能力是重要因素。对教师而言，首先，要深刻认识跨学科学习的内涵，要理解当前跨学科学习的意义，在面对知识生产方式变革需要时，学生的学习方式也要发生变革。其次，教师要推进学科课程整合，善于利用大概念来构建不同学科知识的融合，运用课程整合理论设计跨学科课程，不仅仅是将复杂学习问题简单化，而是要考虑不同学科知识的融合，要聚焦真实情境中的任务，形成利用多学科知识整合来解决真实的问题。

五 建立教师和学生跨学科身份认同

传统意义上的学校学习都是基于学科的，教师对他们自己所属的学科归属感非常强烈，但是对于"如何跨学科"和"跨学科是什么"的认识还有待加强。因此，在开展跨学科学习时，要克服传统的各种学习方式、制度、评价的制约，教师和学生都需要建立跨学科身份认同。教师不仅包括职后教师，还包括职前教师，因此，在目前的师范教育人才培养体系中，应大力发展师范生跨学科思维，多开展跨学科研究，在职后教师培训体系中应增加跨学科教学培训，包括教师跨学科学习共同体的组建，不同学科教师要针对同一学科课程内容开展同课异构等多种形式的跨学科教研活动。

---

[1] ［美］詹姆斯·A.贝兰卡主编：《深度学习：超越21世纪技能》，赵健主译，华东师范大学出版社2020年版。

第六节　面向跨学科学习过程和结果的评价

正如本书第三章所论述的，跨学科学习作为一种学习方式，其评价方式有多种，既有过程性评价也有结果性评价。跨学科学习有着深度学习的价值取向，而关于深度学习的评价主要有问卷调查、多模态学习分析[1]等表征深度学习发生的方法，但通过查阅国内外文献发现，关于跨学科学习评价的研究非常少。因此，本书拟借鉴深度学习的评价方法，关注跨学科学习过程和结果的评价。过程性评价主要是针对学生学习参与状态的量化评价，一般采用问卷测量的方式。正如本书第四章第三节所述，跨学科学习的目标是发展学生的高阶思维技能，而影响学习者高阶思维技能的是深层次学习方法。国内外比较著名的测量深层次学习方法的是Biggs的学习过程问卷。但事实上，真实的跨学科学习过程不仅仅局限于在学习方法上，而是更关注学习者的心理机能。这是一个复杂的变量，对于学习者实现跨学科学习的发生非常重要。然而，过去通常采用研究学习方法[2]、学习动机[3]来评估对学习者高阶思维技能的影响。正如本书第三章第三节所说，从微观层面来看，跨学科学习过程也是学习者心理机能变化的过程。对跨学科学习过程中学习者心理机能，如心流体验、认知负荷变化的研究较少。因此，面向跨学科学习过程和结果的评价，本书主要关注在跨学科学习发生过程中学习者的心理技能是如何变化的，及对跨学科学习发生结果的影响。基于此，我们主要选择跨学科学习过程中学习者的心流体验、认知负荷作为跨学科学习发生过程中的变量。对于跨学科学习发生的结果性变量，我们主要回应本书第四章第三节所提出的高阶思维技能作为跨学科学习的目标导向。因此，本

---

[1] 马云飞、郑旭东、赵冉、刘慧：《深度学习的发生机制与多模态数据测评研究》，《远程教育杂志》2022年第1期。

[2] 姚佳佳、李艳、陈新亚、苏建元：《基于实时互动的同伴对话反馈对大学生课堂深度学习的促进效果研究》，《电化教育研究》2022年第1期。

[3] 王靖、崔鑫：《深度学习动机、策略与高阶思维能力关系模型构建研究》，《远程教育杂志》2018年第6期。

书对跨学科学习结果的评价也主要采用高阶思维技能量表。下面将详细阐述心流体验、心流体验与高阶思维技能的关系、认知负荷与心流体验的关系等。

一　心流体验

心流的概念最早是由 Csikszentmihalyi 于 1975 年提出的,他认为处于心流状态中的人可以很容易地完成特定的目标。心流状态是一种集中的、最佳的精神状态,它帮助一个人在从事一项活动时表现出最佳的状态和热情。心流体验有几个内在的心理特征,如享受感、专注感和沉浸感,这些特征会发展学生的关注感,并导致学生在学习活动中做出自我决定。[①] "心流"被描述为一种完全投入或参与某项活动的状态,这个概念已经在人机交互、心理学和教育学领域得到广泛的研究。如在教学设计的研究领域、在小组工作中、在 Web 使用和导航中等[②],陈奕桦等人采用实验法研究了数字游戏环境下学生的心流体验,研究发现学业能力与社会互动倾向对学生数字化游戏学习过程中的心流体验具有交互作用影响;[③] 柳瑞雪等人研究了虚拟现实环境中学习者的心流体验[④],还有人研究了在线学习环境下学习者的心流体验。[⑤]

根据 Csikszentmihalyi(1975)的观点,心流体验是一种具有挑战性的积极心理状态是人内在的奖励和享受。[⑥] 接着,Csikszentmihalyi 又提出了心流的九个要素:明确的目标、即时的反馈、挑战—技能的平衡、行动—意识的融合、高度集中、控制感、自我意识的丧失、时

[①] M. Csikszentmihalyi, "Play and Intrinsic Rewards", *Journal of Humanistic Psychology*, Vol. 15, No. 3, 1975, pp. 41-63.

[②] M. Csikszentmihalyi, *Flow: the Psychology of Optimal Experience*, Harper & Row, 2008.

[③] 陈奕桦、杨雅婷、文冬霞:《数字化游戏学习环境下的学生心流体验探讨》,《电化教育研究》2016 年第 8 期。

[④] 柳瑞雪、任友群:《沉浸式虚拟环境中的心流体验与移情效果研究》,《电化教育研究》2019 年第 4 期。

[⑤] 吴华君、葛文双、何聚厚:《教师支持对 MOOC 课程持续学习意愿的影响研究——基于 S-O-R 和 TAM 的视角》,《现代远距离教育》2020 年第 3 期。

[⑥] M. Csikszentmihalyi, "Play and Intrinsic Rewards", *Journal of Humanistic Psychology*, Vol. 15, No. 3, 1975, pp. 41-63.

间的转换和有意义的体验。① 根据学习者的心流体验观点，学习者参与每个活动都可以实现一种非常愉快的心理状态，正如某些情况和环境可以引发兴趣一样，因此，学习活动可以被设计和组织来促进心流体验。如前所述，心流是学生处于最佳投入的一个指标，打破心流会导致学生脱离学习活动。基于此，本书采用 Jon Pearce 提出的心流量表。②

在许多关于教育领域的研究中，心流是被用来测量学习者参与程度的指标。而跨学科学习过程中学习者的学习投入是多维度的，但是有一个概念可以用来总结最佳体验，那就是心流体验。因为当学习者充分参与到跨学科学习过程中时，当跨学科学习环境设计与学生的学习策略之间达到平衡时，学生就会进入心流体验，这样就能激发学生的学习动机，使之较好地投入跨学科学习中。

在跨学科学习过程中，学习者内在动力的重要因素是挑战、好奇心和控制力。它们不仅提供挑战性的活动，还提供频繁和针对性的反馈。值得注意的是：挑战、好奇心、反馈和内在动机都是心流的元素。因为心流体验能激发学习者的学习兴趣，所以学习兴趣和心流体验之间有很多相似之处，个体表现出更大的注意力、不懈的努力、完全的专注和积极的情感。Bressler 等人认为，只要将现实世界与内容之间联系起来，就可以激发人们的学习兴趣。有效的社交也可以促进心流，激发学生的学习兴趣，整合有效促进心流的社交特征可能会激发玩家对游戏内容的兴趣。因此，只有合适的学习环境才能激发学习者的兴趣。③ 而在跨学科学习过程中，学习者要解决某一个学科或综合多学科的问题，就要用两个或两个以上不同学科的知识或方法去解决这个问题，因此，设计合适有效的学习环境非常关键。

---

① M. Csikszentmihalyi, *Creativity: Flow and the Psychology of Discovery and Invention*, New York: HarperCollins Publishers, June 1997, p. 39.

② J. M. Pearce, M. Ainley, S. Howard, "The Ebb and Flow of Online Learning", *Computers in Human Behavior*, Vol. 21, No. 5, 2005, pp. 745–771.

③ D. M. Bressler, M. Shane Tutwiler, A. M. Bodzin, "Promoting Student Flow and Interest in a Science Learning Game: A Design-Based Research Study of School Scene Investigators", *Educational Technology Research and Development*, Vol. 69, No. 5, 2021, pp. 2789–2811.

二 心流体验与高阶思维的关系

跨学科学习的本质是通过两个或两个以上学科的融合，来解决真实世界的问题，以发展学生的高阶思维技能（如创造力倾向、批判性思维、问题解决技能、合作、沟通技能）。如 Wahono 等人通过元分析研究发现，在亚洲实施 STEM 教育对学生的学习成绩、高阶思维能力和动机方面有良好的效果。对于开展 STEM 教育，他提出了两个方面的选择：一是将 STEM 教学与 6E 学习模式相结合或与项目化学习方法相结合；二是与当地文化相结合。[1] 更重要的是，高阶思维发展的高级认知，与感觉运动过程有关。也就是说，高阶思维可能与心流体验相关。因此，在跨学科学习过程中，心流体验是一个非常重要的因素，可以用来预测各种高阶思维技能。一般来说，跨学科学习的实施是教师根据跨学科学习环境设计来构建的一系列跨学科学习活动，以促进学生跨学科学习的发生，旨在发展学生的高阶思维技能。而在跨学科学习过程中，如果学生能较好地投入，并在"心流"状态下进行真实问题的解决，那么，就有可能发展学生的高阶思维技能，同时有效平衡挑战和技能。

三 认知负荷与心流体验的关系

认知负荷理论为我们提供了基于进化心理学和人类认知结构知识的指导。进化心理学指出，在进行教学设计时要考虑知识类别。吉尔里把知识分为由进化来获取的生物学基础知识和生物学中级知识。基础知识主要是由一般认知技能组成，如我们在无意识中学习的解决问题的一般技能，而中级知识主要是由领域特定技能组成，需要有意识地努力学习。人类的认知结构与特定领域相关，在问题解决的过程中，可以通过随机生成和测试两种方式获取新信息。其原则包括：随机性作为起源原则、借用和重组原则、狭义的变化原则、信息存储原则、环境组织与联系原

---

[1] B. Wahono, P. L. Lin, C. Y. Chang, "Evidence of STEM Enactment Effectiveness in Asian Student Learning Outcomes", *International Journal of STEM Education*, Vol. 7, No. 1, July 2020, pp. 1-18.

则。这种认知结构表明，教学的目的是让我们在长期记忆中存储大量特定领域的信息，以便让我们在各种环境中有效地发挥作用。认知负荷理论认为，利用这种认知结构可以产生各种各样的教学效果，每种教学效果都是基于多个重叠的随机对照实验。这种效应的目的是优化我们有限的工作记忆中需要同时处理的元素数量，并最大限度地将有用信息转移到长期记忆中。[1]

我们可以通过减少学习者必须吸收的内容量或增加学习者的专业知识来降低高水平交互软件工具的元素互动性和内在认知负荷。此外，元素交互性可以通过使用教学设计来减少，而不是通过引入已经存储在长期记忆中的信息来解决问题。此外，元素交互性通过改变学生必须学习的内容而发生变化。存储在长期记忆中的信息是熟悉的，并具有适当的环境触发器，一旦触发就将产生行动。Sweller 等人区分了学习环境中三种不同类型的认知负荷：内在认知负荷、外在认知负荷和关联认知负荷。内在认知负荷是指与学习材料或任务相关的必须被处理的元素的数量和互动性，在这些元素中，要确定哪种教学设计会影响认知负荷的变化。外在认知负荷是指与学习材料的组织或学习多媒体演示相关的负荷，在这些负荷中，要确定哪些内容可以被教学设计所改变。关联认知负荷是指学习者在学习上的努力和承诺，并试图确定哪些可以被教学设计所改变。并且，认知负荷与教学设计相关，而心流体验等心理因素对上述三种认知负荷的影响也是不可忽视的。基于上述讨论，本书参考了 Leppink 等人的认知负荷量表。[2]

此外，已有多项研究表明，内在认知负荷对心流体验有负向影响。如 Chang 等人基于游戏的学习环境，研究了心流体验与不同类型的认知负荷之间的关系。研究发现，内在和外在认知负荷对心流体验具有负向

---

[1] J. Leppink, F. Paas, C. P. M. Van der Vleuten, et al., "Development of an Instrument for Measuring Different Types of Cognitive Load", *Behavior Research Methods*, Vol. 45, No. 4, 2013, pp. 1058-1072.

[2] J. Leppink, F. Paas, C. P. M. Van der Vleuten, et al., "Development of an Instrument for Measuring Different Types of Cognitive Load", *Behavior Research Methods*, Vol. 45, No. 4, 2013, pp. 1058-1072.

影响，而相关认知负荷对心流体验具有正向影响。① 王舒等基于认知负荷视角研究了学习活动引发的心流条件，研究发现，内在负荷是影响心流的稳定因素，基于内外负荷组织的教学设计既能影响心流也能影响成绩表现等。② Lai 等人研究发现，心流体验会对创造力和问题解决能力产生负面影响，内在认知负荷对心流体验有负向影响，相关认知负荷对心流体验有正向影响。③ 当然，也有学者研究了智慧学习环境中影响学习者认知负荷的四个要素——知识、技术、策略和学习者，并认为任何教学材料和教学策略都要适应学习者的认知加工规律，如工具、资源等元素的设计。④

实验中还需要控制一些不利因素对学习效果的影响，诸如，学生跨学科学习态度、技术的使用等。首先，为了减少跨学科学习态度对学生学习效果的影响，提高学生参与跨学科学习的积极性，本次参与跨学科学习的学生都有过跨学科学习的经历，并且热爱跨学科学习。为减少相关技术使用对跨学科学习效果的影响，对参与跨学科学习的学生进行相关指导和培训，让他们能顺畅地使用相关平台和技术。

四 自我效能感

根据社会认知理论，自我效能感是特定领域的，反映了个体在执行行动时的自信。毫无疑问，在跨学科学习过程中具有自我效能感的学生，其学习的动机或发展的高阶思维技能可能更强。因此，本书将自我效能感也作为跨学科学习过程中的一个变量，记录观察实验组和控制组中学习者自我效能感的变化。

---

① C. C. Chang, C. Liang, P. N. Ch. ou, et al. , "Is Game-Based Learning Better in Flow Experience and Various Types of Cognitive Load than Non-Game-Based Learning? Perspective from Multimedia and Media Richness", *Computers in Human Behavior*, Vol. 71, June 2017, pp. 218-227.

② 王舒、殷悦、王婷、刘国芳、罗俊龙：《教学设计中的成绩表现和心流体验：基于认知负荷视角》，《心理发展与教育》2019 年第 3 期。

③ C. F. Lai, H. X. Zhong, P. S. Chiu, "Investigating the Impact of a Flipped Programming Course Using the DT-CDIO Approach", *Computers & Education*, Vol. 173, 2021, p. 104287.

④ 高媛、黄真真、李冀红、黄荣怀：《智慧学习环境中的认知负荷问题》，《开放教育研究》2017 年第 1 期。

五 访谈提纲

后测的量表包括自我效能感量表、心流体验量表、认知负荷量表、高阶思维技能量表。对此上文已做详细阐述，此处不再赘述。作为案例实施过程补充性调查的访谈，其问题包括：（1）您觉得跨学科学习的特点有哪些？（2）您觉得跨学科学习对学生哪方面的影响比较大？（3）您对跨学科学习的态度如何？（4）您认为跨学科学习课程有什么变化？

六 课堂观察

研究者与教师一起参与促进跨学科学习的学习环境设计实施过程，研究者利用课堂观察记录教师的学习环境设计过程、课程的内容、教学事件、学生活动等，以便于深度掌握跨学科学习中学生的变化。

小 结

促进跨学科学习的学习环境设计模型构建是一种复杂的、综合的逻辑推理过程。为了研究和确定促进跨学科学习的学习环境设计模型要素，本章首先提出了促进跨学科学习的学习环境设计模型的理论基础，接着分析了跨学科学习与学习环境设计的基本关系；其次，阐述了促进跨学科学习的学习环境设计组成部分，包括跨学科学习的目标导向，跨学科学习过程及需要的学习环境；再次，根据促进跨学科学习的学习环境设计模型构建基本原则、学习环境设计要素特征分析，整合上述理论构建了初步的促进跨学科学习的学习环境设计模型；最后，阐述了促进跨学科学习发生的实践路径及面向跨学科学习过程和结果的评价。

值得关注的是，由于促进跨学科学习的学习环境设计模型是复杂的，且在不同情境中的应用也是不一样的，因此，如何验证促进跨学科学习的学习环境设计模型的有效性，能否促进跨学科学习的发生，实现跨学科学习的目标将是后续探讨的重点。在后续章节中，我们将开展促进跨学科学习的学习环境设计模型的案例研究，并在此基础上调整促进跨学科学习的学习环境设计模型。

第五章　案例研究

本章主要探索促进跨学科学习的学习环境设计模型的实践效果。为深入了解学生在跨学科学习过程中的表现，本书围绕心流体验、认知负荷、高阶思维技能三个方面进行调查，并探索这三个变量之间是如何影响的，以回应跨学科学习发生的目标，最终促进跨学科学习的有效发生，提升学生的高阶思维技能，并形成可操作的、促进跨学科学习的学习环境设计模型。

第一节　案例简介

基于设计的范式指导，本章重点考虑的内容是通过三轮准实验研究不断优化和完善"促进跨学科学习的学习环境设计模型"，即关注每轮实验中学习者的认知变化。正如李克东所认为的，跨学科学习就是要让学生学会运用相关联学科的研究和学习方法如科学探究法、工程思维方法、技术制作方法、数学分析方法等去分析、解决问题，[1] 借鉴上述思想，本书选择了三个案例，三轮实验的案例概述如表 5-1 所示。显然，一般性的准实验研究仅仅关注学生的最终学习效果的差异性检验，然而，本书不仅仅关注学生在跨学科学习过程中的高阶思维技能、心流体

---

[1] 李克东、李颖：《STEM 教育跨学科学习活动 5EX 设计模型》，《电化教育研究》2019 年第 4 期。

验、认知负荷等的差异，还关注不断改进促进跨学科学习的学习环境设计模型等。因此，本书将从四个维度分析学习者在跨学科学习过程中的心理机能，如自我效能感、心流体验、认知负荷、高阶思维技能的变化，重点是高阶思维技能的变化。此外，为了进一步了解教师和学生跨学科学习体验，本书采用了一对一的半结构化访谈了解教师和学生跨学科学习体验效果，以从质性角度补充量性研究。

表 5-1　　　　　　　　　　案例概述

	案例一	案例二	案例三
研究内容	"传染病的传播"跨学科学习	"平板模型支架制作"跨学科学习	"撬动地球"跨学科学习
研究场景	X 中学的科学课程	J 中学的通用技术课程	L 中学的数学课程
研究对象	X 中学六年级学生	J 中学七年级学生	L 中学九年级学生
研究周期	2021 年秋季学期 4 周	2021 年秋季学期 4 周	2021 年秋季学期 4 周
研究方法	准实验法	准实验法	准实验法
研究工具	高阶思维技能量表、认知负荷量表、心流体验和自我效能感量表、访谈	高阶思维技能量表、认知负荷量表、心流体验和自我效能感量表、访谈	高阶思维技能量表、认知负荷量表、心流体验和自我效能感量表、访谈
数据收集方法	问卷调查、访谈法	问卷调查、访谈法	问卷调查、访谈法
数据分析方法	描述性统计、SmartPLS 2.0、独立样本 T 检验	描述性统计、SmartPLS 2.0、独立样本 T 检验	描述性统计、SmartPLS 2.0、独立样本 T 检验

促进跨学科学习的学习环境设计模型还具有发展的阶段性与模型的修改、完善性特征。通过三轮实验不断迭代循环，促进跨学科学习的学习环境设计模型不断呈现出丰富和发展的特征，跨学科学习过程是不断进阶的，是一个不断走向完善的过程，最终对促进跨学科学习的学习环

境设计模型进行调整,并提出了宏观、中观和微观策略。

第二节 研究设计

一 研究问题

本书主要围绕"促进跨学科学习的学习环境设计效果如何"这一核心问题,按照"效果—关系—机制"的视角展开研究。基于设计的研究强调真实情境中的学习,其实验过程非常复杂,包含较多复杂的变量。根据跨学科学习的目标、跨学科学习过程中的心理认知因素等,本书提出两个主要问题。RQ1:促进跨学科学习的学习环境设计能否提升学习者高阶思维技能和自我效能感?RQ2:在跨学科学习过程中,学习者认知负荷、心流体验、高阶思维技能之间是否有影响?既是回应本书提出的跨学科学习的目标是发展学生的高阶思维技能,也是回应跨学科学习发生过程中心理机能的变化。

根据上述研究问题,本书提出如下研究假设:

H1:促进跨学科学习的学习环境设计能有效提升学生的高阶思维技能、自我效能感、心流体验、关联认知负荷,降低学生的外在认知负荷和内在认知负荷。

基于上文对认知负荷与心流体验之间关系的研究,结合研究问题二,提出如下研究假设:

$H2_a$:内在认知负荷对心流体验有负向影响。

$H2_b$:外在认知负荷对心流体验有负向影响。

$H2_c$:相关认知负荷对心流体验有正向影响。

基于上文对心流体验与高阶思维技能之间关系的研究,结合研究问题二,本书提出如下假设:

$H3_a$:心流体验对创造力取向具有积极正向影响。

$H3_b$:心流体验对批判性思维具有积极正向影响。

$H3_c$:心流体验对问题解决能力具有积极正向影响。

$H3_d$:心流体验对合作沟通能力具有积极正向影响。

依据上述研究假设，主要考察各变量之间的关系及影响机制。变量包括内在认知负荷、外在认知负荷、相关认知负荷、心流体验、高阶思维技能等，其变量之间的模型如图5-1所示。

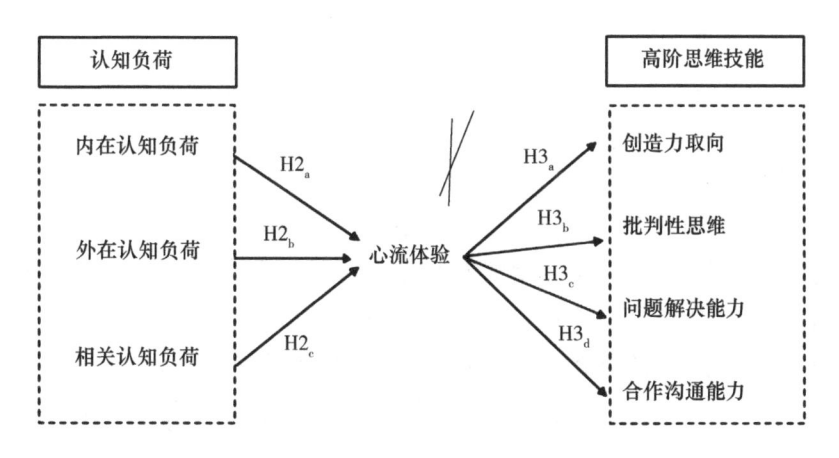

图 5-1 变量之间的模型假设关系

二 研究对象选择

本书中的参与者分别来自不同学校的学生。其中，第一轮教学实验的研究对象来自S市M区一直开展项目化学习、跨学科学习、信息化教学条件有保障的X中学六年级的35名学生（男性17人，女性18人；年龄10岁1人，11岁25人，12岁9人），在校长、科组长、任课教师的大力配合和支持下，开展了第一轮探索性教学实验。第二轮教学实验的研究对象来自H市Y区一直开展项目化学习、跨学科学习、信息化教学条件有保障的J中学七年级的24名学生（男性2人，女性22人；年龄12岁5人，13岁17人，14岁2人），在校长、科组长、任课教师的大力配合和支持下，开展了第二轮反思与改进的教学实验。第三轮教学实验的研究对象来自F市L区的一所普通中学L中学九年级的18名学生（男性12人，女性6人；年龄14岁8人，15岁10人），在校长、科组长、任课教师的大力配合和支持下，开展了第三轮优化与完善的教学实验。为了确保三轮实验研究过程符合伦理道德规范，在开展教学实验前，征得学校、教师和学生的知情同意，并愿意参与该项研究。

三 测量工具

根据案例研究的问题，采用的测量工具主要包括心流体验、认知负荷与高阶思维技能的量表，认知负荷量表编制主要参考 Leppink 等人的认知负荷量表，包括内在认知负荷、外在认知负荷和关联认知负荷，共 11 题（详见附录 2）。心流体验的量表主要参考 Pearce 等人提出的心流量表①，包括 8 道题，自我效能感包括 4 道题（详见附录 3）。高阶思维技能量表的编制参考了 Carini 等人②、Hwang 等人③、Lee 等人④、姜玉莲⑤、刘徽等人⑥的研究成果。本书将高阶思维技能量表分为四个部分：创造力倾向、问题解决能力、批判性思维、合作沟通能力（详见附录 4）。三个量表均为李克特五点量表。

四 数据分析方法与步骤

案例研究回答假设 1，主要用的是实验班和控制班所采集到的数据进行对比分析。回答研究假设 2 和假设 3 采用的是实验班的数据进行分析，采用偏最小二乘法（PLS）模型进行检验，使用 SmartPLS

---

① J. M. Pearce, M. Ainley, S. Howard, "The Ebb and Flow of Online Learning", *Computers in Human Behavior*, Vol. 21, No. 5, 2005, pp. 745-771.

② R. M. Carini, K. S. P. Klein, "Student Engagement and Student Learning: Testing the Linkages", *Research in Higher Education*, Vol. 47, No. 1, 2006, pp. 1-32.

③ G. J. Hwang, C. L. Lai, J. C. Liang, et al., "A Long-term Experiment to Investigate the Relationships between High School Students' Perceptions of Mobile Learning and Peer Interaction and Higher-order Thinking Tendencies", *Educational Technology Research and Development*, Vol. 66, No. 1, 2017, pp. 75-93.

④ J. Lee, H. Choi, "What Affects Learner's Higher-Order Thinking in Technology-Enhanced Learning Environments? The Effects of Learner Factors", *Computers & Education*, Vol. 115, No. 12, 2017, pp. 143-152.

⑤ 姜玉莲：《技术丰富课堂环境下高阶思维发展模型建构研究》，东北师范大学出版社 2017 年版。

⑥ 刘徽、郑宇徽、张朋、唐波：《STEM 学习成效的混合研究——以浙江省 H 市为例》，《教育发展研究》2020 年第 10 期。

2.0软件分析不同潜变量之间的因果关系。因为PLS模型适用于小样本规模、复杂的结构测量检验。因此，本书选择偏最小二乘法分析本实验的数据。首先，样本较小（N<40），因此PLS模型被认为是最适合进行数据分析的模型。其次，考虑到目前的研究模型以及研究的探索性和预测性，PLS方法被认为是最合适的方法。最后，检验理论选择的一个有效方法是偏最小二乘法结构方程模型法（PLS-SEM）。

数据分析步骤：首先，对各变量进行统计性描述；其次，采用PLS-SEM软件检验因素负荷量，评估各变量的一致性和可靠性，检验变量的效度；最后，进行结构方程模型检验。

第三节　第一轮探索性应用

基于促进跨学科学习的学习环境设计模型、学习活动组织和跨学科学习策略，此轮实验研究设计了"传染病的传播"的跨学科学习环境模型，该设计充分体现了促进跨学科学习环境设计的预设模型，即通过跨学科学习环境设计模型，对比实验组和控制组中学习者的心流体验、认知负荷、高阶思维技能的变化。第一轮实验的探索关系到学习环境设计模型的科学性、可用性和系统性等方面的检验，将为后面验证促进跨学科学习环境设计模型的有效性以及修改和完善提供理论和实证支撑。

一　案例实施过程

（一）实验目的

本次实验的目的是探索促进跨学科学习的学习环境设计模型的科学性、可用性和系统性等，探索促进跨学科学习的学习环境设计模型能否起作用。

1. 实验假设

$H1_a$：通过跨学科学习的学习环境设计，学生的高阶思维技能得到提升；$H1_b$：通过跨学科学习的学习环境设计，学生的自我效能感得到提升；$H1_c$：通过跨学科学习的学习环境设计，学生的心流体验得到提升；$H1_d$：通过跨学科学习的学习环境设计，学生的外在认知负荷和内在认知负荷降低，关联认知负荷提高。

在促进跨学科学习的学习环境设计的实验教学中，第一，探索学生的认知负荷与心流体验的关系，研究假设为：$H2_a$：内在认知负荷对心流体验有负向影响；$H2_b$：外在认知负荷对心流体验有负向影响；$H2_c$：关联认知负荷对心流体验有正向影响。第二，探索心流体验与高阶思维技能的关系，研究假设为：$H3_a$：心流体验对创造力倾向具有积极正向影响；$H3_b$：心流体验对批判性思维具有积极正向影响；$H3_c$：心流体验对问题解决技能具有积极正向影响；$H3_d$：心流体验对合作、沟通技能具有积极正向影响。通过探索促进跨学科学习的学习环境设计实验教学中学生认知负荷、心流体验、高阶思维技能的关系，不断完善和调整跨学科学习的学习环境设计模型。

2. 准实验内容的选择

第一轮准实验教学内容如表5-2所示。

表5-2　　　　　　　　准实验教学内容

实验校	实验班	控制班	教学内容	学科	教师	时长
X中学	六(四)班 35人	六(一)班 39人	传染病的传播	科学	丛老师	五周

3. 实验变量与测量工具

自变量X：学习环境设计。对于实验班，采用促进跨学科学习的学习环境设计组织教学；对于控制班，采用传统教学模式。

因变量Y：心流体验、认知负荷、高阶思维技能。这三个变量的测量工具在本书第五章第二节中已有详细阐述。

4. 干扰变量及其控制

本次准实验的干扰变量是：学生的学习态度、信息素养等。为尽可能减少干扰变量的影响，本轮准实验组和控制组学生的知识水平和信息素养，整体而言比较一致。

(二) 实验过程

1. 学习者特征分析

本轮实验对象为小学六年级学生。首先，在先验知识掌握上，学生已经学会了科学课程中病毒相关知识，也通过网络了解了新冠病毒的一些基本特征，但对传染病是如何传播的，及病原体知识还了解较少。其次，在思维发展阶段上，六年级是11—12岁的学生，他们的思维发展处于具体运算阶段，能进行初步的逻辑思维，逻辑思维和认知活动的目的性开始增强，逻辑推演能力也开始形成。最后，在信息素养上，学生已经学习了信息科技课程，掌握了信息资源获取、整理、加工能力，也有一定的信息技术使用经验。

"传染病的传播"也是中小学生《生命安全与健康教育》中的内容，是传染病预防与突发公共卫生实践应对。在新冠疫情常态化背景下，学生学习关于传染病传播的知识及其对社会的影响具有重要意义，让学生尊重生命，敬畏生命。

2. 促进跨学科学习发生的"传染病的传播"学习环境设计

在促进跨学科学习的学习环境设计模型指导下，为促进跨学科学习的发生，研究了促进跨学科学习发生的"传染病的传播"的学习环境设计（如表5-3所示）。

表5-3　促进跨学科学习发生的"传染病的传播"学习环境设计

项目名称	传染病的传播
核心概念	病原体、传播途径
涉及学科	科学、美术、信息科技

项目描述：
通过分析传染病的历史或当代案例，围绕传染病传播这个议题，根据其传播特点和途径，对如何有效防止传染病的传播进行科学维度的探讨

大概念 (1) 传染病的时间线；(2) 病原体：传染病的罪魁祸首	本质问题 历史上人类如何抵抗传染病入侵？ 传染病是如何传播的？ 怎样有效控制传染病的传播？

续表

项目名称	传染病的传播
概念理解 病原体是指可造成人或动植物感染疾病的微生物。病原体传播疾病的途径。经空气传播、经水传播、经食物传播、经接触传播等	驱动性问题： （1）传染病会引发哪些症状？ （2）社会和生活中可以运用哪些方式阻断传染病的传播途径？ （3）如何预防传染病的传播？
知识 （1）按传染病的时间线简述人类历史上十次最严重的传染病，如天花、鼠疫、艾滋病等 （2）了解历史上传染病的暴发时间、暴发地点、病原体、感染过程以及预防和治疗措施 （3）病原体：病原体是指可造成人或动植物感染疾病的微生物 （4）病原体传播疾病的途径。经空气传播、经水传播、经食物传播、经接触传播等	技能 把病原体拟人化，让它变成一个致病的敌人 （1）根据抽签选择一种疾病，调查引发该疾病的病原体 （2）在纸上画出一个邪恶的病原体的图形在下一步用于制作海报 （3）给你们组的图形取一个名字 （4）学会根据传染病内容生成展板设计的思路确定评价证据
解释：传染病的病理特点有哪些 阐释：病原体与传播途径的分析 应用：传染病资料的搜查整理以及数据的分析 洞察：当前和历史上预防传染病传播的比较 同理心：制作展板（传染病的病原体、传播途径、预防）	

资源	传染病的相关资料、视频、PPT	
跨学科学习过程	教师活动	学生活动
经验调取	教师创设情境，观看视频，历史上的传染病	学生理解问题，观看视频，了解传染病的历史及防治工作
知识整合	教师再次对"传染病的传播"这一领域问题进行讲解	学生根据领域问题，整合美术、信息科技、科学的学科知识和方法
概念理解	教师提供适时的指导、基本的知识内容	学生制订计划、分工协作、组内讨论交流
意义建构	教师根据学生的设计情况随机指导	小组协作完成展板的设计与制作
深度反思	教师总结点评	班级展示、汇报

3. 跨学科学习过程的环境设计

在跨学科学习过程中，学生基于学科知识学习，形成对学科知识更加综合和上位的理解，以形成概念性思维。在跨学科学习过程中，强调学生运用概念来整合思维，实现知识的迁移。埃里克森等认为，知识太零散、太多，容易使学生缺乏对知识理解的深度和综合运用。[1] 根据前面对跨学科学习的内涵和实践路径的讨论，我们认为，跨学科学习具有它独特的地方，它需要满足三个条件：大概念统整；跨学科课程内容及问题；跨学科学习过程，实现跨学科学习的载体。跨学科学习过程环境设计包括五个维度：课程环境、心智环境、物理环境、技术环境、社会关系环境。心智环境设计主要是对学生跨学科学习发生过程的设计。跨学科学习主要是基于真实情境中的问题，学习者通过开展一系列的学习活动，如知识整合、问题解决等，实现心智环境设计的"准备—建构—应用"三个环节。在准备阶段，也是跨学科学习的起始阶段，这一阶段主要为学生提供视频资源等支架，设计问题情境，介绍跨学科学习目标和要求，激发起学生的学习兴趣，调取学习者的先验知识。在建构环节需要学习者根据问题整合不同学科知识，建立起大概念的观念，开展一系列的跨学科学习活动。在应用阶段主要包括对知识的迁移，是一个从"抽象"到"具体"的演绎思维过程。物理环境主要考虑突破传统的教室空间环境，考虑学习空间的转变，本次实验主要是在学校改造的创客教室中进行。技术环境主要是在信息化环境下，促进跨学科学习的环境设计要求（如表 5-4 所示）。

4. 实施过程

整个跨学科学习过程持续时长为一个月，从 2021 年 9—10 月。在第一周里，研究者与学科教师开展教研、讨论课程内容选择和学习环境设计。从第二周到第五周是实验的实施过程。在第五周课程结束后，对所有学习者进行后测。

---

[1] H. L. Erickson, et al., *Concept-Based Curriculum and Instruction for The Thinking Classroom*, Corwin Press, 2007.

跨学科学习与学习环境设计

表 5-4　　　　　　　跨学科学习过程环境设计五个维度

阶段	课程环境	心智环境	物理环境	技术环境	社会关系环境
准备	大概念统整	介绍项目学习的内容；提出问题情境、介绍学习内容、观看视频	传统教室	白板和电脑、微视频	形成若干小组
知识整合建构	跨学科课程内容设计	以真实世界的实例引入课程，围绕大概念进行论证，教师根据跨学科问题，设计系列学习活动	创客教室	学生查找资源的电脑、真实案例的视频、图片等	小组讨论、完成相关任务
知识运用	大概念统整	设计学生学习任务、学生围绕问题，根据收集到的资源进行整理，对海报进行设计、制作	创客教室	电脑、白板、摄影器材等	完成海报制作，各小组向班级同学展示成果

首先，教师向两个班级的学生开展以"传染病的传播"为主题的跨学科学习，并布置学习任务；其次，学生根据要求，以小组的形式完成资料的搜集、海报的制作；最后，各小组展示作品，学生之间相互评价，并选出优秀组。

为了更好地促进学生跨学科学习的发生，研究者为实验班提供了活动支架，改进了课堂的教学设计，根据学习环境设计的要求，提供了不同的支架。

跨学科学习设计的落脚点在"学习环境设计"上。从设计的角度而言，学习环境设计是指包含学习活动结构、工具、资源、支架、课程等在内的学习支持系统。首先，不同小组根据任务进行成员分工、协作，查找任务相关资源、搜集资料；设计者致力于理解跨学科学习的发展、知识共享和知识生产的过程，不断挑战原来的认知，与实践者共享知识，因为知识是分布的，它不仅存在于项目中，还存在于参与者所处的环节中。其次，开始跨学科学习的实验，学习者根据跨学科学习目标开展了一系列探究活动和跨学科学习活动，共同完成项目或问题的解决。在最后一周里，所有学习者对完成的跨学科学习活动进行展示和汇报，对学习者进行与课程有关的后测，具体包括高阶思维技能、心流体验、认知负荷、自我效能感等。

二 数据分析与结果

在实验完成后，对实验班和控制班学生的高阶思维技能、自我效能感、认知负荷、心流体验进行后测，分析学生的高阶思维技能、自我效能感、认知负荷、心流体验等方面是否存在差异。

（一）各变量的单因素方差分析

通过对在实验班和控制班所收集到的后测问卷进行单因素方差分析，得到结果（如表5-5所示）。

表5-5　实验班和控制班各变量之间的单因素方差分析

	实验班（$N=35$）		控制班（$N=39$）		F	p
	均值	标准差	均值	标准差		
内在认知负荷	1.85	0.83	1.80	0.70	0.062	0.804
外在认知负荷	1.43	0.58	1.46	0.52	0.066	0.798
关联认知负荷	1.64	0.73	1.74	0.67	0.439	0.510
心流体验	4.19	0.69	4.24	0.60	0.088	0.768
创造力倾向	4.16	0.83	3.94	0.68	1.586	0.212
批判性思维	3.98	0.87	3.73	0.72	1.799	0.184
问题解决能力	4.46	0.67	4.20	0.64	2.865	0.095
合作沟通能力	4.46	0.60	4.27	0.66	1.563	0.215
自我效能	3.86	0.85	3.79	0.75	0.113	0.738

从表5-5的单因素方差分析可知，实验班与控制班相比，自我效能感、创造力倾向、批判性思维、问题解决能力、合作沟通能力都优于控制班，但是二者的差异均未达到统计意义上的显著。但是，实验班的内

在认知负荷高于控制班，心流体验低于控制班，外在认知负荷和关联认知负荷都低于控制班，二者的差异均未达到统计意义上的显著。

(二) 各变量关系分析

为深入了解跨学科学习过程中学习者的心流体验、认知负荷、高阶思维技能之间的关系，本部分选择实验班的数据，采用基于偏最小二乘结构方程模型的 SmartPLS 3.0 软件研究各变量之间的关系，并对模型进行解释和预测，检验实验中提出的研究假设。我们主要选择了实验班的数据进行分析。

1. 信效度分析

信效度分析结果如表 5-6 所示，首先，本次问卷所设维度的 Cronbach's Alpha 值均大于 0.7，处于 0.734—0.887，说明该问卷能够通过内部一致性检验。组合信度（CR）方面，当 CR 值大于等于 0.7 时，说明问卷的组合信度良好，数据表明各变量的 CR 值均大于 0.7，说明问卷的组合信度较好。其次，效度检测主要通过结构效度、聚合效度和区分效度进行检验。结构效度以标准因子载荷系数进行检验，标准因子载荷在 0.5 以上，表明具有实际意义；超过 0.7，则表明内部结构效度良好。数据表明，各变量的标准因子载荷系数均大于 0.5，且大部分在 0.7 以上，说明结构效度良好。聚合效度由平均方差的提取值（AVE）进行检验，AVE 值大于 0.5，则可说明变量的聚合效度良好。数据表明，所调查的变量中 AVE 值最低为 0.502，大于 0.5，说明问卷聚合效度良好。

表 5-6　　　　　　　　　　信效度检验

变量	题项	标准因子载荷	组合信度（CR）	平均方差提取值（AVE）	Cronbach's Alpha
关联认知负荷	关联认知负荷 1	0.870	0.918	0.738	0.881
	关联认知负荷 2	0.936			
	关联认知负荷 3	0.855			
	关联认知负荷 4	0.766			

续表

变量	题项	标准因子载荷	组合信度（CR）	平均方差提取值（AVE）	Cronbach's Alpha
内在认知负荷	内在认知负荷1	0.901	0.915	0.783	0.860
	内在认知负荷2	0.942			
	内在认知负荷3	0.807			
创造力倾向	创造力倾向1	0.904	0.878	0.707	0.792
	创造力倾向2	0.877			
	创造力倾向3	0.729			
合作沟通能力	合作沟通技能1	0.525	0.841	0.65	0.734
	合作沟通技能2	0.894			
	合作沟通技能3	0.936			
外在认知负荷	外在认知负荷1	0.927	0.902	0.699	0.853
	外在认知负荷2	0.885			
	外在认知负荷3	0.811			
	外在认知负荷4	0.704			
心流体验	心流体验1	0.767	0.856	0.502	0.791
	心流体验2	0.623			
	心流体验3	0.857			
	心流体验4	0.604			
	心流体验5	0.733			
	心流体验6	0.620			
批判性思维	批判性思维1	0.846	0.922	0.746	0.887
	批判性思维2	0.877			
	批判性思维3	0.914			
	批判性思维4	0.816			
问题解决能力	问题解决能力1	0.842	0.893	0.677	0.848
	问题解决能力2	0.903			
	问题解决能力3	0.783			
	问题解决能力4	0.756			

区分效度的检验需要各变量间标准化相关系数与平均方差提取值 AVE 的平方根进行比较，后者均大于前者表示区分效度良好。表 5-7 所示的是各个变量之间的皮尔逊相关系数。可以看出，表 5-7 中既有正相关关系，也有负相关关系，其中相关性最强的是关联认知负荷与外在

认知负荷（皮尔逊相关系数为 0.736）。表 5-7 中对角线数值为各变量平均方差萃取量的开根号值，数据表明对角线数值均高于同列中的每个数值的绝对值，说明本书的测量模型具有良好的区别效度。因此，整体而言，本次问卷设计通过了信效度检验，基本能够反映学生在跨学科学习过程中的真实情况。

表 5-7　　　　　　　　　各变量相关性分析

	关联认知负荷	内在认知负荷	创造力倾向	合作沟通能力	外在认知负荷	心流体验	批判性思维	问题解决能力
关联认知负荷	0.859							
内在认知负荷	0.699	0.885						
创造力倾向	-0.305	-0.131	0.841					
合作沟通能力	-0.456	-0.434	0.284	0.806				
外在认知负荷	0.736	0.683	-0.191	-0.598	0.836			
心流体验	-0.677	-0.678	0.408	0.538	-0.735	0.704		
批判性思维	-0.703	-0.494	0.127	0.595	-0.494	0.518	0.864	
问题解决能力	-0.583	-0.535	0.294	0.647	-0.528	0.469	0.724	0.823

2. 结构方程模型构建与分析

一般来说，评价 PLS 结构方程模型质量的指标通常选择模型的内生潜变量的判定系数（R^2）和模型拟合度。R^2 是潜变量的可解释方差与总方差的比值，其值越大代表为解释能力越高。[1] Chin 认为，R^2 的值大于 0.67，代表"高"解释能力；0.67—0.33，代表"中度"解释能力；0.33—0.19，代表"低"解释能力。[2] 如图 5-2 所示，本实验的内生潜变量有五个，分别是心流体验、创造力倾向、批判性思维、合作沟通能力、问题解决能力。数据分析结果表示，五个内生潜变量的 R^2 值分别为 0.612、0.167、0.268、0.289 和 0.220，除创造力倾向的解释能力不足以及心流体验解释具有较高解释能力外，其余均在"低"到"中度"的解释范围中。

---

[1] 吴明隆：《结构方程模型：AMOS 的操作与应用》，重庆大学出版社 2017 年版。

[2] W. W. Chin, "The Partial Least Squares Approach to Structural Equation Modeling", *Modern Methods for Business Research*, Vol. 295, No. 2, March 1998, pp. 295-336.

3. 路径分析

本实验所设模型中各变量之间路径系数的分析结果如表5-8所示。可以看到,在学生认知负荷与心流体验的三条路径中,唯有外在认知负荷对心流体验呈显著影响,$\beta=-0.421$,$p<0.05$,说明外在认知负荷负向影响学生心流体验,假设 $H2_b$ 成立。而由于内在认知负荷、关联认知负荷与心流体验之间路径系数的 p 值大于0.05,假设 $H2_a$、$H2_c$ 不成立。同理,心流体验与创造力倾向、合作沟通能力、批判性思维、问题解决能力之间路径系数的 p 值均小于0.05,因此,假设 $H3_a$、$H3_b$、$H3_c$、$H3_d$ 均成立。

表5-8 研究假设路径分析

假设路径	路径系数	标准误	t统计量	p值	结果
内在认知负荷 → 心流体验	-0.262	0.203	1.289	0.198	$H2_a$不成立
外在认知负荷 → 心流体验	-0.421	0.200	2.111	0.035	$H2_b$成立
关联认知负荷 → 心流体验	-0.184	0.281	0.654	0.514	$H2_c$不成立
心流体验 → 创造力倾向	0.408	0.127	3.226	0.001	$H3_a$成立
心流体验 → 批判性思维	0.518	0.117	4.417	0.000	$H3_b$成立
心流体验 → 合作沟通能力	0.538	0.134	4.006	0.000	$H3_c$成立
心流体验 → 问题解决能力	0.469	0.162	2.891	0.004	$H3_d$成立

本实验的目的是应用跨学科学习环境设计模型来考察学习者在跨学科学习过程中心流体验对高阶思维技能的影响,以及认知负荷对心流体验的影响。笔者利用本实验研究了学习者跨学科学习过程中非认知因素的影响机制,解释了心流体验与其他因素之间的关系。研究表明,心流体验对创造力倾向、批判性思维、问题解决能力、合作沟通能力有积极的正向显著影响,外在认知负荷对心流体验有积极影响。在跨学科学习环境设计模型的支持下促进学生高阶思维技能的发展,有助于学生运用多个学科知识和方法去解决"什么是传染病及如何传播的问题"。

第一,认知负荷与心流体验的关系。在路径系数的检验中,从内在认知负荷到心流体验的路径($\beta=-0.262$,$t=1.289$,$p>0.05$),从外在认知负荷到心流体验的路径($\beta=-0.421$,$t=2.111$,$*p<0.05$),从关

联认知负荷到心流体验的路径（$\beta=-0.184$，$t=0.654$，$p>0.05$），均呈现显著性相关，支持假设 H2$_b$。

第二，心流体验与高阶思维技能的关系。在路径系数的检验中，从心流体验到创造力倾向的路径（$\beta=0.408$，$t=3.226$，$***p<0.001$），从心流体验到批判性思维的路径（$\beta=0.518$，$t=4.417$，$***p<0.001$），从心流体验到合作沟通能力的路径（$\beta=0.538$，$t=4.006$，$***p<0.001$），从心流体验到问题解决能力的路径（$\beta=0.469$，$t=2.891$，$*p<0.05$），均呈现显著性相关，支持假设 H3$_a$、H3$_b$、H3$_c$、H3$_d$。

4. 效应量分析

本实验采用 Cohen 的 f^2 来计算 PLS-SEM 的路径效果量，路径效果量是自变量对因变量影响的大小，是增加该路径后，增加的 R^2 与因变量的不可解释方差的比值。Chin 认为，"$0.02<f^2<0.15$""$0.15<f^2<0.35$"和"$f^2>0.35$"分别代表外生潜变量对内生潜变量的影响"小""中"和"大"[①]。在本实验中，效果量较大的路径是："心流体验→批判性思维""心流体验→合作沟通能力"，这两条路径的效果量分别是 0.366、0.407。"心流体验→问题解决能力""外在认知负荷→心流体验"和"心流体验→创造力倾向"的路径效果量中等，对应的路径效果量分别是 0.282、0.184、0.200。

（三）数据分析结果

1. 数据分析结果验证了 H1$_a$、H1$_b$，即虽然实验班中学生的高阶思维技能、自我效能感等各维度均值得分均高于控制班，但是在统计学意义上并没有产生显著性的差异。在 H1$_c$、H1$_d$方面，数据统计分析发现，虽然外在认知负荷、关联认知负荷、心流体验各维度均值得分均低于控制班，但是在统计学意义上并没有产生显著性差异。

我们可以看到，外在认知负荷降低了，说明促进跨学科学习的学习环境设计在认知任务呈现等方面具有一定的效果，但是心流体验降低

---

① W. W. Chin, "The Partial Least Squares Approach to Structural Equation Modeling", *Modern Methods for Business Research*, Vol. 295, No. 2, March 1998, pp. 295-336.

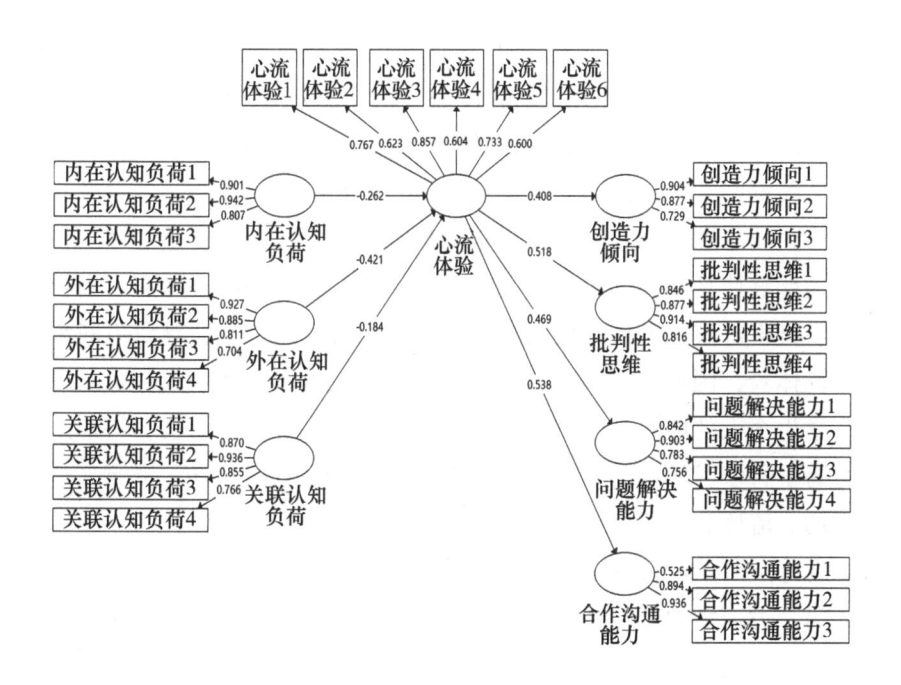

图 5-2 第一轮实验假设结构方程模型

了,内在认知负荷提高了,可能的原因是,两个班都是六年级的学生,且其先验知识差异不大,跨学科学习开展时间仅有 1 个月;也有可能是在跨学科学习过程中的学习环境设计模型有待反思与改进,如问题设计、任务设计等方面存在改进的地方。

2. 在研究假设 $H2_b$ 方面,外在认知负荷与心流体验呈显著负向关系。这表明,在开展跨学科学习的学习环境设计时,要提升学习者的心流体验的话,就要降低学生的外在认知负荷。通常,如果学生的认知资源没有足够的负担,这就会影响认知负荷的效果。外在认知负荷通常被认为对学习不利,外在认知负荷的增加或减少可以决定相关认知负荷。因此,这就表明在跨学科学习过程中要降低学习者的外在认知负荷,需要设计合适的学习环境和学习活动,帮助学习者较好地实现跨学科学习。

3. 假设 $H3_a$、$H3_b$、$H3_c$、$H3_d$ 的结果表明,在跨学科学习过程中,

学习者的心流体验与创造力倾向、问题解决倾向、批判性思维、合作沟通能力呈显著正相关。本实验使用的促进跨学科学习的学习环境设计模型被用于在六年级学生"传染病传播"的学习过程中培养其高阶思维技能。研究发现,心流体验是跨学科学习过程中发生学习高阶思维技能的一个关键因素。在跨学科学习过程中,它允许学生专注于多学科的问题解决,同时涉及高水平认知需求的教学活动,因此,复杂的跨学科学习活动能够使具有高心流体验能力的人才出现较好的心流状态。当教师对跨学科学习实施开展不同的学习环境设计时,这可能会导致不同水平的心流体验,因此,教师有必要根据跨学科学习问题、学生的先验知识、学生个人的能力和学习兴趣设计合适的跨学科学习活动;特别是在进行跨学科学习活动时,有必要根据问题运用合适的工具、资源来增强他们的心流体验。

在跨学科学习过程中,一方面需要小组成员共同参与跨学科学习活动;另一方面需要小组成员围绕问题进行探究解决。跨学科学习与项目化学习、探究式学习相比,其独特之处在于,跨学科学习需要实现知识的整合与再生产,其问题的设计必然要运用多学科知识与方法。因此,学生运用多学科方法进行问题解决的策略非常关键,因为较好的心流体验能有效发展学生的高阶思维技能,所以,使学习者在跨学科学习过程中获得较好的心流体验非常重要。

三 实验结论与讨论

(一) 实验结论

通过上述的分析和讨论,促进跨学科学习的学习环境设计模型体现出了一些优势和特征,得出了如下实验结论。

1. 促进跨学科学习的学习环境设计能有效提升学生的高阶思维技能

本实验构建的促进跨学科学习环境设计的理论模型,通过内容设计到实施教学,最后直达学生思维的培养,通过跨学科学习活动的设计、学习环境设计之间的紧密联系、外在的教学干预,促进学生的低阶思维向高阶思维技能转化。其中,学习内容的选择包括跨学科知识、学习者分析、情境问题的设计等。跨学科学习突破了传统教学的局限，既有利于学生的知识整合和知识建构，又能体现学生高阶思维的培养。在跨学科学习过程中，通过对学习环境设计中的要素如资源、工具、支架、共同体等的设计，有利于降低学生跨学科学习的认知负荷，增强其心流体验，有利于提升学生的自我效能感。通过开展为期一个月的第一轮设计实验，经过对实验班和控制班的问卷调查和数据分析，发现相较于控制班，实验班学习者的高阶思维技能得到有效发展。

2. 促进跨学科学习的学习环境设计能够有效降低学生的外在认知负荷

外在认知负荷是学习者跨学科学习过程中重要的非认知因素，该学习环境设计通过为学习者提供丰富的支架、资源和工具，使学习者在开展问题解决和跨学科学习过程中能较好地完成项目。同时，跨学科学习共同体的建立有利于学习者的沟通、交流、共享，以共同完成作品。

3. 促进跨学科学习的学习环境设计能够有效提升学生的自我效能感

在跨学科学习过程中，以情境问题来设计、架构跨学科教学，从注重知识的传授转变对问题的探究、协作，通过跨学科学习活动激发和调取学生的先验经验，有利于学生对多学科知识的整合、加工。

然而，在第一轮探索性应用实验中，学习者的心流体验效果还不高。研究认为，可能还受到多种因素的影响。第一，学生可能受到跨学科学习环境设计模型或其他心理状态的影响，这些影响可能会中断学生的心流体验；第二，在小组分工设计海报的过程中，有些学生不积极参与协作，使其分心，中断心流体验；第三，学生可能需要时间来熟悉跨学科学习环境设计模型所导致的心流体验较低的状态。此外，本书认为，特定的学习环境设计反过来可以产生特定的认知控制状态，改善学习者的心流体验。

促进跨学科学习的学习环境设计模型能够有效地促进学习者跨学科学习的发生，第一轮探索性应用试验初步验证了该模型构建的方向是正确的。但是，基于第一轮实验数据分析、讨论可知，虽然促进跨学科学习的学习环境设计模型、跨学科课程设计对于跨学科学习的发生和高阶思维技能的发展具有一定的有效性，诸如，外在认知负荷的降低、创造力取向、批判性思维、问题解决技能、合作沟通能力的提升，但是离深层次的跨学科学习的发生还存在一定的距离。

（二）讨论

在跨学科学习的实践过程中，在开展跨学科学习的学习活动中也出现了一些问题。第一，在跨学科学习过程中有小组成员没有完成作品。根据学生上交的作品和汇报的内容，我们发现有一个小组没有按时完成项目化学习任务。这种现象可能是由以下因素导致的，如在学生分工组成小组的过程中，学生的项目分工不明确，个别学生存在"浑水摸鱼"现象。第二，学生在进行跨学科学习时缺乏对问题解决的理解和深层次的知识学习。通过对学生高阶思维技能的调查发现，实验组虽然比控制组高，但所有的维度都未能产生显著差异。从学生完成的作品上而言，学生在进行跨学科学习时对问题解决的理解和深层次的知识学习的能力还不足。第三，在跨学科学习过程中教师的角色和教师跨学科学习活动设计能力有待提升。通过课堂观察我们发现，在开展跨学科学习过程中，教师的话语和促进学生高阶思维技能发展的活动设计的能力还需加强，教师对学生开展小组学习活动的组织能力需提升，并且出现驱动问题的学科知识不牢固问题。

1. 在第一轮实验中，我们发现有 1 个小组成员没有按时完成作品。对于任何以学习者为中心的学习方法来说，协作和相互依赖的文化是必不可少的，在设计活动中学习的关键是一种迭代文化。学习科学实践必不可少的是一种科学推理文化。在合作和相互依赖的文化中，社区的每个成员都有责任帮助他人学习，在这个学习共同体中他们是相互学习、相互帮助的。[1]

2. 根据第一轮实验来看，学生对"传染病病毒"传播这个问题的理解还不是很到位，在小组协作中，尽管教师为学生提供了多种查找资

---

[1] J. L. Kolodner, P. J. Camp, D. Crismond, et al., "Problem-Based Learning Meets Case-Based Reasoning in the Middle-School Science Classroom: Putting Learning by Design (tm) into Practice", *The Journal of the Learning Sciences*, Vol. 12, No. 4, 2003, pp. 495-547.

料的渠道，但是实际上并未形成具体的问题、支架等促进学生的协作探究，即没有为学生指明参与问题设计所包括的学科知识点。由此可见，在第一轮实验中师生的协作探究活动，教师对学科知识的列举本身存在不足，虽然学生都完成了作品设计，但是对于其背后深层次的理解还是缺乏的。虽然他们是六年级的学生，但是应该加深对学科知识的理解，对问题的理解深度，并要详细列出所运用到的学科知识，要加强学科知识的理解。正如埃里克森等人所说，宏观的概念可以解决更强的跨情境迁移性问题，但是却无法提供深度的学科理解。[1]

3. 根据第一轮实验研究结果，促进跨学科学习的学习环境设计模型是合适的，但也存在需要反思与改进的地方，可将之归纳为：第一，问题设计体现出跨学科学习特征不够明显；第二，学习共同体组建不够完善，学生分组存在问题；第三，教师对于跨学科学习的学习环境设计胜任力不足，对于引导学生开展跨学科学习过程中的大概念统整存在问题。

其改进措施有：第一，问题的设计和选择要更加凸显具有学科立场的跨学科学习问题，并应基于学科知识适当增加问题的复杂程度，让学生能够更加投入；第二，在学习共同体和分组方面，增加约束规则，将完成作品度纳入小组评价中；第三，教师跨学科教学胜任力的改善，增加与任课教师备课、沟通、协商的次数，提升教师对促进跨学科学习的学习环境设计模型的理解。在跨学科学习过程中，一方面，教师要调动学生已有的经验知识；另一方面，教师要有整合不同学科知识的能力。

本书通过第一轮准实验探讨了促进跨学科学习的学习环境设计对高阶思维技能、认知负荷、心流体验、自我效能感的影响。在跨学科学习过程中，在学习环境设计的作用下，学生的认知负荷和心流体验，对高阶思维技能的发展提供了解释依据。

---

[1] [美]林恩·埃里克森、洛伊斯·兰宁：《以概念为本的课程与教学：培养核心素养的绝佳实践》，鲁效孔译，华东师范大学出版社2018年版。

第四节　第二轮反思与改进

基于第一轮实验的数据分析结果、实践过程中的不足；第二轮实验旨在反思与改进跨学科学习的学习环境设计，在以工程为中心的跨学科学习课程中了解该学习环境设计对学生的跨学科学习的影响。

一　案例实施过程

（一）实验目的

本次实验的目的是修正第一个案例研究中所出现的问题，不断反思和改进促进跨学科学习的学习环境设计模型等，以促进跨学科学习的发生；同时提高促进跨学科学习的学习环境设计模型的可操作性。

1. 实验假设

$H1_a$：通过跨学科学习的学习环境设计，学生的高阶思维技能得到提升；$H1_b$：通过跨学科学习的学习环境设计，学生的自我效能感得到提升；$H1_c$：通过跨学科学习的学习环境设计，学生的心流体验得到提升；$H1_d$：通过跨学科学习的学习环境设计，学生的外在认知负荷和内在认知负荷降低，关联认知负荷提高。

在促进跨学科学习的学习环境设计的实验教学中，第一，探索学生的认知负荷与心流体验的关系，研究假设为，$H2_a$：内在认知负荷对心流体验有负向影响；$H2_b$：外在认知负荷对心流体验有负向影响；$H2_c$：关联认知负荷对心流体验有正向影响。第二，探索心流体验与高阶思维技能的关系，研究假设为，$H3_a$：心流体验对创造力倾向具有积极正向影响；$H3_b$：心流体验对批判性思维具有积极正向影响；$H3_c$：心流体验对问题解决技能具有积极正向影响；$H3_d$：心流体验对合作、沟通技能具有积极正向影响。通过探索促进跨学科学习的学习环境设计实验教学中学生认知负荷、心流体验、高阶思维技能的关系，不断反思与改进跨学科学习的学习环境设计模型。

2. 准实验内容的选择

第二轮准实验教学内容如表 5-9 所示。

表 5-9　　　　　　　　　第二轮准实验教学内容

实验学校	实验班	控制班	教学内容	学科	教师	时长
J 中学	七年级 24 人	七年级 19 人	平板支架模型制作	通用技术	林老师	五周

3. 实验变量与测量工具

自变量 X：学习环境设计。对于实验班，采用促进跨学科学习的学习环境设计组织教学；对于控制班，采用传统教学模式组织教学。

因变量 Y：心流体验、认知负荷、高阶思维技能。这三个变量的测量工具在本书的第五章第二节里已有详细阐述。

4. 干扰变量及其控制

本次准实验的干扰变量是学生的学习态度、计算思维和工程素养等。为减少干扰变量的影响，本轮实验首先由学生自主选择该课程；其次实验组和控制组的学生在前期都有相关实践课程类的学习经验。

（二）实验过程

1. 课程的介绍

本门课程是 J 中学的通用技术课程，该学科的核心素养主要包括技术意识、工程思维、创新设计、图样表达、物化能力，旨在培养学生的动手和实践能力及工程思维的训练。

2. 学习者分析

本次实验由学生自由选择，参加"木工制作"课程的学习。首先，本次实验对象为初中七年级的学生，经过多年的课程学习，他们已具有较强的学习能力，具备了一定的合作和探究能力。其次，他们的思维发展处于具体运算阶段，能进行初步的逻辑思维，逻辑思维和认知活动的目的性开始增强，逻辑推演能力开始形成，可以在课程中完成工程任务。

3. 教学内容分析

"设计一个平板支架模型"是通用技术课程中跨学科主题课程内容之一。该课程突出以"工程"为中心的跨学科特点，根据学生认知特点，选取学生已经形成一定的抽象概念的"类似手机支架模型"为研究对象，整合学生已具备的数学、技术、科学、工程等方面的知识，通过以个人和小组合作的形式，经历探索、头脑风暴、联系、转化、联通、理解等过程，根据木头的大小制作出模型，以达成教学目标。

4. 跨学科学习环境设计

结合促进跨学科学习环境设计模型和第一轮实验的理论完善，我们主要关注问题的设计、学习共同体的组建及问题解决的过程等方面并进行相应的调整。在跨学科问题选择和设计方面更加关注真实问题驱动，且能涉及具体的学科知识，并增加问题的复杂度，学习共同体的组建主要涉及社会关系环境，本次实验选择异质分组，并增加约束规则，要求每个学生都必须参与小组活动，纳入小组作品综合评价中。在实验过程中，特别是在知识整合和协作探究过程中，主要考虑通过增加草图设计、教师指导等脚手架、学生讨论等降低学生的内在认知负荷，增加关联认知负荷（如表5-10所示）。

表5-10　　　　　　　　　跨学科学习环境设计

项目名称	平板支架模型的制作
核心概念	木工、平板支架
涉及学科	数学、科学、技术、工程
项目描述	设计平板支架，并进行制作
大概念：结构与功能相适应	
概念理解	驱动性问题 (1) 平板支架需要具有什么功能 (2) 平板支架的尺寸是多少 (3) 平板支架各部件该用什么方法去连接
知识 (1) 稳固的结构 (2) 材料的处理	技能 (1) 能够完成一个平板支架的设计 (2) 能熟练运用各种木工工具

续表

项目名称	平板支架模型的制作

确定评价证据

解释：如何设计出稳固结构的平板支架
阐释：平板支架各部分所起到的功能
应用：完成平板支架的设计和作品
洞察：学生自己和他人制作的平板支架存在什么问题
同理心：如何对作品进行改进

工具	小手锯、线锯、木工锯、锉刀、手摇钻、热熔胶枪、榔头、凿子
资源	木料、砂纸、热熔胶、多媒体资源

跨学科学习阶段	教师活动	学生活动
经验调取	情境创设，部分学生的平板电脑没有支撑，用来学习的时候很不方便，我们有没有办法帮帮他	学生讨论，对问题进行定义，发挥想象，思考并形成平板支架模型的框架
知识整合、加深认知	提出问题：在设计平板支架的时候我们需要考虑什么问题 如何设计出具有稳固结构的平板支架	学生讨论，确定在构思平板支架时所需要解决的几个要点：（1）功能；（2）尺寸；（3）连接方式；（4）材质
概念理解	让学生进行分组讨论设计，确定他们自己所设计的平板支架所具有的功能、尺寸、连接方式、材料等 选择木材，并对木材进行加工，完成平板支架的制作	（1）学生完成他们自己组的平板支架的设计、展示设计草图，并与其他小组同学进行交流讨论，改善他们自己的设计 （2）选取合适的木材，并对木材进行加工
意义建构	对选取的木材进行加工，制作，拼装，打磨，美化，完成作品，并进行展示	完成平板支架的制作，完成作品并进行介绍展示
深度反思	展示作品，全班学生进行交流与讨论，提出某个设计作品的优缺点，进行下一步的改进	展示作品，并对其他作品进行评价，对学生自己的作品进行改进

5. 跨学科学习环境设计的五个维度

跨学科学习环境设计的五个维度是：课程环境、心智环境、物理环境、技术环境、社会关系环境（如表5-11所示）。

表 5-11　　"以工程为中心"的跨学科学习环境设计的五个维度

阶段	课程环境	心智环境	物理环境	技术环境	社会关系环境
准备	问题设计	明确任务、激活思路	创客教室	白纸、木板	异质分组，形成若干小组
知识整合、建构	跨学科课程内容设计	设计草图平板模型设计需要哪些要素、小组协作设计草图	创客教室	白纸、木板	小组讨论、完成相关任务
知识运用	模型设计与制作	选择木材，任务分解，制作模型，展示反馈	创客教室	白纸、木板	小组分工、完成"平板模型制作"，各小组向班级同学展示成果

6. 实施过程

在第二轮实验里我们聚焦"以'工程'为中心的跨学科学习环境设计"，以实现学习者的跨学科学习。从 2021 年 10 月开始实施，共持续 4 周，具体实施过程如下：在第一周里，研究者与学科教师开展教研、讨论课程内容选择和学习环境设计、共同备课、设计问题、准备素材（包括木头等）；在第 2—4 周里，学生根据任务单进行设计、讨论、协作、制作，运用多学科知识与方法解决"平板支架"模型，最后形成一个作品。本书采用准实验方法，通过后测问卷进行调研。实验班的学生采用促进跨学科学习的学习环境设计进行教学。控制班的学生采用传统的学习方式进行教学。

二　数据分析与结果

在实验完成后，对实验班和控制班学生的高阶思维技能、自我效能感、认知负荷、心流体验进行后测，分析学生的高阶思维技能、自我效能感、认知负荷、心流体验等方面是否存在差异。

（一）各变量的单因素方差分析

从表 5-12 可知，实验班的关联认知负荷、心流体验、创造力倾向、批判性思维、合作沟通能力、问题解决能力、自我效能感均高于控制班。实验班的内在认知负荷低于控制班，但外在认知负荷略高于控制班，但都呈现出统计学意义上的显著性。这表明在跨学科学习活动前，教师提供的各种工具、资源和支持，能在一定程度上降低学生的内在认知负荷和提升学生的关联认知负荷。从单因素方差分析可知，实验班学生的心流体验和高阶思维技能高于控制班，且具有统计学意义上的显著性。

表 5-12　　实验班控制班各变量之间的单因素方差分析

变量	实验班（$N=24$）均值	实验班 标准差	控制班（$N=19$）均值	控制班 标准差	F	p
内在认知负荷	1.97	1.07	2.39	0.57	2.323	0.135
外在认知负荷	1.32	0.49	1.24	0.38	0.403	0.529
关联认知负荷	4.41	0.77	4.25	0.52	0.575	0.453
心流体验	4.53	0.59	4.01	0.49	9.688	0.003**
创造力倾向	4.38	0.62	3.98	0.38	5.936	0.019*
批判性思维	4.16	0.64	3.59	0.49	10.062	0.003**
合作沟通能力	4.39	0.63	4.00	0.29	6.080	0.018*
问题解决能力	4.31	0.69	3.87	0.62	4.810	0.034*
自我效能感	4.16	0.60	3.79	0.56	4.175	0.047*

为深入了解跨学科学习过程中学习者的心流体验、认知负荷、高阶思维技能的关系及跨学科学习的效果。我们主要选择了实验班的数据进行分析，采用基于偏最小二乘结构方程模型的 SmartPLS 3.0 软件研究各变量之间的关系，并对模型进行解释和预测，检验实验中提出的研究假设。

1. 信效度分析

信效度分析结果如表 5-13 所示。本次问卷所设维度的 Cronbach's Alpha 最小值为创造力倾向，为 0.765；且组合信度最小值为 0.868，均大于 0.7，说明信度较好。各变量所对应题项的标准因子载荷系数除创造力倾向第三个题项为 0.466，其余均大于 0.7，说明结构效度良好。在平均方差提取值方面，最小值为 0.704，均大于 0.5，说明区分效度良好。

表 5-13 信效度分析

变量	题项	标准因子载荷	组合信度（CR）	平均方差提取值（AVE）	Cronbach's Alpha
关联认知负荷	关联认知负荷 1	0.981	0.979	0.922	0.972
	关联认知负荷 2	0.962			
	关联认知负荷 3	0.955			
	关联认知负荷 4	0.942			
内在认知负荷	内在认知负荷 1	0.934	0.958	0.884	0.941
	内在认知负荷 2	0.932			
	内在认知负荷 3	0.954			
外在认知负荷	外在认知负荷 1	0.886	0.912	0.722	0.871
	外在认知负荷 2	0.935			
	外在认知负荷 3	0.789			
	外在认知负荷 4	0.777			
创造力倾向	创造力倾向 1	0.980	0.868	0.704	0.765
	创造力倾向 2	0.966			
	创造力倾向 3	0.466			
合作沟通能力	合作沟通技能 1	0.851	0.926	0.807	0.881
	合作沟通技能 2	0.905			
	合作沟通技能 3	0.936			
心流体验	心流体验 1	0.894	0.937	0.884	0.918
	心流体验 2	0.946			
	心流体验 3	0.850			
	心流体验 4	0.735			
	心流体验 5	0.707			
	心流体验 6	0.907			

续表

变量	题项	标准因子载荷	组合信度（CR）	平均方差提取值（AVE）	Cronbach's Alpha
批判性思维	批判性思维1	0.821	0.911	0.922	0.872
	批判性思维2	0.927			
	批判性思维3	0.837			
	批判性思维4	0.804			
问题解决能力	问题解决能力1	0.903	0.959	0.722	0.944
	问题解决能力2	0.956			
	问题解决能力3	0.889			
	问题解决能力4	0.948			

表5-14所列为各变量之间的皮尔逊相关系数。可以看出，表5-14中既有正相关关系，也有负相关关系，其中相关性最强的是心流体验与创造力倾向（皮尔逊相关系数为-0.897）。另外，表5-14中除了心流体验与创造力倾向的相关系数高于创造力倾向的平均方差提取值开根号外，对角线数值均高于同列中每个数值的绝对值，说明本实验的测量模型具有良好的区分效度。整体而言，本次问卷设计通过了信效度检验，基本能够反映学生在跨学科学习过程中的真实情况。

表5-14　　　　　　　　各变量的相关性分析

变量	关联认知负荷	内在认知负荷	创造力倾向	合作沟通能力	外在认知负荷	心流体验	批判性思维	问题解决能力
关联认知负荷	0.960							
内在认知负荷	0.050	0.940						
创造力倾向	-0.376	-0.383	0.839					
合作沟通能力	-0.194	-0.282	0.707	0.898				
外在认知负荷	0.382	0.603	-0.643	-0.460	0.849			
心流体验	-0.548	-0.417	0.897	0.631	-0.782	0.845		
批判性思维	-0.515	-0.259	0.778	0.658	-0.554	0.721	0.849	
问题解决能力	-0.184	-0.407	0.742	0.871	-0.475	0.635	0.651	0.924

2. 结构方程模型构建与分析

根据结构方程模型的结果（如图5-3所示），本书的内生潜变量有五个，分别是创造力倾向、合作沟通能力、心流体验、批判性思维、问题解决能力。数据分析表示，这五个内生潜变量的 R^2 值分别为 0.805、0.399、0.685、0.519 和 0.403，可见，心流体验对创造力倾向以及三大认知负荷对心流体验都具有较高的解释力，其余变量也均具有"中度"的解释力。

3. 路径分析

本实验所设模型中各变量之间路径系数的分析结果如表5-15所示。可以看到，在学生认知负荷与心流体验的三条路径中，唯有外在认知负荷对心流体验呈现出显著影响，$\beta = -0.674$，$p<0.05$，说明外在认知负荷负向影响学生心流体验，假设 H2$_b$ 成立。由于内在认知负荷、关联认知负荷与心流体验之间路径系数的 p 值大于 0.05，因此，假设 H2$_a$、H2$_c$ 不成立。同理，心流体验与创造力倾向、合作沟通能力、批判性思维、问题解决能力之间路径系数的 p 值均小于 0.05，因此，假设 H3$_a$、H3$_b$、H3$_c$、H3$_d$ 均成立。

表5-15　　　　　　　　研究假设的路径分析

假设路径	路径系数	标准误	t 统计量	p 值	结果
内在认知负荷 → 心流体验	0.004	0.170	0.022	0.982	H2$_a$ 不成立
外在认知负荷 → 心流体验	-0.674	0.183	3.682	0.000	H2$_b$ 成立
关联认知负荷 → 心流体验	-0.291	0.166	1.754	0.080	H2$_c$ 不成立
心流体验 → 创造力倾向	0.897	0.028	31.665	0.000	H3$_a$ 成立
心流体验 → 批判性思维	0.721	0.066	10.947	0.000	H3$_b$ 成立
心流体验 → 合作沟通能力	0.631	0.155	4.066	0.000	H3$_c$ 成立
心流体验 → 问题解决能力	0.635	0.151	4.198	0.000	H3$_d$ 成立

本实验的目的是应用跨学科学习环境设计模型考察学习者在跨学科

学习过程中心流体验对高阶思维技能的影响，以及认知负荷对心流体验的影响，研究学习者跨学科学习过程中非认知因素的影响机制，构建了学习者跨学科学习过程中心流体验研究模型，并利用该模型解释了心流体验与其他因素之间的关系。研究表明，心流体验对创造力倾向、批判性思维、问题解决能力、合作沟通能力有积极的正向显著影响，外在认知负荷对心流体验有负向影响。

第一，认知负荷与心流体验的关系。在路径系数的检验中，从内在认知负荷到心流体验的路径（$\beta=-0.004$，$t=0.022$，$p>0.05$），从外在认知负荷到心流体验的路径（$\beta=-0.674$，$t=3.682$，$*p<0.05$），从关联认知负荷到心流体验的路径（$\beta=-0.291$，$t=1.754$，$p>0.05$），均呈现出显著性相关，支持假设 $H2_b$。

第二，心流体验与高阶思维技能的关系。在路径系数的检验中，从心流体验到创造力倾向的路径（$\beta=0.897$，$t=31.665$，$***p<0.001$），从心流体验到批判性思维的路径（$\beta=0.721$，$t=10.947$，$***p<0.001$），从心流体验到合作沟通能力的路径（$\beta=0.631$，$t=4.006$，$***p<0.001$），从心流体验到问题解决能力的路径（$\beta=0.635$，$t=4.198$，$*p<0.05$），均呈现显著性相关，支持假设 $H3_a$、$H3_b$、$H3_c$、$H3_d$。

4. 效应量分析

在本实验中，效果量 f^2 较大的路径有：心流体验→创造力倾向、心流体验→批判性思维、外在认知负荷→心流体验、心流体验→问题解决能力、心流体验→合作沟通能力，这些路径的效果量分别是4.138、1.08、0.739、0.675、0.663。除此以外，关联认知负荷→心流体验的路径效果量中等，对应的路径效果量是0.226。

（二）数据分析结果

实验结果验证了 $H1_a$、$H1_b$、$H1_c$，即虽然实验班中学生的高阶思维技能、自我效能感、心流体验等各维度均值得分均高于控制班，而且在心流体验、高阶思维技能的四个维度都具有统计学意义上的显著差异。但是在 $H1_d$ 方面，数据统计分析发现，实验班内在认知负荷低于控制

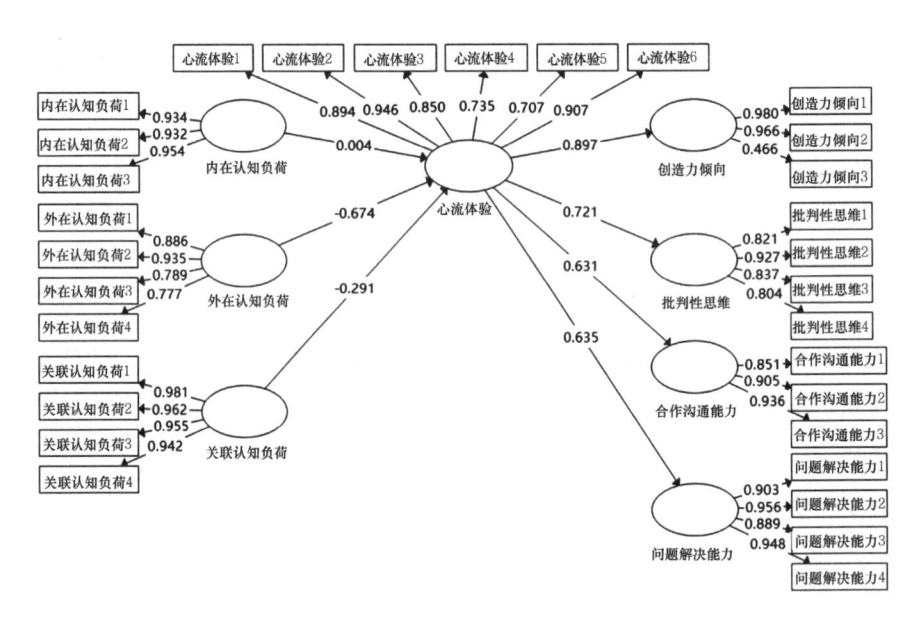

图 5-3 第二轮实验假设结构方程模型

班，外在认知负荷与关联认知负荷高于控制班，但是在统计学意义上没有产生显著性的差异。

我们可以看到，虽然内在认知负荷降低了，关联认知负荷增加了，但是外在认知负荷却略高于控制班，说明促进跨学科学习的学习环境设计在认知任务呈现等方面具有一定效果，且高阶思维技能与心流体验都得到了提升。这可能与本次实验主要以"工程"为中心的跨学科学习课程内容有关，通过课堂观察发现，此次实验班中的女生较多，对于工程模型制作的过程可能有一定困难。而此次实验的不足之处在于，由于该课程是由学生自由选择的，因此在男女性别上本实验无法选择。

假设 $H2_b$ 成立，即外在认知负荷对心流体验具有负向影响。认知负荷一词最初源于心理负荷，主要从心理、生理和认知的角度来考虑，与个体的总负荷对其完成特定任务的影响及其信息处理有关。如果教学设计或教学内容超出了学习者能够承受的认知能力范围，这些学习者的认知能力就会变得不堪重负，从而对学习兴趣和学习结果产生负面影响。正如 Chandler 和 Sweller 所提出的，精心设计的教材和教学设计可以减少学习者的外部认知负荷，增加学习者用于建构的工作记忆资源，进而诱发学习者的相关认知负荷。[①] 第二轮实验发现，学生的外在认知负荷与心流体验呈现显著负相关。换句话说，心流状态较好的学生有较低的外在认知负荷。外在认知负荷通常被认为对学习不利，外在认知负荷的增加或减少可以决定相关认知负荷。对第二轮实验数据分析发现，内在认知负荷降低，关联认知负荷提升了，因此，这一促进跨学科学习的学习环境设计发挥出一定的效果。在跨学科学习过程中，教师和学生都可能会全身心地参与到学习环境设计中，如通过画"支架模型"草图，积极调取先验知识，选择数学、物理等学科知识共同设计、制作该模型。

假设 $H3_a$、$H3_b$、$H3_c$、$H3_d$ 的结果表明，在跨学科学习过程中，学习者的心流体验与创造力倾向、问题解决能力、批判性思维、合作沟通能力呈显著正相关。在第二轮实验中，研究发现促进跨学科学习的学习环境设计能有效提升学生的心流体验和高阶思维技能。而且根据假设 H3 发现，心流体验也是跨学科学习过程中发展高阶思维技能的一个关键因素。在跨学科学习过程中，它允许学生专注于多学科的问题解决，同时涉及高水平认知需求的教学活动，因此，复杂的跨学科学习活动使具有高心流体验能力的人产生较好的心流状态。因此，提高学生的心流体验有助于学习者深层次跨学科学习的发生。

三 实验结论与讨论

（一）实验结论

我们发现，在"以工程为中心"的跨学科学习过程中，当学生从事复杂的探究任务时，为他们提供脚手架是很重要的。将学科知识、问

[①] C. W. Liao, C. H. Chen, S. J. Shih, "The Interactivity of Video and Collaboration for Learning Achievement, Intrinsic Motivation, Cognitive Load, and Behavior Patterns in a Digital Game-Based Learning Environment", *Computers & Education*, Vol. 133, 2019, pp. 43-55.

题信息和数据的概念以整体形象呈现出来,并基于相关数据和知识进行循证推理和假设的渐进过程,可以促进学生的探究表现,而且需要以一种整体的方式给学习者提供认知支持,例如搜索信息和数据、构建领域知识以及假设和推理,有助于满足学生的需要。[1]

1. 促进跨学科的学习环境设计能有效提升学生的高阶思维技能

相对于控制班而言,实验班中的学生在高阶思维技能、心流体验和自我效能感方面显著优于控制班。可见,有效的学习环境设计能激发学生跨学科学习过程中的认知变化,提升学生的跨学科学习效果,促进跨学科学习深层次发生。

2. 促进跨学科学习环境设计能有效提升学生的心流体验

本课程通过工程实践和设计实践,要求学生将科学技术与科学探索、数学知识和物理知识相结合,在解决问题的过程中开发出创造性的解决方案,提高学生的工程思维和创新设计能力。在以工程实践为中心的跨学科学习课程中,鼓励学生进行创造性和批判性思考,与老师和同学进行创造性互动,从不同的角度分析主题,解释和评价他们的作品,学生愿意积极、协作地进行作品制作。

3. 促进跨学科的学习环境设计需要降低学生的外在认知负荷

通过观察跨学科学习过程中学生完成的作品和设计的草图,我们认为还需要加强学生的空间能力和推理能力。推理是对收集到的数据进行解释,并将其与学科知识相结合构建基于证据的论证和逻辑论证的过程。在跨学科学习过程中,学生需要进行更高层次的思考来理解问题。首先,他们需要对跨学科学习中驱动性问题的理解,也可以将之理解为是问题概念化或构建问题空间。因此,要做到这一点,学生必须识别问题并将之概念化,并找到与问题相关的学科知识。其次,他们需要应用不同学科的知识和适当的方法来解决问题。为了做到这一点,学生必须生成问题的假设或问题的解决方案,并对不同学科的知识进行整合、意

---

[1] J. Chen, M. Wang, T. A. Grotzer, et al., "Using a Three-Dimensional Thinking Graph to Support Inquiry Learning", *Journal of Research in Science Teaching*, Vol. 55, No. 9, March 2018, pp. 1239-1263.

义加工和建构；再进行推理以证明假设或提出解决方案等。在跨学科学习过程中，学生高阶思维技能的发展包含两个方面：对与问题相关的学科知识进行概念性思维；利用不同学科知识融合解决问题，形成解决方案或解释。在课堂讨论中要加强对竞争性观点的论证讨论、元认知参与对话和学生的高度参与。

根据第二轮实验研究，我们发现了一些非常有意思的结果并需要对其加以进一步探讨。为此，本部分进一步讨论如何基于知识深度模型理论等深化跨学科学习的学习环境设计。首先，与第一轮的研究结论相呼应，本次研究发现，跨学科学习提高了学生的协作、交流、沟通能力，有利于学生在跨学科学习过程中进行沟通交流，课堂氛围更加民主，同时有利于他们协作知识的建构。其次，从学生报告的作品和反馈来看，学生面对的挑战是对复杂性问题解决的过程中要运用多学科知识，同时要针对问题查找资料并进行基于证据的表达。因此，教师在学生开展跨学科学习过程中要根据所设计的跨学科学习活动为学生提供支持，要根据学生完成的内容进行及时反馈。在跨学科学习过程中，学习者不仅通过跨学科学习方式，也通过项目结束后的表演、汇报等来学习新知识，而且更重要的是对整个问题的理解，以及与真实生活相联系的问题的解决，注重学生高阶思维技能的培养。

(二) 讨论

在第二轮实验中，我们认为促进跨学科学习的学习环境设计应用，主要体现出以下几个特点。(1)对跨学科知识的整合。以工程设计为中心的拓展实践课程将不同学科知识点进行了整合，利用多学科知识去解决"手机支架"设计问题，而不仅仅是学科知识的叠加。(2)以工程设计为中心的跨学科课程为学习者高阶思维技能的发展提供了有利的环境。因为在这个"手机支架"工程设计的过程中，其本身就对培养学生的工程思维和创新设计具有先天的优势。因为学习者在这个"手机支架模型"制作过程中，需要经历定义问题、想象、计划、创造、评估、重新设计、交流等环节。在解决每一个环节的过程中，学习者都需要运用多学科知识，以更好地解决这个回答，使其设计合理、适用。

(3)设计和制作"平板支架"过程本身就是迭代的过程,有助于学习者发展图样表达和物化能力。

通过第二轮实验,我们总结得出在实现跨学科学习的"工程"设计为中心取向的跨学科课程中,需要从问题设计和学习任务出发,因此,此次选择的任务既考虑了问题的选择,又紧密联系生活世界,而学生的先验知识和问题情境也构成了驱动型问题的设计。在实施"以工程为中心"的跨学科学习的过程中,学习者需要经历工程设计的整个过程,但通过本轮实验,仍然存在需要优化和完善的地方。(1)相对于控制班,实验班的外在认知负荷略高于控制班,也没有呈现出显著性差异,因此有必要继续优化和完善学习环境设计模型,精心设计问题。(2)在第二轮实验中,在模型草图设计过程中,关于数学、物理等学科核心素养的落实还不够,容易使这一类跨学科学习变成综合实践活动课程。(3)高阶、挑战性的学习任务较少。

需改进之处:针对第二轮实验需要完善的问题,提出改进措施。(1)运用探索、头脑风暴、联想、转化、连接、显性等方法解决问题,增强学生们整合运用多学科知识的能力,降低学习者的外在认知负荷。(2)问题的设计和选择应更加关注学科核心素养。(3)对学习任务的设计要逐步呈现出高阶性和挑战性;问题的设计要以大概念为引领,加强对不同学科知识和方法的整合。如设计跨学科学习活动和跨学科驱动的问题,可以围绕以下四个维度进行:引导学生掌握学科核心素养;增强学生解决问题的能力;以灵活和创造性的方式解决问题;激发学生对跨学科课程的兴趣。[1]

---

[1] C. C. Chung, S. L. Huang, Y. M. Cheng, et al, "Using an ISTEAM Project-Based Learning Model for Technology Senior High School Students: Design, Development, and Evaluation", *International Journal of Technology and Design Education*, 2020, pp. 1-37.

第五节 第三轮优化与完善

一 案例实施过程

（一）实验目的

本次实验主要是修正前两轮案例研究中所出现的问题，其目的是优化和完善促进跨学科学习的学习环境设计模型，形成较为完善的、促进跨学科学习的学习环境设计模型。

1. 实验假设

$H1_a$：通过跨学科学习的学习环境设计，学生的高阶思维技能得到提升；$H1_b$：通过跨学科学习的学习环境设计，学生的自我效能感得到提升；$H1_c$：通过跨学科学习的学习环境设计，学生的心流体验得到提升；$H1_d$：通过跨学科学习的学习环境设计，学生的外在认知负荷和内在认知负荷降低，关联认知负荷提高。

在促进跨学科学习的学习环境设计实验教学中，第一，探索学生的认知负荷与心流体验的关系，研究假设为，$H2_a$：内在认知负荷对心流体验有负向影响；$H2_b$：外在认知负荷对心流体验有负向影响；$H2_c$：关联认知负荷对心流体验有正向影响。第二，探索心流体验与高阶思维技能的关系，研究假设为，$H3_a$：心流体验对创造力倾向具有积极正向影响；$H3_b$：心流体验对批判性思维具有积极正向影响；$H3_c$：心流体验对问题解决技能具有积极正向影响；$H3_d$：心流体验对合作、沟通技能具有积极正向影响。通过探索促进跨学科学习的学习环境设计实验教学中学生认知负荷、心流体验、高阶思维技能的关系，不断优化与完善跨学科学习的学习环境设计模型。

2. 准实验内容的选择

第三轮准实验教学内容如表5-16所示。

3. 实验变量与测量工具

自变量X：学习环境设计。对于实验班，采用促进跨学科学习的学习环境设计组织教学；对于控制班，采用传统教学模式组织教学。

表 5-16　　　　　　　　第三轮准实验教学内容

实验校	实验班	控制班	教学内容	学科	教师	时长
L中学	九年级 18人	九年级 17人	反比例函数	数学	宋老师	三周

因变量 Y：心流体验、认知负荷、高阶思维技能。这三个变量的测量工具在本书的第五章第二节里已有详细阐述。

4. 干扰变量及其控制

本次准实验的干扰变量是学生的学习态度、学生的知识水平等。为尽可能减少干扰变量的影响，本轮实验对象是来自同一个班的学生，将其分为两组进行实验。

（二）实验过程

1. 学习者特征分析

第三轮实验为一所普通中学的九年级学生，该班级学生已经掌握了一定的初中数学和物理知识；具有较好的沟通、表达能力；学生思维处于形式运算阶段，但是总体而言，学生班级成绩属于中下水平。

2. 优化跨学科学习的学习环境设计模型

根据第一轮和第二轮实验的改进措施，此次跨学科学习的学习环境设计模型主要优化以下几个方面。第一，在学习任务设计、问题的设计等方面进一步完善跨学科学习环境设计，包括在降低外在认知负荷、增加相关认知负荷方面，如增加头脑风暴环节，改变传统讲授"反比例函数"的教学过程。第二，强化学科核心素养，更加关注学生的"逻辑推理""直观想象"等数学学科核心素养和"科学探究""科学思维"等物理学科核心素养。第三，问题的设计更加关注学科知识和方法的整合，所创设的情境也能引起学生的学习兴趣。第四，设计高阶、具挑战性的任务，如设计问题序列。第五，研究者与数学、物理老师共同备课、讨论。基于上述方面，我们设计了"撬动地球"的跨学科学习环境设计（如表 5-17 所示）。

表 5-17	"撬动地球"跨学科学习环境设计
	单元主题：反比例函数
	问题：你能撬动地球吗？

准备阶段：
1. 启动资源：收集科学家阿基米德的资料

2. 问题征集：伟大的科学家阿基米德说过："给我一个支点，我能撬动整个地球。"这样的豪言壮语是真的吗？
头脑风暴：探索（当阻力助力臂不变时）力与力臂的反比例关系（数学）；杠杆原理（物理）；画抽象模型（美术）；还有……
3. 要想知道能否撬动地球，我们先来研究撬动一块石头，只需要利用杠杆原理试一下就可以了。但是如果想撬动地球，要用多长的杆子，多大的力量呢？

经验调取阶段：
问题1：撬动一块石头，你需要用多大的力？多长的杆子？
评价标准：
1. 分组设计试验方案，有几种方案？
2. 交流各组的探究方案，说说其中的道理
学生分组、阅读资料、完成学习报告

知识整合、概念理解阶段
问题2：分组进行下面的活动
在一个自制类似天平的仪器的左边固定托盘A中放置一个重物，在右边活动托盘B（B可左右移动）中放置一定质量的砝码，使得仪器左右平衡。改变活动托盘B与点O的距离，观察活动托盘B中砝码的质量y的变化情况

实验数据记录表

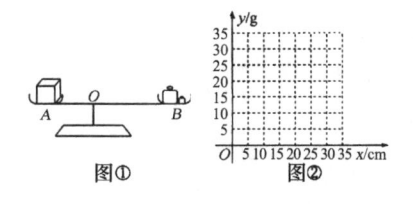

续表

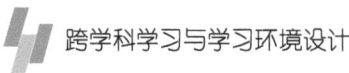

单元主题：反比例函数

x (cm)								
y (g)								

（1）各小组记录实验数据，并根据实验结果绘制表格。数据之间有什么关系？
（2）把表中(x, y)的各组对应值作为点的坐标，在图②的平面直角坐标系中描出，用平滑的曲线连接这些点。你的图像是什么样的？
问题3：如果改变支点的位置，实验结果是否会改变？与同伴交流
评价标准：
1. 完成实验，记录实验报告在表格中；在平面直角坐标系中，根据表格中的数据画出坐标点；用平滑的曲线连接这些点
2. 得出x，y之间是什么函数关系？描述函数性质
3. 将各组的数据加以汇总，并根据这个函数模型解决问题：你能否撬动一块重6000kg的石头？在班级进行展示汇报

意义建构、深度反思阶段
问题4：你能设计一个方案撬动地球吗？
问题5：利用这种方法还可以解决生活中的哪些问题？请举例，并提供一个相应的解决方案
评价标准
各学习小组汇报分享学习经验与成果，提出学习中出现的问题和应对方案，并互相评价

3. 跨学科学习环境设计的五个维度

根据对第一轮和第二轮学习环境设计的完善，研究结合"撬动地球"的跨学科学习问题，设计了跨学科学习过程环境的五个维度（如表5-18所示）。

表5-18　　**跨学科学习过程环境设计五个维度**

阶段	课程环境	心智环境	物理环境	技术环境	社会关系环境
准备	大概念统整	将真实案例引入课程，播放关于"撬动地球"等相关视频；教师围绕物理、数学知识的大概念进行讲解，介绍完成该跨学科学习的时间安排及学习评价等	传统教室	白板和电脑、微视频	形成若干小组

续表

阶段	课程环境	心智环境	物理环境	技术环境	社会关系环境
知识整合建构	跨学科学习活动设计	教师围绕大概念整合，将真实的案例引入课程，并根据跨学科学习问题序列设计相关学习任务和学习活动，学生可以利用工具、支架，如思维导图、白板等工具完成任务；教师同时讲解跨学科学习过程中的重难点	传统教室	学生查找资源的电脑、真实案例的视频、图片等	小组讨论、完成相关任务
知识运用	大概念统整	学生根据跨学科学习活动和问题序列，完成问题的解决，并掌握数学和物理学科知识	传统教室	电脑、白板、思维导图等	完成该跨学科学习问题的解决，各小组向班级同学展示成果

4. 实施过程

研究时间为2021年11—12月，选择九年级数学课程中的"反比例函数"为纵向跟踪的研究情境。为了将研究干扰程度降到最低，仅在课中让参与对象填写问卷。

整个实验过程持续时长为三周左右。在第一周里，研究者与数学、物理学科教师共同开展教研、讨论课程内容选择和学习环境设计。在第二周到第三周是实验的实施过程。在第三周课程结束后，对所有学习者进行问卷调查，具体包括心流体验、认知负荷、高阶思维技能等方面的问卷。此外，对实验组的学生开展半结构化访谈。实验班采用"撬动地球"的跨学科学习环境设计进行反比例函数的学习，控制班采用传统的讲授方式。

二 数据分析与结果

在实验完成后，对实验班和控制班学生的高阶思维技能、自我效能感、认知负荷、心流体验进行后测，分析学生在高阶思维技能、自我效能感、认知负荷、心流体验等方面是否存在差异。

（一）各变量的单因素方差分析

通过对实验班和控制班收集到的后测问卷进行单因素方差分析，得到结果（如表5-19所示）。

表5-19　　实验班控制班各变量之间的单因素方差分析

变量	实验班（$N=18$）均值	实验班 标准差	控制班（$N=17$）均值	控制班 标准差	t	p
内在认知负荷	1.98	0.89	2.63	0.85	2.207	0.034*
关联认知负荷	1.62	0.62	1.57	0.79	-0.201	0.842
外在认知负荷	1.44	0.38	1.50	0.49	0.398	0.694
创造力倾向	4.41	0.39	3.78	0.96	2.550	0.016*
批判性思维	4.43	0.31	3.84	0.40	4.899	0.000***
问题解决能力	4.51	0.34	4.00	0.63	3.051	0.004**
合作沟通技能	4.57	0.42	4.00	0.54	3.506	0.001**
自我效能感	4.49	0.33	3.75	0.66	4.243	0.000***
高阶思维技能	4.48	0.25	3.91	0.48	4.464	0.000***
心流体验	4.50	0.46	3.97	0.59	2.977	0.005**

说明：* 表示 $p<0.05$；** 表示 $p<0.01$；*** 表示 $p<0.001$。

从表5-19可知，实验班在心流体验、自我效能以及高阶思维的各个维度都高于控制班，其内在认知负荷低于控制班，且在自我效能感、高阶思维技能、心流体验、内在认知负荷等维度具有统计学意义上的显著性，虽然外在认知负荷和关联认知负荷没有统计学意义上的显著性，但是实验班的外在认知负荷低于控制班，关联认知负荷高于控制班。换句话说，促进跨学科学习的学习环境设计模型对学生的认知负荷具有一定的作用且有效提升了学生的自我效能感及高阶思维技能，在一定程度上可以说，该学习环境设计有效促进了跨学科学习的发生。

（二）数据分析

为深入了解跨学科学习过程中学习者的心流体验、认知负荷、高阶思维技能的关系及跨学科学习的效果。我们主要选择实验班的数据进行分析，采用基于偏最小二乘结构方程模型的SmartPLS 3.0软件研究各变量之间的关系,并对模型进行解释和预测,检验试验中提出的研究假设。

1. 信效度分析

信效度分析结果如表 5-20 所示。首先,本次问卷所设维度的 Cronbach's Alpha 最小值为批判性思维,为 0.709,其余均大于等于 0.828。各变量所对应题项的标准因子载荷系数最小值为 0.619,整体上大于 0.7;在平均方差提取值方面,最小值为 0.537,均大于 0.5,组合信度(CR)均大于 0.821。也就是说,从整体来看,本次调查问卷设计信效度较好,能够反映学生的真实情况。

表 5-20　　　　　　　　　信效度分析

变量	题项	标准因子载荷	组合信度(CR)	平均方差提取值(AVE)	Cronbach's Alpha
内在认知负荷	内在认知负荷 1	0.859	0.886	0.722	0.853
	内在认知负荷 2	0.799			
	内在认知负荷 3	0.889			
外在认知负荷	外在认知负荷 1	0.875	0.88	0.647	0.833
	外在认知负荷 2	0.79			
	外在认知负荷 3	0.769			
	外在认知负荷 4	0.778			
关联认知负荷	关联认知负荷 1	0.952	0.935	0.783	0.907
	关联认知负荷 2	0.918			
	关联认知负荷 3	0.794			
	关联认知负荷 4	0.866			
心流体验	心流体验 1	0.704	0.874	0.539	0.828
	心流体验 2	0.774			
	心流体验 3	0.685			
	心流体验 4	0.836			
	心流体验 5	0.621			
	心流体验 6	0.765			
创造力倾向	创造力倾向 1	0.88	0.914	0.780	0.861
	创造力倾向 2	0.895			
	创造力倾向 3	0.873			

续表

变量	题项	标准因子载荷	组合信度（CR）	平均方差提取值（AVE）	Cronbach's Alpha
批判性思维	批判性思维1	0.701	0.821	0.537	0.709
	批判性思维2	0.858			
	批判性思维3	0.619			
	批判性思维4	0.733			
问题解决能力	问题解决能力1	0.822	0.913	0.725	0.872
	问题解决能力2	0.91			
	问题解决能力3	0.766			
	问题解决能力4	0.901			
合作、沟通能力	合作沟通能力1	0.863	0.905	0.761	0.843
	合作沟通能力2	0.858			
	合作沟通能力3	0.896			

由表5-21可以看出，各变量既有正相关关系，也有负相关关系，其中相关性最强的是心流体验与合作沟通能力（皮尔逊相关系数为0.842）。表5-21中除了心流体验与问题解决能力和合作沟通能力以及批判性思维和合作沟通能力的相关系数高于对应的平均方差提取值开根号外，对角线数值均高于同列中的每个数值的绝对值，说明本实验的测量模型的区分效度良好。

表5-21　　　　　　　　各变量的相关性

变量	内在认知负荷	外在认知负荷	关联认知负荷	心流体验	创造力倾向	批判性思维	问题解决能力	合作沟通能力
内在认知负荷	0.850							
外在认知负荷	0.259	0.804						
关联认知负荷	0.289	0.801	0.885					
心流体验	0.131	-0.346	-0.439	0.734				
创造力倾向	-0.085	-0.292	-0.38	0.375	0.883			
批判性思维	0.382	-0.056	-0.275	0.681	0.408	0.733		
问题解决能力	0.133	-0.26	-0.392	0.754	0.422	0.712	0.852	
合作沟通能力	0.261	-0.233	-0.400	0.842	0.358	0.737	0.705	0.872

2. 结构方程模型构建与分析

根据结构方程模型的结果（如图 5-4 所示），本实验的内生潜变量有五个，分别是创造力倾向、合作沟通能力、心流体验、批判性思维、问题解决能力。数据分析表明，这五个内生潜变量的 R^2 值分别为 0.140、0.708、0.265、0.463、0.569。可见，心流体验对合作沟通能力的解释力最高，其次是对问题解决能力和批判性思维具有"中度"解释力。另外，三大认知负荷对心流体验也具有"低度"解释力。

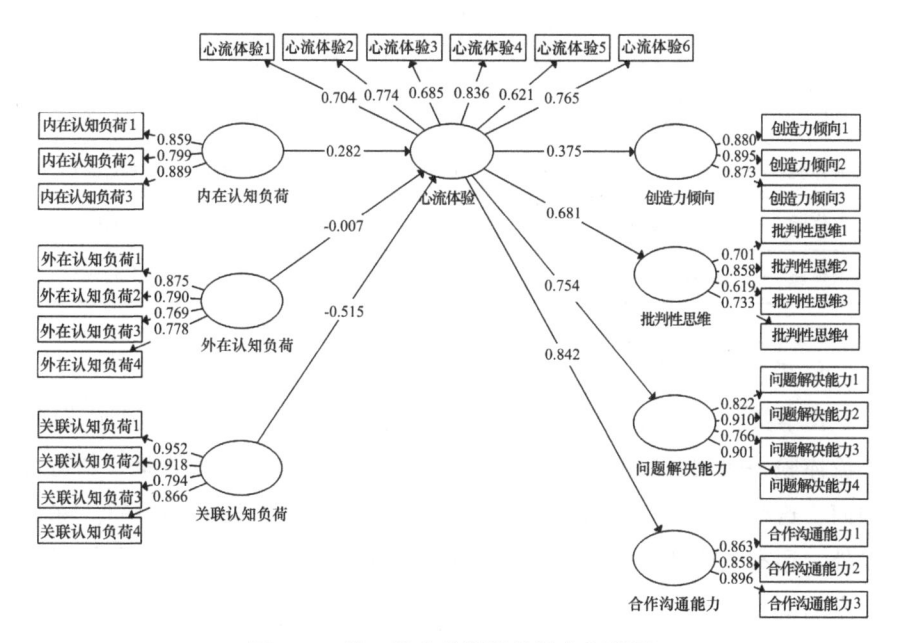

图 5-4　第三轮实验假设结构方程模型

3. 路径分析

本实验假设模型中各变量之间路径系数的分析结果如表 5-22 所示。可以看到，在学生认知负荷与心流体验的三条路径中，唯有关联认知负荷对心流体验呈现出显著影响，其路径系数、标准误、T 统计量值和 P 值分别为 -0.515、0.223、2.311、0.021，说明关联认知负荷负向影响学生心流体验，假设 $H2_c$ 成立。而由于内在认知负荷、外在认知负荷与心流体验之间路径系数的 p 值大于 0.05 的原因，假设 $H2_a$、$H2_b$ 不成立。同理，心流体验与创造力倾向、合作沟通能力、批判性思维、问题解决能力之间路径系数的 p 值均小于 0.05，因此，假设 $H3_a$、$H3_b$、$H3_c$、$H3_d$ 均成立。

表 5-22　　　　　　　　　　研究假设的路径分析

假设路径	路径系数	标准误	t 统计量	p 值	结果
内在认知负荷 → 心流体验	0.282	0.233	1.21	0.227	$H2_a$ 不成立
外在认知负荷 → 心流体验	-0.007	0.254	0.026	0.979	$H2_b$ 不成立
关联认知负荷 → 心流体验	-0.515	0.223	2.311	0.021	$H2_c$ 成立
心流体验 → 创造力倾向	0.375	0.145	2.586	0.010	$H3_a$ 成立
心流体验 → 批判性思维	0.681	0.068	9.991	0.000	$H3_b$ 成立
心流体验 → 合作沟通能力	0.842	0.044	19.132	0.000	$H3_c$ 成立
心流体验 → 问题解决能力	0.754	0.063	11.956	0.000	$H3_d$ 成立

4. 效应量分析

在本实验中，效果量 f^2 较大的路径有：心流体验→合作沟通技能、心流体验→问题解决能力、心流体验→批判性思维、心流体验→创造力倾向，这些路径的效果量分别是 2.428、1.318、0.863、0.163。除此以外，还有关联认知负荷→心流体验的路径效果量为 0.127，同样具有一定的解释力。

（三）数据分析结果

1. 实验结果均验证了 $H1_a$、$H1_b$、$H1_c$、$H1_d$，即实验班中学生的高阶思维技能、自我效能感、心流体验等各维度均值得分都高于控制班，且具有统计学意义上的显著差异。在 $H1_d$ 方面，数据统计分析发现，实验班内在认知负荷与外在认知负荷都低于控制班，关联认知负荷高于控制班，且关联认知负荷在统计学意义上产生了显著差异。我们可以发现，根据第一轮实验和第二轮实验出现的问题反思、改进和优化了促进跨学科学习的学习环境设计模型，并产生了一定的效果。

2. 第三轮实验发现，关联认知负荷对心流体验具有正向影响；第二轮实验发现，学生的外在认知负荷与心流体验呈现显著负相关。换句话说，心流状态较好的学生应具有较高的关联认知负荷和较低的外在认知负荷。

3. 假设 $H3_a$、$H3_b$、$H3_c$、$H3_d$ 的结果表明，在跨学科学习过程中，学习者的心流体验与创造力倾向、问题解决倾向、批判性思维、合作沟通能力呈显著正相关。

三 实验结论与讨论

（一）实验结论

回应本实验研究的框架，从"效果—关系—机制"三个维度回答促进跨学科学习的学习环境设计实践效果。

1. 效果

促进跨学科学习的学习环境设计模型有效降低了学生的外在认知负荷和内在认知负荷，增加了关联认知负荷，表现出较好的心流体验，有效发展了学生的高阶思维技能。

第一，促进跨学科学习的学习环境设计模型有效降低了学生的外在认知负荷和内在认知负荷，增加了关联认知负荷。根据第三轮实验的数据，学生的表现明显优于前两轮，通过访谈发现，学生对跨学科学习过程感到满意，学生也愿意积极投入跨学科学习的探究中。而且跨学科学习中学生的学习任务具有挑战性和创造性。因此，学生在解决这一类型学习任务时，需要增加关联认知负荷，特别是在对问题表征的理解、对所需要解决问题过程的理解，在需要综合应用多学科知识或方法才能解决的问题等方面提供脚手架支持。

第二，在跨学科学习过程中学生表现出较好的心流体验。从本质上说，促进跨学科学习的学习环境设计模型对于转变学生的学习方式，引导学生主动参与到跨学科学习中，并逐渐获得对学科知识的理解和高阶思维技能的发展具有一定的作用。因此，在第三轮实验中，我们看到学生积极地投入跨学科学习过程中，通过学习环境设计为其提供了资源、环境、工具等，教师提供及时的反馈支持，因此，学生在这样的过程中进入了一种完全自主而自由的状态，获得了较好的心流体验，而获得较好的心流体验能引发学生深层次的跨学科学习。

第三，促进跨学科学习的学习环境设计模型有效发展了学生的高阶思维技能。通过三轮实验发现在每一种类型的跨学科学习发生的过程中，相对于控制班，实验班中促进跨学科学习的学习环境设计都有效发展了学生的高阶思维技能，也达成了本书第三章所提出的跨学科学习的目标是发展学生的高阶思维技能。总的来说，经过三轮迭代的案例研究和基于准实验的数据分析，促进跨学科学习的学习环境设计模型初见成效，可为开展跨学科学习提供实践参考。

2. 关系

在跨学科学习过程中，外在认知负荷对心流体验有负向影响，关联认知负荷对心流体验有正向影响，心流体验对学生的高阶思维技能具有积极的正向影响。

通过研究发现，在跨学科学习过程中，外在认知负荷对心流体验有负向影响，关联认知负荷对心流体验有正向影响，心流体验对创造力取向、批判性思维、问题解决能力、合作沟通能力有积极正向影响。因为外在认知负荷是可以通过教学设计或教学程序改变的；关联认知负荷是指学习者在跨学科学习过程中所需要的认知负荷，学习者在跨学科学习中的认知负荷主要存在于问题解决、知识整合、学习认知活动的过程中。因此，在跨学科学习的学习环境设计模型中，要降低外部认知负荷，增加相关认知负荷，以提升学习者的心流体验，其核心在于促进跨学科学习的学习环境设计原则。

3. 机制

根据结构方程模型结果可以发现，跨学科学习的过程呈现出"认知负荷—心流体验—高阶思维技能"相互影响的机制。

通过结构方程模型的结果发现，在跨学科学习过程中，学习者的认知负荷与心流体验、心流体验与高阶思维技能之间都是相互影响的。因此，在促进跨学科学习的学习环境设计模型应用中，教师在为学习者设计跨学科学习问题时，能为学习者提供问题的情境设计和合适的支架支撑，能有效帮助学习者降低认知负荷，并引导学习者调取先验知识，整合不同学科知识或方法，引导其进行深度加工，以获得更好的心流体验和更多的学习投入，并最终改善跨学科学习的效果，提升学习者的高阶思维技能，实现深度学习。

（二）讨论

1. 从三轮实验研究中，教师对跨学科学习的态度如何

教师对跨学科学习的态度从"茫然"走向"坦然"应对。在开展实验前，研究者对参与实验的学校教师进行了访谈，大部分教师对什么是跨学科学习表示迷茫，对如何开展跨学科教学也表示不清楚。在每一轮实验后，我们都对教师进行半结构化访谈，教师反映说他们对什么是跨学科学习有了初步的了解，并能有效地设计出跨学科学习问题，能较好地开展跨学科学习的学习环境设计，并愿意尝试开展跨学科学习的教学。

2. 从三轮实验研究中，跨学科学习的课程内容发生了什么变化

跨学科学习不仅发生在课程内容上，还体现在学习方式和学习结果上。我们尝试回答跨学科学习课程的基本特征、进化规律等。根据社会进化理化、斯宾纳的课程理论，结合三个学校的跨学科学习实践案例，我们有必要梳理一下当前基础教育阶段跨学科学习的基本样态。（1）从跨学科学习基本样态上而言，具有"跨学科性"特征的课程主要在综合实践活动课程、创新课程、拓展课堂、创客课程、STEAM 课程中呈现出来，少部分教师在各自学科课程教学中出现"跨学科的"内容。（2）跨学科学习课程在多元主体协同作用下发挥作用，如多学科教师共同参与指导、开发。（3）从发展目标来看，"跨学科的"课程逐渐从单一学科知识的培养转向知识与素养并重，并以发展学生的高阶思维技能为目标。（4）通过访谈我们也发现，过去跨学科学习课程内容比较单一，多是在综合实践活动课程中体现出来，有时往往缺乏学科知识的立场，正如郭洪瑞等人研究认为的，综合实践活动课程存在课时缺失严重，课程开设类别多样，在课程管理上"地方赋权"出现失范等问题[①]；高霞等人研究认为，当前中小学综合实践活动存在

---

① 郭洪瑞、雷浩、崔允漷：《忠实取向下综合实践类课程实施问题与对策研究》，《课程·教材·教法》2020 年第 4 期。

表层化实践、课程内容去知识化、课程成效的虚无化等现实困境，主要是课程统整意识欠缺，割裂了学科课程与综合实践活动的联系。①

基于三轮的实验研究，我们有必要观察跨学科学习课程内容呈现出怎样的特征？这可以从整体、联系、动态发展的视角思考跨学科课程的发展。当前跨学科学习主要体现在多种形式的课程教学中，然而，我们也能发现跨学科学习的发生既有浅层的跨学科学习，也有深层次的跨学科学习。根据跨学科学习的分类，不同的跨学科学习类型知识的整合程度也不同。因此，通过三轮实验研究和在对基础教育阶段的观察，我们发现当前义务教育阶段跨学科学习的发展主要经历了三个阶段。(1)粗浅、单一的课程内容，仅仅在学习内容中涉及两个学科知识，跨学科学习处于一种无序、浅层次的状态；(2)在多学科学习阶段，学校的跨学科课程从无序、浅层次的跨学科学习向多学科学习转变，主要解决跨学科学习过程中"驱动性问题模糊""问题与真实情境生活联系不够""学科课程和跨学科学习活动整合度不高"的问题；(3)在跨学科学习阶段，学校课程内容将走向融合创新阶段，其总体特征表现为课程内容高度融合，驱动型问题具有情境性、复杂性、动态性等特征，课程教与学方式更加个性化、课程管理运作有序化。

3. 三轮的实验研究中，跨学科学习的课堂发生了什么

通过三轮案例研究，我们发现跨学科学习的课堂中教师的实践发生了一些变化，包括课堂环境、人际环境等的变化。研究结果表明，教师实践的变化取决于他们的信念和高阶学习目标与学生自主使用的物质资源。② 因此，我们借鉴伯恩斯坦的权力和控制理论（如表5-23所示）分析跨学科学习课堂组织和人际交流的变化。

---

① 高霞、陈莉、唐汉卫：《中小学综合实践活动：困境、成因与出路》，《课程·教材·教法》2020年第3期。

② P. Bergström, A. Wiklund-Engblom, "Who's Got the Power? Unpacking Three Typologies of Teacher Practice in One-To-One Computing Classrooms in Finland", *Computers & Education*, Vol. 178, Decemeber 2022.

表 5-23　　　　　　　　　　伯恩斯坦的权力和控制理论

理论概念	分类（权力）	框架（控制）
主要分类	课堂组织 ——桌子 ——谁的空间 ——课堂内外 ——学习资源 ——软件应用 ——教师与学生 ——学生与学生	实践交流 ——内容选择 ——顺序 ——步骤 ——评价 ——师生交往中的等级制度

资料来源：P. Bergström, A. Wiklund-Engblom, "Who's Got the Power? Unpacking Three Typologies of Teacher Practice in One-To-One Computing Classrooms in Finland", *Computers & Education*, Vol. 178, Decemeber 2022, p. 104396.

伯恩斯坦通过对教师课堂实践观察，提出了教师的三种实践类型，解释权力和控制是如何被教师掌握或分配给学生的。教师三种实践类型，体现了从以教师为中心的实践向以学生为中心的学习实践的转变（如表 5-24 所示）。[①]

表 5-24　　　　　　　　　　**教师的三种实践类型**

	主题 1：物质资源和学生自主性	主题 2：学生工作组织和协作
类型 1：教师权力和控制	物质资源的使用限制了学生的自主性	指导学生独立学习和练习
类型 2：混合权力和控制	有策略地培养学生在使用物质资源方面的自主性	学生在不同小组中工作提供脚手架支持
类型 3：学生权力和控制	利用物质资源促进学生自主学习，而教师则是指导者	培养合作实践以增加积极的关系和责任

如果教师的权力和控制没有分配给学生，我们就无法发现学生在跨学科学习中的潜力。但是如果将权力和控制过多分配给学生，在中小学

---

① P. Bergström, A. Wiklund-Engblom, "Who's Got the Power? Unpacking Three Typologies of Teacher Practice in One-To-One Computing Classrooms in Finland", *Computers & Education*, Vol. 178, Decemeber 2022.

的课堂上就会出现混乱、学生的无效语言增多、低层次合作较多，包括学生的聊天等。事实上，从第一种类型向第二种类型的转变还涉及对学习环境设计的操作，从学生的独立学习到学习小组的组建。教师允许学生参与内容的选择，如使用简单的人工制品来控制学生和教师，教师使用简单手段创造了各种学习空间，表明对学习环境设计包括脚手架、资源和工具等的操纵。在第二种类型中，教师实践改变的一个主要因素是学生群体的异质性。第三种类型的实践是以学生为中心的学习模式转变，这种教学是基于教师使用物质资源的策略，增加学生的自主性，强调培养积极的人际关系，将其作为小组工作和学生合作的更高目标。

通过对参与三个案例研究的四位教师的访谈，总结得出，开展跨学科学习的实践信念更倾向于学生获得21世纪技能。在这些跨学科学习的实践中，学生被观察到他们成为更积极的知识接受者，而不是被动的接受者。因为他们被鼓励通过合作和批判性思维建构知识。当控制权被分配给学生时，他们可以在小组中相互协商。这也表明传统教师和学生角色的不稳定性和需要重新定义。在跨学科学习的课堂环境中，过多的自由也不一定总是有建构性的，然而，由于教师在跨学科学习过程中起到了指导和引导作用，他们也积极地参与到学生的学习过程中。

通过对跨学科学习课堂的观察，教师要使学生达到高阶思维技能的发展，或者深层次的学习，就需要平衡好先决条件和学生需求的能力，如增加他们的责任感和自主性。在课堂中的权力和控制是如何与学生对话平衡的？在对话中，使用工具的先决条件是根据学习者的能力、需求和对学习更高阶目标的相互理解进行讨论的。我们通过教师访谈发现，教师的信念是他们在课堂上开展跨学科学习的关键，包括使用工具、资源等。不管跨学科学习的课堂形态如何，也不管技术和工具的使用如何，教师仍然是影响课堂中创造权力和控制文化的关键人物。跨学科学习的课堂正是要回答我们今天以学生为中心的教师实践。

而且，通过实验后对学生的访谈，大部分学生都表示对跨学科学习问题、活动比较感兴趣，对比传统的知识讲授，跨学科学习更能吸引学生的兴趣。特别是执教九年级数学的教师，他说，通过开展跨学科学习，设计了跨学科学习活动，学生非常愿意投入跨学科学习，学生学习数学课程的积极性明显得到提高。

4. 促进跨学科学习的学习环境设计实施过程框架

我们在整个三轮基于设计的准实验研究中形成了一个基本的促进跨学科学习的学习环境设计实施过程框架。

第一，设计—实施过程。研究者通过与多个学科教师的沟通与教研，与学科教师共同设计跨学科学习问题或任务，而且研究者全程参与，随时记录、观察、拍摄跨学科学习发生的过程；在课程结束后与任课教师进行反思、讨论课堂发生的事件；尝试结合课堂观察，分析学生在跨学科学习过程中的表现，了解学生问题解决的情况。

第二，设计—分析的过程。在促进跨学科学习的学习环境设计过程中，教师一方面需要理解跨学科学习发生的过程，另一方面需要根据学生在跨学科学习过程中的表现及跨学科学习目标的情况进行对比分析，在这个过程中也可以借助技术手段来分析学习者跨学科学习过程的表现，并根据学习者的表现和反馈进行及时调整。同时，也可以根据学生在跨学科学习过程中问题解决、任务完成情况，结合问卷调查、多模态数据来了解学习者跨学科学习过程的情况。

第三，分析—反思的过程。研究者与教师一起对实验过程的数据进行分析，对跨学科学习课堂进行深度反思。同时，在这个过程中结合学习科学理论去分析跨学科学习是如何发生的，并为下一轮改进跨学科学习的学习环境设计提供支持。

第四，反思—解释的过程。在跨学科学习过程中需要将课堂观察到的事件、跨学科学习过程中认知、情感发生的变化转化为从人是如何学习的视角的科学解释。因此，我们可以借助促进跨学科学习的学习环境设计模型来分析跨学科学习发生的过程，以此回应学习者在跨学科学习过程中是否提升了高阶思维技能等。

(三) 模型框架解释

为什么要通过学习环境设计来促进跨学科学习的发生，并引发学生高阶思维技能的产生，使学生的自我效能感、心流体验、认知负荷都向着好的方面发展？我们给出了如下几个理由，以解释通过学习环境设计对跨学科学习发生的促进作用。

跨学科学习与学习环境设计

第一种解释是在帮助学习者获得概念性知识时，跨学科学习活动可以促进学习者更深层次的认知加工。特别是跨学科学习的学习环境鼓励学习者根据驱动性问题，对两个以上学科知识进行整合，并鼓励学习者参与协作、探究，主动进行概念重构、意义建构，建构他们自己的知识。这种解释所依据的理论可以追溯到皮亚杰的发生学的观点；也可以将这种科学探究描述为一种特定形式的问题解决，以触发有效跨学科学习的发生。

第二种解释是在重构的学习环境设计中学习概念性知识更具有优势，这是关于多重表征的理论。这种理论背后的基本思想是，为学习者提供多重表征的资源和工具，如线上资源、可视化工具等，就会导致学习者在这些表征形式之间的转换，从而使学习者形成更加深刻和抽象的知识。因为从认知的角度来看，通过不同学科之间的整合来促进跨学科学习的发生，虽然对学生的认知发展有帮助，但它也会通过对注意力和工作记忆的过度要求来阻碍学习，尤其是当需要处理来自多个表征信息时，这就需要通过图形构建任务，也需要通过学习环境设计让学生参与情境化的问题解决活动，同时使用多种工具、资源等支架，促进学习者积极参与有效的跨学科学习。

第三种解释是在重构的学习环境设计中，学习者能掌控他们自己的学习过程，在跨学科学习过程中，可以决定操作什么以及如何使用学习材料，能进行自我调节的学习，而这被认为是可以增强学生的学习动机和参与度。实证研究表明，学习环境设计和跨学科学习可以发展学生的高阶思维和增强学生的学习动机。

第四种解释是该模型回归了学习环境设计的本质。根据《人是如何学习的》一书中对教与学过程的分类，我们认为，促进跨学科学习的学习环境设计模型体现出四个特点。(1)以学习者为中心。在整个跨学科学习实验过程中，虽然学习者具有一致的知识基础，但是，由于个体学习者或小组解决问题所需要的时间不同，因此，学习者可以根据他们自己的安排落实解决问题的时间、技术等要求，既可以在家完成，也可以寻求帮助，最终实现跨学科学习的发生。(2)以知识为中心。在跨学科学习过程中，我们关注的主要是关于发展策略性知识的学习，根据跨学科学习的特点，课程内容更加强调多学科知识的整合。因为我们把多学科知识整合的过程解释为跨学科学习发生的关键环节。(3)以评价为中心。在跨学科学习过程中，我们更加关注的跨学科学习的目标是否实现，在跨学科学习过程中学生心理机能的变化。(4)以共同体为中心。在跨学科学习过程中，我们关注的是学生的同质或异质小组之间的协作，其中也包括与教师、学生、家长之间的协作。

第六节 促进跨学科学习的学习环境设计模型的调整

学习环境设计是一项系统工程，从宏观上说，学习环境设计是由多种要素组成的。学习科学认为，学习环境以转变学生学习方式为目标，促进跨学科学习的学习环境设计以发展学生的高阶思维为目标，使学生在跨学科学习过程中能获得较好的心流体验，降低学生的外在认知负荷和内在认知负荷，增加关联认知负荷，并使学生能持续投入地进行跨学科学习，以使其进入深层次的跨学科学习。本书初步构建了促进跨学科学习的学习环境设计模型，并进行了相应的案例实践。案例解释了跨学科学习过程和学习环境设计要素，验证了该模型的有效性和应用效果，说明了本书初步构建的促进跨学科学习的学习环境设计模型的适用性。然而，通过对案例的深入分析，我们发现该模型需要进行适当的调整。

研究发现，促进跨学科学习的学习环境设计回归了学习环境设计的本质，体现了以学习者为中心、以知识为中心、以评价为中心、以共同体为中心的特点。具体而言，在开展跨学科学习时，我们更加强调的是学生的主动建构过程，教师根据要解决的问题在不同学科之间架起了桥梁；以知识为中心主要是指关注学生跨学科学习过程中高阶思维技能的发展，学生的认知负荷、心流体验、自我效能等，从心理学等角度理解基于跨学科学习的学习环境设计中学习者心理的变化，从而促进学生理解、深化学习的过程，促进有意义的学习的发生；以评价为中心，从开展的三轮实验研究来看，评价的主体逐渐转变为学生自己，学生在开展跨学科学习活动时能得到及时调整和修正。

第五章的案例实践表明，促进跨学科学习发生的迭代实践基本可以解释初步构建的促进跨学科学习的学习环境设计模型，但是学习环境设计涉及多种因素，是一个非常复杂的过程，需要更细致地考虑学习环境设计策略等。基于此，本书将从宏观、中观和微观层次的策略上进行完善，其调整的模型如图5-5所示。

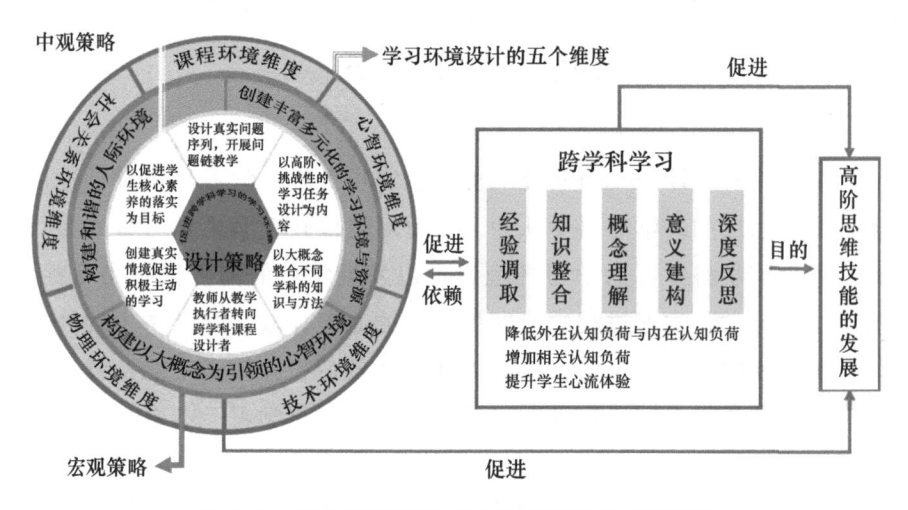

图 5-5 促进跨学科学习的学习环境设计模型调整

一 宏观层面策略

（一）创建丰富多元化的学习环境与资源

在促进跨学科学习环境设计过程中的物理环境、技术环境、课程环境等方面，它们对学生来说既是学习的场所，也是学生跨学科学习的资源，学生能通过在这些环境中的学习直接获得和阐述知识。对于学习环境设计而言，物理环境要求根据跨学科学习内容进行有效设计，既包括传统教室，也包括创新学习空间的设计，甚至还包括博物馆等场馆，联结物理环境和校外、社区、自然等环境，以更好地促进学生的跨学科学习发生。技术环境要求根据跨学科学习内容提供适合的技术，如在线协作平台、跨学科学习平台等，还包括思维导图等工具技术。课程环境是指学习内容要学科互涉，教师根据学习内容有效设计有挑战性的跨学科学习的问题、任务。

（二）构建和谐的人际环境，促进学生主动协作学习

在促进跨学科学习环境设计过程中的社会关系环境方面，教师要精心设计，要尊重小组合作的意愿，更要在跨学科学习过程中注重学生之间的合作、尊重，使教师与学生、学生与学生、学生与环境之间有良好的合作关系，让学生感受到跨学科学习是有意义的，是互动的，且学习内容与真实世界相联系，具有真实情境性，学生便能够积极地投入学习，获得较好的心流体验。

（三）构建大概念引领的心智环境

在促进跨学科学习的学习环境中，积极构建以大概念为引领的心智环境，既是大概念形成的过程（可以分为准备、建构、应用三个阶段），也有利于促进跨学科学习过程的发生。通过设计好的问题来突出大概念整合，以联结不同学科的知识，达成学科与学科之间知识的整合与融会贯通。

二　中观层面策略

目前基础教育教学实践中存在着浅层次、伪跨学科学习的现象，因此，需要精心设计深层次跨学科学习活动。要促进跨学科学习环境的实施一方面取决于教师与学生本身具备的学科核心素养、教学与学习能力情况，因为这种能力只有在跨学科学习过程中才可以发展并体现出来。另一方面，促进跨学科学习的学习环境实施中观层面的策略应当沿着"目标—内容—方法—评价"的一致性展开，以满足深度学习的价值取向需要，促进跨学科学习的有效发生。

（一）以促进学生核心素养的落实为目标

在跨学科学习过程中，学生首先需要通过大概念整合不同的学科知识，理解不同学科知识之间的关系，以通过解决真实情境中的问题来联结不同学科之间的知识，以创造产生新的知识。高品质的跨学科学习环境设计能够促进学生的跨学科学习，以发展学生的高阶思维技能。同

时，在跨学科学习过程中学生还应表现出较好的心流体验和较低的认知负荷，能深层次地进行跨学科学习，学生能获得一种全身心的投入，生成令人愉快的学习状态。

（二）设计真实问题序列，开展问题链教学

真实问题的解决是跨学科学习的一种重要方式，而这个问题的解决却与单科学习问题的解决不同。在单科学习、传统的课堂教学中，学生的学习往往处于浅层的学习状态，对问题的解决多依靠记忆的方式，缺少对问题解决探究的跨学科学习历程。而跨学科学习过程中的问题解决依靠学生运用两个以上学科知识或方法。真实性问题情境具有真实性、表现性的特征，其中，表现性特征主要体现为开放性、复杂性、多元性、限制性等。然而，什么样的真实问题才适合跨学科学习呢？应是以关联不同学科核心思维为逻辑的问题。从教师的设计思路来看，教师更加倾向于考虑基于两个以上学科知识的基本逻辑，同时让学生理解学科知识背后的意义，以及体现学科核心素养。不仅要基于学科知识的基本逻辑，还要从学生逻辑的视角出发，要考虑学生的学习先验知识、基本需求等。往往简单的问题或简单地涵盖两个学科知识的问题可能都是浅层次的跨学科，或者是虚假的跨学科。真正的跨学科学习问题应该是结构比较复杂，问题有难度，对学生的心智挑战较大，学生需要通过自主探索、长时间合作、协作、调取先验知识，运用两个以上学科知识才能够解决的问题。因此，设计真实问题序列，开展问题链教学就是要将学生的学习内容转化为一个个跨学科学习的问题，学生根据真实问题序列来逐步解决，这样不仅能激发学生的认知冲突，还能激发学生知识大概念的形成，最终引发学生对学科知识联结的理解，以发展学生的高阶思维技能。

（三）以高阶、挑战性的学习任务设计为内容

学习任务设计是跨学科学习的基础，单科学习中的学习任务设计可能会聚焦到单一学科知识点上，且通常多围绕低阶思维能力的培养。在跨学科学习过程中，教师要将核心学科知识内容转化为学生主动参与的学习任务，而这些学习任务具有挑战性、跨学科性，学科知识的关联性很强，需要学生运用高阶思维技能来完成。学生需要根据学习任务，通

过多种技术手段去寻找资源，并通过小组间持续探索、不断查找资料、小组合作等方式来解决问题。同时，我们还需要根据高阶、挑战性的学习任务来探索学科知识与方法之间联结的"点"，从学科领域知识出发寻找我们需要的"点"，并连接起不同的学科知识，也可以借助思维工具，确定学科知识之间的逻辑关系。

（四）以大概念整合不同学科的知识为方法

大概念是学科的重要概念，可以联结学科内的概念，达成学科内知识的融会贯通，不仅能打通学科内和学科间的学习，还能打通学校教育与现实世界的路径。[1] 传统的单科学习多强调本学科的知识，缺少与其他学科知识之间的联系，而跨学科学习则要求以大概念为基础，将学科的各个知识点联系起来，有助于学科知识的整合。大概念能将两门或两门以上学科的概念进行联结，有利于打破学科知识之间的界限。因此，以大概念整合不同学科知识与方法可以基于学科知识结构出发，设计面向跨学科学习发生的问题，而这些问题要具备劣构性、驱动性、跨学科性等特征，并促进学习者的知识迁移。因此，开展跨学科学习对教师提出了更高的要求，教师不仅要让学生理解大概念，还要通过设计问题、学习任务来引导学生进行深入探究。

（五）创建真实情境促进积极主动的学习

关注学生是如何学习的？学生将从跨学科学习过程中学会什么？从本质上说，促进跨学科学习的学习环境设计是转变学生的学习方式，使学生通过解决真实情境中的学习而获得较好的心流体验。在促进跨学科学习的学习环境设计过程中，学生需要思考的是如何基于真实情景来提升心流体验，降低外在认知负荷，通过真实情境来提升学生的学习兴趣和学习自我效能感。

（六）教师从教学执行者转向跨学科课程设计者

随着义务教育课程标准对实施跨学科学习的要求，实施跨学科教学对教师来说既是机遇又是挑战，同时对于教师职业和专业发展具有重要

---

[1] 刘徽：《"大概念"视角下的单元整体教学构型——兼论素养导向的课堂变革》，《教育研究》2020年第6期。

作用。当前，大多数教师还茫然于什么是跨学科教学，如何设计跨学科学习课程等问题。而要构建有利于跨学科学习发生的学习环境设计，教师就必须转变他们自己的角色，从原来简单的教学设计或教学执行者，转变为跨学科课程设计者。促进跨学科学习的学习环境设计要求教师在充分了解学生学习兴趣和需求的基础上，结合新一轮义务教育阶段课程标准的要求、教学内容、教学方法等，不断整合、优化、重组学科知识内容，并强调学科知识之间的联系，与学生共同参与、共同设计跨学科学习课程，成为跨学科课程设计者。

三 微观层面策略

微观层面策略主要关注学习者的心理机能，如认知负荷、心流体验等的变化。因此，使学生降低认知负荷，提升心流体验的关键在于跨学科学习活动的设计，换句话说，要促进跨学科学习的有效发生，其微观层面的策略包括：(1)跨学科学习活动应该满足三个条件，一是该跨学科学习活动需要学习者能实施学科知识与学科知识关联、整合、反思等高阶认知策略；二是能促进学习者的创造力取向、问题解决能力、批判性思维等高阶思维技能的发展；三是学习者的信息加工过程要经历整合、评价、反思等过程。(2)跨学科学习的发生需要充分调动学习者的学习动机和深层次学习方法。鉴于学习者跨学科学习动机可以通过学习方法影响学习者高阶思维技能的发展，因此，激发学习者的学习动机，引发学习者积极的心流体验，降低学习者认知负荷，有效的学习环境设计是决定跨学科学习发生的关键。(3)要使学习者降低外在认知负荷，教师要为学生在学习面临高阶、挑战性任务时提供支架支持，并使学生在高阶任务解决过程中维持高认知水平提供支持，考虑多种环境的支撑。同时，要帮助学习者在整合不同学科知识时，借助学习进阶的思想，为学习者在概念建构和概念整合过程阶段提供帮助。(4)问题的解决要从源于生活经验到源于学科知识，向着源于问题图式发展，充分调动学习者问题解决的高阶策略，同时要在学习问题解决过程中提供经由系统设计的学习支架。已有研究表明，学习支架与学习进阶的契合能引发学习者积极的心流体验。[1]

总的来说,要构建有效的、促进跨学科学习的学习环境设计,首先,要对学习者的先验知识和学习者特征进行分析,根据跨学科问题进行分解和设计活动序列,以减少学习者的内在负荷;其次,要通过技术、工具等手段,对学习任务进行精心组织和设计,加强与生活世界和真实情境的联系,从而提高学习者的跨学科学习动机和跨学科学习态度,降低学习者的外在认知负荷;最后,在对整个学习环境进行设计时,要增加学习者的关联认知负荷,提升学生的心流体验。

小　　结

本章以"促进跨学科学习的学习环境设计模型"的实验效果及其修改、完善和发展作为讨论和分析的主要内容,通过对促进跨学科学习的学习环境设计模型进行探索性应用、反思与改进、优化与完善,最后对促进跨学科学习的学习环境设计模型进行调整。实证研究部分主要采用基于设计的研究和准实验研究法,从"效果—关系—机制"维度讨论促进跨学科学习的学习环境设计模型应用效果,主要关注实验组和控制组中学习者跨学科学习过程中的高阶思维技能、认知负荷、心流体验、自我效能感的变化及其之间的相关影响关系。

在实验过程中,每一轮实验都是在"促进跨学科学习的学习环境设计模型"指导下开展的,每一轮实验的目的都是促进跨学科学习的有效发生,以更好地发展学习者的高阶思维技能;而且在每一轮实验结束后,都进行理论的完善、修改和总结,最后对初步构建的促进跨学科学习的学习环境设计模型进行调整,并从宏观、中观、微观三个层面提出了促进跨学科学习的学习环境设计策略,以期为基础教育阶段开展跨学科学习实践提供参考。

---

[1] H. Sevian, V. Talanquer, "Rethinking Chemistry: A Learning Progression on Chemical Thinking", *Chemistry Education Research and Practice*, Vol. 15, 2014, pp. 10-23.

第六章　研究总结与展望

　　本书旨在通过构建促进跨学科学习的学习环境设计模型，实现跨学科学习的发生，发展学习者的高阶思维技能。本书以建构主义学习理论、认知负荷理论、活动理论、情境学习理论为指导，基于设计的研究范式，采用文献研究法、归纳演绎法、准实验法、问卷调查法等方法，展开了以下几方面的研究：(1)基于学科、跨学科理论溯源的视角，厘清了跨学科学习的内涵、特征、价值及发生机制，反思了我国基础教育阶段跨学科学习实践的现状。(2)运用结构方程模型解析了高阶思维技能作为跨学科学习目标导向的作用机制；运用对比和归纳法对跨学科学习发生的过程、跨学科学习需要的学习环境、学习环境设计要素进行考察，构建了促进跨学科学习的学习环境设计模型。(3)基于设计的研究范式，通过"探索性应用—反思与改进—优化与完善"三轮实验，采用准实验法验证了促进跨学科学习的学习环境设计模型应用的可行性和有效性，从"效果—关系—机制"三个维度分析了跨学科学习的效果，运用最小偏二乘法分析了跨学科学习过程中学习者的心流体验、认知负荷、高阶思维技能三者之间的关系。(4)通过三轮迭代实验对促进跨学科学习的学习环境设计模型进行了调整，并从宏观、中观、微观三个层面提出了促进跨学科学习的学习环境设计策略。

第一节　研究总结

　　本书主要回答了三个问题：什么是跨学科学习？如何构建促进跨学

科学习的学习环境设计模型？促进跨学科学习环境设计的实践效果如何？

一 阐述了跨学科学习的理论溯源与实践反思

本书从学科、跨学科等视角出发，详细论述了跨学科学习的定义、特征与价值，从学习系统层面和知识视角两个维度阐述了跨学科学习的发生机制，并分析了跨学科学习实践的基本类型与其他学习方式的差异，最后讨论了我国基础教育阶段跨学科学习的实践反思。根据第二章文献梳理出了跨学科学习的目标是指向学生的高阶思维技能发展，结合学科、跨学科的内涵，我们将跨学科学习定义为：跨学科学习是以学科学习为立足点，面向具体问题，运用两个或两个以上学科知识或学科方法展开学习的一种方式；其目的是深化和拓展学习者对学科知识与学科方法的理解，以更好地发展学习者的高阶思维技能。从本质上看，跨学科学习和学科学习分别反映了学习者学习的两种方式，学科学习强调的是分科学习，跨学科学习强调的是学科知识与方法之间的整合，两者应该是互为补充、互为增益的关系。

跨学科学习具有如下特征，知识从"零散"走向"整合"；能力从"习得"走向"迁移"；学习从"浅层次"走向"深层次"；跨学科学习内容的组织方式具有统整性；知识的转化与重构的意义相关联。跨学科学习的价值取向是：跨学科学习强调的是需要两个以上学科知识的融合应用或知识迁移、知识创造；跨学科学习的目的是促进学生品格的塑造和元认知的形成；跨学科学习强调在真实情境中实现问题的解决；跨学科学习强调根植于学科知识基础上，促进学生跨学科思维的建立和高阶思维技能的培养。

本书从学习系统层面分析了跨学科学习发生的机制，从宏观层面来看，跨学科学习的客观条件是情境性；从中观层面来看，跨学科学习发生的客观载体是跨学科课程；从微观层面来看，跨学科学习是学生心理机能变化的过程；从知识视角来看，跨学科学习的发生机制主要包括三个方面，即知识经验和理解是跨学科学习发生的前提，知识整合和联结是跨学科学习发生的过程，高阶思维生成是跨学科学习发生的归宿。

二 构建了促进跨学科学习的学习环境设计模型

本书在跨学科学习与学习环境设计实践之间架起了一座桥梁,形成了促进跨学科学习环境设计模型。首先,本书基于学习科学视角,在建构主义学习理论、认知负荷理论、活动理论、情境学习理论等理论的指导下,阐述了跨学科学习与学习环境设计的基本关系。其次,从跨学科学习目标导向、跨学科学习发生的过程、跨学科学习需要的学习环境等维度解析了促进跨学科学习的学习环境设计模型构建要素,主要讨论了高阶思维技能作为跨学科学习目标导向,详细阐述了跨学科学习发生过程的五个阶段,即经验调取、知识整合、概念理解、意义建构、深度反思,并分析了促进跨学科学习发生的三维向度,即高阶思维技能的发展、真实情境问题解决的过程、学习环境设计的要素,阐述了跨学科学习五个维度的学习环境。最后,基于模型构建原则、学习环境设计要素特征及策略,整合上述理论构建了初步的促进跨学科学习的学习环境设计模型,并分析了该模型的系统结构;讨论了促进跨学科学习发生的实践路径和面向跨学科学习过程和结果的评价,为完善该模型提供了支持。

三 模型应用的有效性

本书通过开展三轮的促进跨学科学习的学习环境设计模型应用研究,不断优化和完善了促进跨学科学习的学习环境设计模型,考察了跨学科学习过程中学生的心流体验、认知负荷和高阶思维技能的变化;通过三轮实验研究发现,促进跨学科学习的学习环境设计模型具有一定的有效性。由准实验研究结果发现,促进跨学科学习的学习环境设计模型的应用能有效降低学生的外在认知负荷和内在认知负荷,增加关联认知负荷;促进跨学科学习的学习环境设计模型的应用能有效提升学生的心流体验;促进跨学科学习的学习环境设计模型的应用能有效提高学生的高阶思维技能。而且,研究还发现,心流体验对学生的高阶思维技能具有显著影响,关联认知负荷对学生的心流体验具有显著正向影响,外在认知负荷对学生心流体验有显著负向影响。

四 提出促进跨学科学习的学习环境设计策略

通过三轮实验完善了促进跨学科学习的学习环境设计模型，提出了促进跨学科学习的学习环境设计宏观、中观和微观层次的策略。宏观层次的策略包括：创建丰富多元化的学习环境与资源；构建和谐的社会关系环境，促进学生主动协作学习；构建以大概念为引领的心智环境。中观层次的策略应沿着"目标—内容—方法—评价"的一致性展开，以满足深度学习的价值取向需求，促进跨学科学习的有效发生，具体包括：以促进学生核心素养的落实为目标；面向问题驱动的真实问题解决；以高阶、挑战性的学习任务设计为内容；以大概念整合不同学科的知识为方法；创建真实情境以促进积极主动的学习；教师从教学执行者转向跨学科课程设计者。微观层次的策略主要是指围绕跨学科学习发生的心理机能变化，在跨学科学习活动设计、学习动机、学习策略、学习支架等方面提出了相关策略。

第二节 研究创新

本书聚焦促进跨学科学习的学习环境设计研究，厘清跨学科学习的内涵与特征，关注促进跨学科学习的学习环境设计研究，在理论与实践两个方面拓展了学习科学的研究视角。本书创新主要体现在以下三个方面。

一 厘清跨学科学习的内涵、特征及发生机制

跨学科学习的研究越来越受到国际学习科学与技术、教育技术学领域的重视。本书依据已有的研究和相关理论，基于学科、知识等逻辑起点，厘清了跨学科学习的内涵与特征，从学习系统观、知识视角两个层面分析了跨学科学习发生的机制，丰富了跨学科学习的理论体系，为基础教育阶段实施跨学科学习提供了理论指导。

二 构建了促进跨学科学习的学习环境设计模型

本书在理论建构的基础上,分析了跨学科学习与学习环境设计的基本关系,分析了促进跨学科学习的学习环境设计模型构建要素;然后解析了高阶思维技能作为跨学科学习的目标导向,并结合跨学科学习发生的过程与学习环境设计要素,提出了初步的促进跨学科学习的学习环境设计模型。本书基于设计的研究范式,通过三个准实验研究案例,对初步设计的模型进行了优化和完善,调整了促进跨学科学习的学习环境设计模型。

三 提出了促进跨学科学习的学习环境设计策略

本书提出了促进跨学科学习的学习环境设计策略,与学习环境设计模型一样,最终策略的提出要落实在学习环境设计模型的优化上。从宏观、中观、微观三个层面提出了促进跨学科学习的学习环境设计策略,为基础教育阶段教师开展跨学科学习的学习环境设计提供了参考。

第三节 研究展望

一 研究的不足

本书对促进跨学科学习的学习环境设计进行了理论与实践探索,取得了一定的研究成果,但是在本书的理论与实验过程中仍然有一些不足。

一是在研究对象上,本书从 S 市、H 市和 F 市选择了三所学校的六个班级进行实验研究,并考虑了实验对象的可行性和跨学科课程开展情况,这六个班的学生年龄相仿,学习先验知识大体相同。

二是在研究时间的跨度方面,本书每一轮的实验时间都是 4—6 周,在一个相对较短的时间中通过基于设计的研究、准实验法探究跨学科学习环境设计对学习者高阶思维技能、心流体验、自我效能感等的影响,虽然整个研究实验时间持续了一个学期，但是在三个不同的实验班进行的，而且学习者的个体差异和跨学科学习的时间等问题对学习者高阶思维技能发展来说都是重要的因素。未来需要在相当长的一段时间里，基于学习科学的理论，长期跟踪跨学科学习环境设计给学习者带来的各种变化。

三是在实验内容选择方面，本书根据教学内容的适配性、实验研究的可行性及任课教师的配合等原则，从横向视角选择了三个跨学科学习的实验内容，分别是科学课程的"疫情传播"、通用技术课程的"木工课"、数学课程"撬动地球"等内容。从横向视角对这三个课程的内容进行了跨学科学习环境设计。总体而言，实验过程顺利，教学效果整体较好，但缺乏从纵向角度进行系统的比较分析。

二　研究展望

促进跨学科学习的学习环境设计是当前国际学习科学领域的研究热点，是我国义务教育阶段改革的发展方向。笔者构建了促进跨学科学习的学习环境设计模型并进行了三轮实验研究，考察了跨学科学习发生过程中学习者的心流体验、认知负荷、高阶思维技能的变化，在取得初步研究成果的同时，也深感这将是未来学习科学领域、课程与教学领域可持续跟踪的研究项目，以全面了解跨学科学习是如何发生的。因此，本研究还值得深化的方向有以下几点。

1. 本书主要采用了基于设计的研究范式和准实验研究方法，通过问卷调查的形式采集实验数据。未来，在人工智能、学习分析技术、视频分析技术的支撑下，将采集更多的课堂教学视频，还可以通过人工智能等技术手段分析常规课堂中跨学科学习是如何发生的。

2. 本书选择了三个不同类型的跨学科学习课程内容作为实验内容，仅仅从横向角度来考虑，未来可以从纵向角度，延伸至能体现跨学科内容深度的课程上，进行长时间持续的研究，以研究跨学科学习中学习者话语的转换和变化。

3. 本书促进了跨学科学习的学习环境设计中学习者高阶思维技能、认知负荷、心流体验、自我效能感、知识迁移技能等的变化，但是，在

跨学科学习与学习环境设计

开展跨学科学习中教师的支持、课程内容的选择、元认知等的变化又是怎样的？学习者在实现跨学科学习发生的过程中其认知网络又是怎样变化的？对此，本书还未涉及。未来的研究重点是探讨跨学科学习发生过程中学习者的认知网络和情感是如何变化的？

附　　录

附录1　中小学生跨学科学习现状调查

亲爱的同学：

你好！欢迎你来到中国最美乡村——婺源，祝贺你参加全国青少年人工智能教育成果展大赛。我们此次调查是为了了解你的跨学科学习现状，也是为了迎接新一轮义务教育阶段新课程的实施。请你按照你的实际情况填写。感谢您的参与！

在此次调查中，我们认为广义的"跨学科性"学习主要包括人工智能编程、创客、机器人教育、STEM教育、项目化学习等形式。

一　请你根据实际情况填写（打"√"就可以）				
1	你的性别：	男	女	
2	你认为你所在的学校是：	优质的学校	普通的学校	
3	你就读的学段：	小学	初中	
4	你学校所在地区：	城区	县城	乡村/镇
5	你进行跨学科学习（人工智能编程、创客、机器人教育）的时间有多久（如1个月，2个月，1年等填写）			

二　跨学科学习现状调查（在你认为合适的地方打"√"）

（一）对跨学科学习的感知能力

续表

序号	题目	非常不符合	不符合	一般	符合	非常符合
1	当我参与跨学科学习时，我觉得自己有开展跨学科学习的能力					
2	当我参与跨学科学习时，我很满意我用跨学科学习的方法学习课程					

（二）跨学科学习的内在动机

序号	题目	非常不符合	不符合	一般	符合	非常符合
1	当我参与跨学科学习时，我喜欢用跨学科学习的方法解决问题					
2	当我参与跨学科学习时，我会把跨学科学习描述得非常有趣					

（三）对跨学科学习的态度

序号	题目	非常不符合	不符合	一般	符合	非常符合
1	开展跨学科学习可以增加师生之间的互动					
2	开展跨学科学习有利于我对学科知识的掌握和产生新的想法					
3	开展跨学科学习提高我的问题解决能力等高阶思维技能					

（四）跨学科学习方法

跨学科学习深层次方法

序号	题目	非常不符合	不符合	一般	符合	非常符合
1	当我参与跨学科学习时，我经常与同伴交流、讨论，以验证我的想法					
2	当我参与跨学科学习时，我经常主动提出新的问题					
3	我发现与同伴的探究、互动有助于加深对问题的理解					
4	我发现开展跨学科学习有助于培养我的问题解决能力					

跨学科学习浅层次方法

续表

序号	题目	非常不符合	不符合	一般	符合	非常符合
1	我之所以选择跨学科学习，主要是因为我必须这样做					
2	当我参与跨学科学习时，我只是寻找别人以前做过的东西					
3	当我参与跨学科学习时，我喜欢别人告诉我在哪里可以找到答案					
4	我参与跨学科学习只是为了满足老师的要求					
5	我觉得跨学科学习并不能帮助我对问题的理解					

（五）高阶思维技能

创造力倾向

序号	题目	非常不符合	不符合	一般	符合	非常符合
1	在跨学科学习时，我喜欢观察一些我以前没有见过的东西，并了解细节					
2	在跨学科学习时，我喜欢尝试新的事物					
3	在跨学科学习时，我喜欢自己做一些事情					

批判性思维

1	在跨学科学习时，我定期问自己是否实现了目标					
2	在跨学科学习时，在回答一个问题前，我会考虑好几种方案					
3	在跨学科学习时，我发现自己经常停下来检查自己的理解					
4	在跨学科学习时，当我完成一项任务时，我会问自己做得如何					

问题解决技能

1	当我面对问题时，我有信心解决它					
2	我相信我能努力解决问题					
3	我可以解决我以前遇到的问题					
4	我愿意面对问题，并努力解决它们					

续表

合作、沟通能力						
1	在跨学科学习时，我认为在解决复杂问题时合作是很有必要的					
2	在跨学科学习时，我愿意听别人的想法					
3	在跨学科学习时，我在团队中能扮演好自己的角色					
4	在跨学科学习时，我和同伴因为合作都能获得更大的进步					

附录2 认知负荷量表

同学们好，本问卷的目的是了解你跨学科学习过程中的认知负荷情况。请你按照你的实际情况，在最符合的选项上打钩"√"。感谢你的参与！

一 基本情况

姓名：	性别：（1）男　（2）女
年龄：	班级：

二 内在认知负荷

序号	题目	非常不同意	不同意	一般	同意	非常同意
1	跨学习学习的课程非常难					
2	跨学科学习课程涉及的问题非常难					
3	在跨学科课程中，提到了非常复杂的表达					

三 外在认知负荷

序号	题目	非常不同意	不同意	一般	同意	非常同意
4	跨学科课程讲解和说明非常不清晰					
5	跨学科学习课程讲解和说明语言不通					
6	从学习的角度来说,跨学科学习课程的解释和说明是无效的					
7	在跨学科学习课程中,我花了很大的精力在不清晰和无效的解释和指导上					

四 关联认知负荷

序号	题目	非常不同意	不同意	一般	同意	非常同意
8	跨学科学习活动增进了我对所涉及学习内容的理解					
9	跨学科学习活动增进了我对所涉及问题的理解					
10	跨学科学习课程提高了我对前面提到的问题的认识					
11	跨学科学习课程增进了我对如何处理所涉及问题的认识和理解					

附录3 心流体验和自我效能感量表

同学们好,本问卷的目的是了解你跨学科学习过程中的心流体验情况和自我效能感。请你按照你的实际情况,在最符合的选项里打钩"√"。感谢你的参与!

序号	题目	非常不同意	不同意	一般	同意	非常同意
1	我被跨学科学习活动深深吸引					
2	跨学科学习活动令我感到开心					
3	我发现跨学科学习的学习活动很有趣					
4	跨学科学习活动让我感到无聊					
5	我很容易分心					
6	跨学科学习活动激发了我的好奇心					
7	我知道要做什么					
8	我需要大量精力来专注于跨学科学习活动					
9	我相信我有能力完成跨学科学习课程的作业					
10	与其他学生相比,我认为我擅长学习跨学科学习课程					
11	我确信我能理解跨学科学习课程的内容					
12	我相信在跨学科学习中我能做得和班上其他同学一样好,甚至更好					

附录4　高阶思维技能量表

同学们好,本问卷的目的是了解你跨学科学习过程中高阶思维技能情况。请你按照你的实际情况,在最符合的选项里打钩"√"。感谢你的参与!

一　创造力倾向

序号	题目	非常不符合	不符合	一般	符合	非常符合
1	在跨学科学习时,我喜欢观察一些我以前没有见过的东西,并了解细节					
2	在跨学科学习时,我喜欢尝试新的事物					
3	在跨学科学习时,我喜欢自己做一些事情					

二　批判性思维

序号	题目	非常不符合	不符合	一般	符合	非常符合
4	在跨学科学习时，我经常问自己是否实现了目标					
5	在跨学科学习时，在解决一个问题时，我会考虑好几种方案					
6	在跨学科学习时，我发现自己经常停下来检查自己的理解					
7	在跨学科学习时，当我完成一项任务时，我会问自己做得如何					

三　问题解决技能

序号	题目	非常不符合	不符合	一般	符合	非常符合
8	当我面对问题时，我有信心解决它					
9	我相信我能努力解决问题					
10	我可以解决我以前遇到的问题					
11	我愿意面对问题并努力解决它们					

四　合作、沟通技能

序号	题目	非常不符合	不符合	一般	符合	非常符合
12	在跨学科学习时，我愿意听别人的想法					
13	在跨学科学习时，我在团队中能扮演好自己的角色					
14	在跨学科学习时，我和同伴因为合作都能获得更大的进步					

参考文献

一 中文文献

（一）专著

金吾伦主编：《跨学科研究引论》，中央编译出版社1997年版。

刘仲林主编：《跨学科学导论》，浙江教育出版社1990年版。

夏雪梅：《项目化学习设计：学习素养视角下的国际与本土实践》，教育科学出版社2018年版。

（二）译著

[法]米歇尔·福柯：《规训与惩罚》，刘北成、杨远婴译，生活·读书·新知三联书店2003年版。

[美]R.基思·索耶主编：《剑桥学习科学手册》，徐晓东等译，教育科学出版社2010年版。

[美]华勒斯坦等：《学科·知识·权力》，刘健芝等编译，生活·读书·新知三联书店1999年版。

[美]戴维·H.乔纳森、苏珊·M.兰德主编：《学习环境的理论基础》（第二版），徐世猛等译，华东师范大学出版社2015年版。

[美]詹姆斯·A.贝兰卡主编：《深度学习：超越21世纪技能》，赵健主译，华东师范大学出版社2020年版。

[英]迈克尔·吉本斯等：《知识生产的新模式——当代社会科学与研究的动力学》，陈洪捷、沈文钦等译，北京大学出版社2011年版。

（三）论文

崔允漷、张紫红、郭洪瑞：《溯源与解读：学科实践即学习方式变革的新方向》，《教育研究》2021 年第 12 期。

方兆玉：《跨学科学习：Why，What，How》，《上海教育》2020 年第 32 期。

郭炯、郝建江：《人工智能环境下的学习发生机制》，《现代远程教育研究》2019 年第 5 期。

郭绍青：《"互联网+教育"对教育理论发展的诉求》，《华东师范大学学报》（教育科学版）2019 年第 4 期。

郭元祥：《把知识带入学生生命里》，《北京大学教育评论》2021 年第 4 期。

郭元祥、李新：《遇见与预见：学科想象的生成及想象教学》，《教育研究》2021 年第 9 期。

李佩宁：《什么是真正的跨学科整合——从几个案例说起》，《人民教育》2017 年第 11 期。

李松林、贺慧：《整合性：核心素养的知识特性与生成路径》，《教育科学研究》2020 年第 6 期。

刘徽：《中小学课堂学习环境的设计研究》，《教育科学研究》2021 年第 10 期。

罗生全、杨柳：《深度学习的发生学原理及实践路向》，《教育科学》2020 年第 6 期。

任友群、赵建华、孔晶、尚俊杰：《国际学习科学研究的现状、核心领域与发展趋势——2018 版〈国际学习科学手册〉之解析》，《远程教育杂志》2020 年第 1 期。

吴刚：《奔走在迷津中的课程改革》，《北京大学教育评论》2013 年第 4 期。

吴刚：《学科想象与理论生长——兼论计算教育学的错觉》，《教育研究》2021 年第 3 期。

吴刚：《作为风险时代学习路标的教育技术：困境与突破》，《开放教育研究》2020 年第 3 期。

夏雪梅：《学习设计视角下的真实课堂学习环境设计研究》，《教育发展研究》2018 年第 6 期。

赵健、郑太年、任友群、裴新宁：《学习科学研究之发展综述》，《开放教育研究》2007年第2期。

二 外文文献

（一）著作

Biggs, J., Tang, C., *Teaching for Quality Learning at University*, UK: McGraw-hill Education, 2011.

Cobb, P., Mcclain, K., *The Cambridge Handbook of the Learning Sciences*, New York: Cambridge University Press, 2006.

Pearce, B. B., Adler, C., Senn, L., et al., *Transdisciplinary Theory, Practice and Education*, Cham: Springer, 2018.

（二）论文

Bae, H., Glazewski, K., Brush, T., et al., "Fostering Transfer of Responsibility in the Middle School PBL Classroom: an Investigation of Soft Scaffoldig", *Instructional Science*, Vol. 49, No. 3, June 2021.

Berasategi, N., Igone Aróstegui, Jaureguizar, J., et al., "Interdisciplinary Learning at University: Assessment of an Interdisciplinary Experience Based on the Case Study Methodology", *Sustainability*, Vol. 12, No. 18, 2020.

Bressler, D. M., Shane Tutwiler, M., Bodzin, A. M., "Promoting Student Flow and Interest in a Science Learning Game: a Design-Based Research Study of School Scene Investigators", *Educational Technology Research and Development*, Vol. 69, No. 5, 2021.

Eyal, L., Gil, E., "Design Patterns for Teaching in Academic Settings in Future Learning Spaces", *British Journal of Educational Technology*, Vol. 51, No. 4, June 2020.

Fu, Q. K., Hwang, G. J., "Trends in Mobile Technology-supported Collaborative Learning: A Systematic Review of Journal Publications from 2007 to 2016", *Computers & Education*, Vol. 1, No. 4, 2018.

Lai, C. F., Zhong, H. X., Chiu P. S., "Investigating the Impact of a

Flipped Programming Course Using the DT-CDIO Approach", *Computers & Education*, *Vol.* 173, 2021.

Lee, M., Lee, J., "Enhancing Computational Thinking Skills in Informatics in Secondary Education: The Case of South Korea", *Educational Technology Research and Development*, Vol. 69, No. 5, Augest 2021.

Mangkhang, C., "Design of Community-ased Transdisciplinary Learning for Social Studies Teachers in the Diverse School Contexts", *Northern of Thailand*, 2021.

Marquès, Puig J. M., Daradoumis, T., Arguedas, M., et al., "Using a Distributed Systems Laboratory to Facilitate Students' Cognitive, Metacognitive, and Critical Thinking Strategy Use", *Journal of Computer Assisted Learning*, Vol. 38, No. 1, 2022.

Stentoft, D., "From Saying to Doing Interdisciplinary Learning: Is Problem-Based Learning the Answer?", *Active Learning in Higher Education*, Vol. 18, No. 1, 2017.

后　　记

　　本书是在我博士学位论文的基础上修订完成的，我的博士学位论文是2022年5月答辩的，我依然清晰地记得那段极不平凡且难忘的岁月。2022年3月12日博士学位论文预答辩，2022年3月13日开始经历了70天封闭管理、足不出户的日子。华东师范大学在给2022年的毕业生准备"绣球"毕业花的基础上，增加了"土豆花"，因为土豆耐寒耐旱、耐瘠薄，种到哪里都能生根，任何土壤都能开花结果。我想，学校可能希望我们像土豆一样吧，扎根大地、茁壮成长、不畏艰难。

　　感谢我的导师任友群教授，有幸成为导师的关门弟子。2018年6月3日第一次加上导师的微信，从此开始了一段师徒缘分。导师的为人处世都深深地影响着我，特别是导师对我的教诲：要谦虚谨慎、吃亏是福、广结善缘。我刚入学不久，导师就调去北京了，记得每次去北京向导师汇报时，导师总是说我离毕业还早，没想到这次我也毕业了。四年来，感恩导师对我的包容理解、支持帮助，牢记导师对我的教诲：希望回到工作岗位上认真做学问，为中西部地区培养更多的人才。

　　感谢我的合作导师赵健教授，由衷敬佩赵老师对学术的严谨，跟着赵老师在一个跨学科的团队工作，拓宽了我的研究视野。赵老师每次的教诲就是要有学术品质的提升，而我虽然一直在努力，但是与赵老师的要求还是差太远，感谢赵老师四年来的不离不弃。感谢师兄吴旻瑜老师，从2403号到曹家巷104号，无数次的讨论、开会，无数次一字一句地修改文章的情景都回荡在脑海；无数次跟着吴老师深入基础教育调研，让我对什么是好的教育研究有了深刻的理解，从现实中找问题，在实践中解决问题；如果要形容我们出差调研的次数多的话，那就是一大

后 记

早从上海出发，当天晚上 11 点又从江西回到上海，在高铁上、车站里，无时无刻不在指导和讨论。感恩两位导师，让我在华东师大找到了归属感，无论是在学习上还是生活上，这四年都是我人生成长最快、进步最大的四年，更是非常幸福的四年。

如果说上饶是我的第二故乡，那么首先要感谢的就是合作导师上饶师院副校长饶爱京教授。饶校长不仅在学业上，而且在事业上、生活上无微不至关心和支持我，支持我想做的研究、想干的事业，帮助我解决各种问题。令人最感动的是，她总是说"你要我解决什么问题"。她的气质、格局都深深地影响着我，教会我如何做人做事，如何解决问题。感谢饶校长带领着教育信息化研究中心团队一次次地创造佳绩；还要感谢上饶师院的领导和老师们对我的支持和帮助。

感谢教育技术学专业创始人之一的李运林教授。在读研的时候跟着李老师三年，毕业后李老师还时刻惦记着我，邀请我参加学术活动；感谢我的硕导徐福荫教授和吴鹏泽教授，更令我感动的是当时已 75 岁高龄的徐老师还亲自来上饶师院指导教育技术学学科建设工作，特别是在博士学位论文关键阶段，吴老师多次给我指导和帮助；感谢西北师范大学杨改学教授对我学术上的指导、关心、支持和帮助。非常感谢学术期刊的各位老师支持我的学术成长。感谢给予实验支持的学校老师们和学生们。

感谢任门、赵门的兄弟姐妹们，感谢大家一路的支持和帮助；感谢我的学生们，协助我论文的校对、修改工作；感谢博士同学们和朋友们的理解和包容，未来希望我们能一起进步。感谢郑旭东师兄、徐振国师兄、邹维兄等的一路指引，我会跟随你们的脚步不断努力。

感谢我的家人在我背后默默的支持，让我可以无忧无虑地读书。

最后，感谢中国社会科学出版社的大力支持和帮助。

永远不要忘记诗和远方，更要脚踏实地！

我将带着大家的祝福和期望一路前行！

万 昆

2025 年 2 月